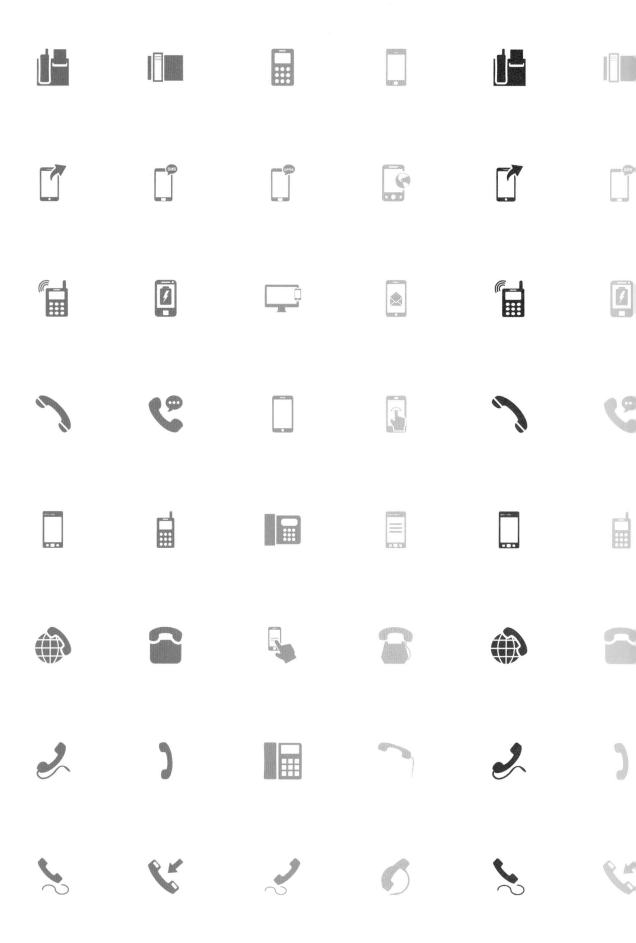

박영아
고주영
심재창
정윤주
심주은
심주보
지음

카오스북
CHAOS BOOK

펴낸날 2017년 1월 10일

지은이 박영아 고주영 심재창 정윤주 심주은 심주보   **만들어 펴낸이** 오성준   **펴낸곳** 카오스북
본문디자인 Moon & Park   **인쇄** 이산문화사   **출판등록** 제25100-2015-000038호
주소 경기도 파주시 광인사길 121   **전화** 031-947-1961, 1962   **팩스** 031-947-1966
웹사이트 www.chaosbook.co.kr
ISBN 979-11-87486-02-2 93000

정가 23,000원

2007년 아이폰의 등장은 우리들의 삶을 바꾸어 놓았고 ICT 기술은 하루가 다르게 발전하고 있습니다. 하드웨어의 발전으로 VR과 AR기술은 다시 주목받고 있고 이세돌을 이긴 알파고로 인해 사람들은 이제 두려움까지 갖게 되었습니다. 세상은 4차 산업혁명을 이야기하고 있고 모든 산업과 ICT와의 융합을 이야기하지만, 사람들에게 컴퓨터 프로그래밍은 어렵게만 느껴집니다. 하지만 전문프로그래머가 아니더라도 누구라도 쉽게 앱을 만들 수 있도록 MIT에서 앱인벤터를 만들었습니다.

이제 자기가 속한 산업이나 사회에서 문제를 풀 수 있는 아이디어만 있다면 누구라도 앱을 만들 수 있습니다. 모든 사람들이 재미있고 쉽게 자신의 아이디어를 실현할 수 있는 일에 조금이라도 도움이 되고자 이 책을 저술하게 되었습니다. 이제 엄마, 아빠와 아이들이 같이 앱을 만들어볼 수 있고 아이들은 더욱 창의적인 인재로 클 것입니다. 농부도 교사도 자신이 원하는 앱을 만들 수가 있습니다. 진정한 ICT 융합의 기틀이 만들어 지는 것입니다. 우리 앞으로 성큼 다가온 기술의 발전을 두려워하지 말고 기술로 인해 인간의 삶이 더 여유로워지고 행복해질 수 있도록 이제 같이 나아갔으면 합니다.

감 사 의 글

평생을 가난하고 소외된 사람들을 위해 사신 정창근 장로님께 존경과 감사의 마음을 전합니다.

04 고급 앱 만들기 · 237

05 앱 확장하기 · 323

부록 · 341

01

앱 인벤터
소개

앱 인벤터란 무엇인가

앱 프로그래밍은 앱 개발자들만이 할 수 있었다. 그러나 절망할 필요는 없다. 이젠 누구든지 앱 개발자가 될 수 있기 때문이다. 앱 인벤터(App Invertor)는 안드로이드 기반의 스마트 기기에 크롬 브라우저에 접속하여 앱을 만드는, 구글과 MIT 대학에서 개발한 블록 기반의 앱 제작 프로그래밍 툴이다. 직관적으로 블록을 끌어다 옮기고 맞추는 것으로 간단하고 쉽게 창의적인 앱을 만들어 스마트폰에서 바로 실행해 볼 수 있다. 인터넷에 연결된 컴퓨터에서 누구나 활용할 수 있고, 발전 가능성도 무한하다.

앱 인벤터 1과 앱 인벤터 2는 서로 호환이 되지 않으며 앱 인벤터 2가 향상된 기능이 많아 활용하기를 권장한다. 앱 인벤터 1과 앱 인벤터 2의 차이점은 다음과 같다.

구분	앱 인벤터 1	앱 인벤터 2
프로그램	2개로 분리	통합
확장자	zip	aia
스크린 추가	어려움	쉬움
블록	한꺼번에 보이지 않음	한꺼번에 보임
함수	Definitions	Procedures
문자열	Make text	Join
evalute	evalute	do then return, evalute but ignore result

앱 인벤터는 안드로이드 기반 스마트폰의 앱을 개발한다. 구글 크롬 브라우저에서 클라우드 기반 서비스를 제공하므로 내가 작성하던 앱을 어디서든 접속할 수 있다. 따라서 프로그램 설치과정이나 디스크 저장이 불필요하다. 스마트폰이 없는 경우 컴퓨터에서 에뮬레이터라는 가상 스마트폰을 활용할 수 있다.

> **질문:** 앱 인벤터는 인터넷 익스플로러에서 작동이 될까요?
> **답:** 아니오
> **질문:** 앱 인벤터의 파일은 내 컴퓨터의 하드 디스크나 USB에 저장해야 할까요?
> **답:** 아니오.

앱 인벤터는 다른 프로그램과 마찬가지로 실행문, 반복문, 조건문을 만들고 데이터 저장 등을 할 수 있다. 개발용 프로그램의 기본적인 소양을 모두 갖추고 있어 상상을 현실로 만들기에는 부족함이 없다.

스마트폰에는 GPS 센서, 가속도 센서, 자이로 센서, 나침반 센서, 마이크, 터치스크린, 카메라, 시계, 근접 센서, NFC 등이 제공되어 외부 데이터를 센싱하여 사용할 수 있으며, 문자 보내기, 전화 보내기, 카톡, 밴드, Facebook, Twitter 접속 등과 같은 기능들에 접근할 수 있다. 필요한 센서들을 활용한다면 일상생활에 창의적이고 유용한 앱 제작이 얼마든지 가능할 뿐만 아니라, 구글 플레이스토어(PlayStore)에 올릴 수 있는 멋진 앱을 만들 수 있다.

1. 앱 인벤터의 컴퓨터 작업 환경

앱 인벤터는 Windows OS, Mac OS, GNU/Linuxx 기반 기기들에서 사용할 수 있고 제작된 앱은 안드로이드 기반 스마트폰이나 태블릿 등의 디바이스에 설치할 수 있다.

참고로 현재, 앱 인벤터에는 190만 명이 등록하였고 195개의 나라에서 사용 중이며 약 470만 개의 앱이 제작되었다. 앱 인벤터는 크롬(chrome) 브라우저에서만 작동하고 구글 ID가 필요하다.

> **질문:** 한글이 지원될까요?
> **답:** 앱 인벤터는 Google과 MIT에서 제작하여서 영어가 기본 언어이다.

2. 크롬 브라우저 설치

현재 인터넷 익스플로러에서는 앱 인벤터 2가 작동되지 않는다. 크롬 브라우저를 설치해야 한다. 구글의 크롬 사이트(http://google.com/chrome)에 접속하여 [Chrome 다운로드]를 선택하고 설치한다.

3. 구글 ID 만들기

앱 인벤터는 웹에 접속하여 작업하므로 ID가 필요한데, Google ID와 비밀번호는 스마트폰 주소 저장용 Gmail ID를 활용해도 된다. 없다면 http://gmail.com에서 나의 이메일 주소(네이버, 다음, 학교 등)를 가지고 쉽게 ID를 만들 수 있다.

4. 앱 인벤터의 시작

크롬 브라우저에서 http://appinventor.mit.edu에 접속한다. 오른쪽 끝에 있는 주황색의 [Create] 버튼을 선택한다.

Chapter

앱 인 벤 터 소 개

02 | 나의 첫 번째 앱 만들기

버튼을 누르면 "안녕하세요"라고 말하는 앱을 만들어 보기로 하자.

현재는 아무것도 모르는 상태지만 일단 한 번 천천히 따라해 보기로 한다. 이 앱은 스마트폰의 버튼을 누르면 "안녕하세요"라고 인사를 하는 앱이다.

버튼[Button] 컴포넌트 중에서 문장을 말로 들려주는 [TextToSpeak] 컴포넌트를 이용하여 "안녕하세요"라는 문자열을 입력해 봄으로써 버튼의 활용과 컴포넌트의 기능을 간단하게 이해할 수 있다.

앱을 만드는 단계는 다음과 같다.

단계1: 새 프로젝트 만들기
단계2: [디자이너]에서 컴포넌트 추가하기
단계3: [블록 에디터]로 컴포넌트가 할 일을 지정하기
단계4: 폰에서 테스트하기

---

1. 새 프로젝트 "Hello" 만들기(지금부터 열심히 따라하자!)

앱을 만들 준비 단계는 다음과 같다.

단계1: 앱 인벤터 접속(http://appinventor.mit.edu)하여 [Create] 선택한다.
단계2: ID와 PW로 로그인한다.
단계3: [Project] 메뉴에서 [Start new project...]를 선택한다.
단계4: 프로젝트 이름을 적는다.(영어 단어로 시작하고 특수 문자는 사용할 수 없다)

크롬 브라우저 실행

크롬 브라우저(인터넷 익스플로러가 아님)에서 http://appinventor.mit.edu에 접속하고 오른쪽 상단의 [Create]를 선택한다.

안내를 따라 구글의 ID와 PW로 접속한다. 이메일과 비밀번호를 입력하고 로그인 버튼을 누른다. 만약 계정이 없거나 처음 접속하는 경우 화면의 하단에 보이는 [가입하기]를 누르고 안내에 따라 가입하여 ID와 비밀번호를 만든다.

Welcome to App Inventor! 화면에서는 작성한 앱을 어떻게 폰에 업로드할지에 대한 설명이 나온다. 한 번 읽어보고 하단의 [Continue]를 누르자.

새 프로젝트 만들기

화면 중간 부분의 [Project]에서 [Start new project...]를 선택한다. [My Projects]에는 내가 만든 앱을 클라우드에 보관하며 어디서든지 사용할 수 있다.

앱 프로젝트 이름을 입력하자. 첫 글자는 알파벳이어야 하고 두 번째부터는 숫자도 입력 가능하다. 한글이나 특수문자는 사용하지 못한다. 그러나 밑줄 긋기 '_'는 입력이 가능하다. 'Hello'를 입력한 후 [OK]를 선택하자.

그러면 Hello라는 새로운 프로젝트가 생성된다. 프로젝트는 앱 하나에 대한 정보를 담고 있는 바구니와 같은 역할을 한다.

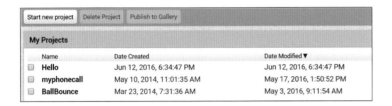

프로젝트 이름 "Hello"를 선택하고 앱 제작을 시작하자.

2. 디자이너[Designer]에서 컴포넌트[Component] 준비하기

혹시 제목이 무슨 의미인지 이해가 안 될 수도 있지만 무작정 교재를 따라 앱 프로그래밍을 준비해보자. 앱 제작을 요리에 비유하면, 재료를 준비하는 단계와 요리하는 단계로 구분할 수 있다. 디자이너는 재료를 준비하는 단계에 해당한다.

버튼 컴포넌트의 추가

좌측 탭에 있는 [Palette] 아래 [User Interface]의 가장 위에 보이는 [Button]을 마우스로 누른 채 오른쪽에 있는 [Screen1] 쪽으로 이동하여 빈칸에서 마우스 버튼을 놓는다.

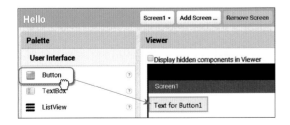

[TextToSpeech] 컴포넌트의 추가

[TextToSpeech] 컴포넌트는 문장을 음성으로 변환해준다. [Media]의 아랫부분에 있는 컴포넌트를 끌어다가 [Screen1]에 넣자.

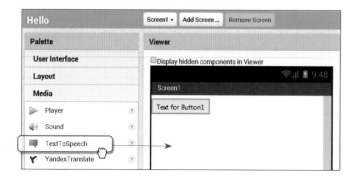

이 컴포넌트는 화면 아랫부분 Non-visible components 밑에 추가된다.

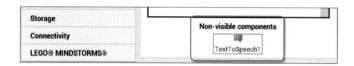

3. 블록[Blocks] 에디터에서 기능 설정하기

앱 인벤터의 가장 재미있는 꿀잼 부분이다. 오른쪽 윗부분의 [Blocks]를 선택하고 블록 에디터로 이동하여 블록 쌓기를 시작해 보자. 이 과정이 앱의 기능을 설정하는 앱 인벤터만의 독특한 프로그래밍 방식이다.

이 부분은 요리에서 재료 준비를 마친 후 요리하는 단계에 해당한다.

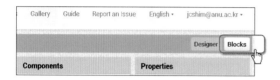

버튼을 누르면 작동시키기

좌측 [Blocks]에서 [Screen1] 하단의 [Button1]을 선택하면 Viewer에 몇 가지 동작을 하는 블록들이 보인다. 그중에서 첫 번째 보이는 [when Button1.Click]을 마우스로 누른 채 오른쪽 빈칸으로 옮긴다. 이 블록은 버튼을 누르면 작동된다.

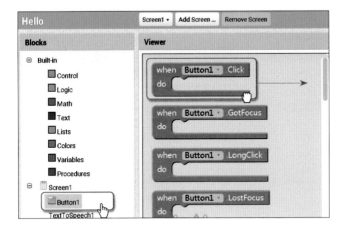

말하기 [TextToSpeech] 컴포넌트의 추가

[Blocks]의 [Screen1]에 [TextToSpeech1]을 선택하고, [call TextToSpeech1.Speak]를 끌어다가 Click 블록 사이에 끼워 넣는다.

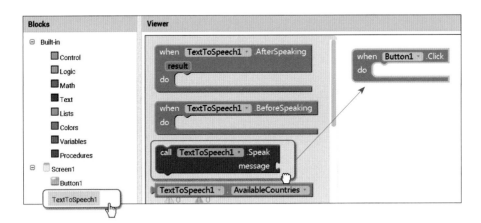

[Text] 추가

[Blocks]의 [Text]를 선택하고 가장 윗줄에 있는 빈 문자열 [" "]을 끌어다가 message 옆에 끼워 넣는다.

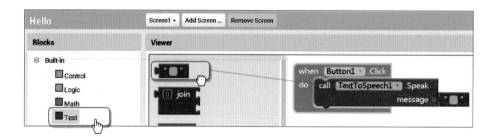

문장의 추가

" " 사이의 네모 박스에 마우스를 클릭하고 "안녕하세요"를 입력한 후 Enter 키를 친다. 이제 프로그램이 완성되었다.

4. 폰에서 실행하기

제작된 앱은 "실시간 테스트"와 "다운로드 설치 테스트"를 할 수 있다. 실시간 테스트는 컴퓨터와 폰이 동일한 공유기에 연결되어 있어야 한다. 가정이나 사무실에서는 대부분 아이피타임(iptime) 등의 유무선 공유기가 설치되어 있어서 실시간 테스트를 할 수 있으나, 학교나 공공장소 등의 경우 "다운로드 설치 테스트"를 해야 한다.

다운로드 설치용 앱 만들기

[Build]에서 [App(provide QR code for .apk)]를 선택한다.

진행상태를 잠시 보여주다가 다음과 같은 QR 코드가 나타난다.

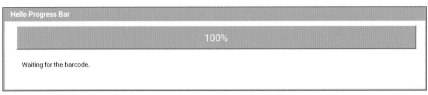

내 폰에 QR 코드 앱 다운하기

폰이 Wifi에 연결되는 경우

구글의 플레이스토어에서 MIT AI2 Companion으로 검색해서 설치하거 나 다음의 QR 코드를 활용하여 MIT AI2 Companion 앱을 설치하자.

폰이 Wifi에 연결되지 않는 경우

컴퓨터는 인터넷에 연결이 되나 폰이 Wifi에 연결되지 않고 3G나 4G 또는 LTE에 연결이 되는 경우, 구글의 플레이스토어에서 QrDroid로 검 색하여 한글 버전을 다운로드하여 설치한다.

QR 코드 촬영

① MIT AI2 Companion 앱을 실행한다. 카메라로 화면의 QR 코드를 잘 맞추면 화면 이 정지된다. 안내를 따라 제작한 앱을 내 폰에 설치하고 실행한다. 이 경우 내 폰의 마지막에 새 앱이 추가 되어 있는 것을 확인할 수 있다.

② QrDroid를 실행한다. 카메라로 화면의 QR 코드를 잘 맞추면 화면이 정지되면서 소리를 켜 두었을 경우 삐 소리가 난다. 잠시 기다리면 앱을 선택하는 화면이 나오는데, 그때 Google 등을 선택한다.

처음 설치하는 경우 알 수 없는 출처를 다운로드한다는 화면 설명을 읽은 후 체크하고 설치한다. 만약 설치 화면이 보이지 않는 경우 화면을 손가락으로 가장 위에서부터 아래로 긁어 설정 창을 내려 다운로드된 hello.apk를 선택하여 설치한다. 설치된 앱은 스마트폰 앱 창의 마지막 위치에 추가된다.

테스트하기

스마트폰의 버튼을 눌러보자. "안녕하세요"라고 말한다. 만약 작동하지 않으면 폰의 볼륨이 무음으로 설정되어 있는지 확인한다.

실시간 테스트

가정이나 직장에서처럼 동일한 공유기에 컴퓨터와 스마트폰이 연결되어 있는 경우에는 다음 장의 설명에 따라 실시간으로 테스트를 할 수 있다. 컴퓨터에서 변경을 하면 폰의 앱 내용이 바로 반영되어 수정이 된다. 이때는 다운받은 MIT AI2 Companion 앱을 활용한다.

요약

- 버튼 컴포넌트로 첫 앱 만들기
- 문장을 말해 주는 TextToSpeech 컴포넌트의 활용
- 문자열 활용하기
- 작성한 앱을 폰에 다운로드하기

퀴즈

문제 앱 인벤터가 작동되는 브라우저는?
정답 크롬 브라우저

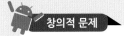

창의적 문제

- 흔들면 말하고 버튼을 클릭해도 말하는 앱을 만들어 보세요.

지금까지 무턱대고 하나의 앱을 만들어 보았다. 앱 인벤터와 함께 한다면 앱 제작이 어렵지 않다는 것을 느낄 수 있을 것이다.

앱 인벤터 테스트하기

이 장에서는 앞에서 간단하게 설명한 테스트 방법을 체계적으로 다시 설명한다. 앱 인벤터 프로그램 제작과 동시에 실시간으로 테스트하려면 이를 위해서는 몇 가지 작업이 필요하다. 다음 3가지 환경(Wifi, 에뮬레이터, USB) 중 현재 상황에 해당되는 것을 선택하면 된다.

1. Wifi로 연결하기

컴퓨터와 동일한 공유기를 통해 스마트폰이 접속된 경우만 가능하다.

단계 1. 구글 플레이에 접속하여 "MIT AI2 Companion" 앱을 설치한다.

QR 코드를 인식하면 바로 다운받을 수 있는 페이지로 연결된다. QR 코드를 인식하는 앱이 없다면 구글 플레이스토어에서 "MIT AI2 Companion"을 찾아 다운로드하여 설치한다.

단계 2. 컴퓨터와 안드로이드 장치(스마트폰)를 동일한 Wifi 네트워크에 연결한다.

동일한 Wifi 네트워크에 연결되어 있다면, 앱과 앱 인벤터가 실시간으로 동기화된다.

> 📱 주의
>
> 폰과 컴퓨터가 반드시 동일한 공유기를 사용해야 실시간 테스트가 가능하다.

단계 3. 앱 인벤터 프로젝트를 열고 안드로이드 장치(스마트폰)에 연결한다.

앱 인벤터에서 Project를 새로 만들거나 열고 "Connect"에서 "AI Companion"을 누른다. QR 코드가 나오면 MIT App Companion 앱을 실행시켜 Scan QR code를 눌러 QR 코드를 인식시켜주면 실시간 테스트를 할 수 있다.

QR 코드로 작동이 잘 되지 않는다면, "Connect with code"를 눌러 6자리 코드를 직접 입력해도 무방하다.

2. 에뮬레이터 사용하기

강의실 등에서 학생들에게 수업을 하거나 스마트폰이 없는 경우, 에뮬레이터를 이용해 컴퓨터에서 실행해 볼 수 있다. 에뮬레이터는 폰과 똑같은 기능을 컴퓨터 화면에서 테스트하는 것으로, 폰과 실행 환경이 다르므로 불편할 수 있다. 센서도 없는 것이 있고, 손가락으로 터치하는 대신 마우스를 이용한다.

단계 1. aiStarter 프로그램 다운로드 및 설치

Mac OS X인 경우: http://appinv.us/aisetup_mac를 주소창에 입력해 프로그램을 다운받는다.

Windows인 경우: http://appinv.us/aisetup_windows를 주소창에 입력해 프로그램을 다운받는다.

프로그램을 설치하면 바탕화면에 "aiStarter" 아이콘이 생성되었을 것이다. 만일 없으면 C:Filesfor-Appinventor(32비트) 또는 C:Files (x86)for-Appinventor(64비트)에서 찾을 수 있다.

더블 클릭하여 실행했을 때 다음과 같은 창이 뜨면 정상 작동된 것이다.

단계 2. 에뮬레이터에 연결하기

"Connect"에서 "Emulator"를 선택하면 aiStarter에서는 다음과 같은 작업이 실행된다.

에뮬레이터가 실행되면 마우스로 왼쪽에서 오른쪽으로 밀어서 폰을 작동시키고, 스마트폰처럼 사용하면 된다.

aiStarter 프로그램을 업데이트할 때는 다음의 사항에 특별히 주의한다.

- 설치된 앱 인벤터를 Program File에서 찾고 제거(uninstall)한다.
- 반드시 컴퓨터를 다시 시작한다.(매우 중요)
- 윈도우 설치 파일을 다운로드한다.(http://appinv.us/aisetup_windows)
- 마우스 오른쪽 버튼으로 파일을 클릭하여 [관리자로 설치]한다.(폴더 변경 금지)
- 반드시 컴퓨터를 다시 시작한다.(aiStarter 프로그램이 실행된다)

3. USB 케이블 사용하기

Wifi가 연결되지 않거나 무선 서비스를 이용할 수 없을 때, USB 케이블을 이용하여 안드로이드 기기를 컴퓨터에 연결하고 앱 인벤터로 작성된 앱을 내 폰에 설치할 수 있다.

단계 1. aiStarter 프로그램 다운로드 및 설치한다.

(2. 에뮬레이터 사용하기를 참조)

단계 2. 구글 플레이에 접속하여 "MIT AI2 Companion" 앱을 설치한다.

(1. Wifi로 연결하기를 참조)

단계 3. aiStarter 실행

(2. 에뮬레이터 사용하기를 참조)

단계 4. 안드로이드 기기에서 USB 디버깅 켜기

스마트폰이나 태블릿 PC에서는 USB Debugging을 허용한다는 곳에 체크를 해야 한다.

- Android 3.2 이상 버전: Settings(환경설정) 〉 Applications(어플리케이션) 〉 Development(개발자 옵션)
- Android 4.0 이상 버전: Settings(환경설정) 〉 Developer options(개발자 옵션)
- Android 4.2 이상 버전: 개발자 옵션이 숨겨져 있기 때문에 Settings(환경설정) 〉 About phone(디바이스 정보)에서 Build number(빌드 번호)를 일곱 번 두드리면 Setting(환경설정)에서 개발자 옵션을 찾을 수 있다.

안드로이드가 계속해서 업데이트되고 있기 때문에, 그 이후 변경된 사항은 http://cafe.naver.com/appinv에서 확인하기 바란다.

단계 5. 컴퓨터와 장치 연결하기

USB케이블을 컴퓨터에 연결한다. 내 컴퓨터에서 연결을 확인할 수 있으며, 해당 기기에 맞는 소프트웨어가 자동적으로 설치되는지 꼭 확인하자. 안드로이드 장치에서 USB Debugging을 할 것인지 묻는 창이 뜨면, OK를 누르면 된다. 컴퓨터에 연결할 때마다 매번 새 창이 뜰 수 있다.

이제 앱을 제작하여 QR 코드를 찍어 테스트하면 된다.

앱을 패키징하고 공유하기

앱 인벤터에서 만든 앱을 테스트한 후 MIT AI2 Companion을 끄면 더 이상 사용할 수 없다. 스마트폰에 다운로드한 앱의 확장자는 대게 .apk이다. 앱 인벤터에서 만든 앱을 스마트폰에 저장하고 싶다면 .apk로 변환시켜야 한다. 앱 인벤터 화면의 상단 Build에서 QR 코드로 전송받을 것인지 컴퓨터에 저장할 것인지를 선택하면 .apk 형태로 저장된 어플리케이션이 완성된다.

주의할 점은 QR 코드를 다른 사람들에게 보내면 앱이 다운로드 되지 않는다. 앱 인벤터가 켜져 있고, 그 자리에서 바로 QR 코드를 인식해야 다운로드가 실행되며 그 이후에 QR 코드는 아무런 정보를 갖지 못한다. 컴퓨터나 휴대폰에 저장된 .apk 파일을 사용하여 공유하면 된다.

컴퓨터에 저장하기를 선택하면 다운로드가 시작된다.

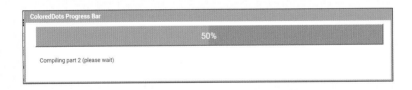

다운로드가 끝나면 휴대폰으로 옮겨 설치해도 되고, 친구들에게 전송하거나 구글 플레이스토어(Google Playstore)에 올려 전 세계 사람들이 사용하게 할 수 있다.

앱 인벤터에서 제작한 어플리케이션을 다른 사람이 활용하려면 .aia 확장자를 가진 소스코드를 저장해야 한다. aia 확장자는 프로젝트 그 자체를 저장하는 것이기 때문에 모든 블록들이 그대로 보존되어 더 좋은 기능을 바로 추가할 수 있다.

파일 확장자	설명
.apk	앱 실행파일
.aia	앱 소스코드

프로젝트의 소스코드 블록들은 [File] 〉 [Export Project]로 보내면 .aia 파일이 내 컴퓨터에 다운로드 된다. 이것을 다른 사람에게 보내면 이 파일을 받은 사람은 메뉴에서 [File] 〉 [Import Project]로 열어 볼 수 있다.

앱 인벤터는 구글의 크롬 웹 브라우저에서 클라우드 기반으로 앱을 만드는 툴이다.

05 | 더 쉽게 앱 만들기
– 앱 엔지니어링 및 디버깅

저자들의 다른 책『꿀잼 앱 인벤터』에서 다룬 [음성인식], [두더지 잡기]와 같은 앱들은 비교적 간단한 프로그램들이여서 소위 말하는 공학적 기술이 필요하지 않았다. 이때까지의 작업들이 종이로 조립하는 집 만들기였다면, 실제 필요한 작업들은 실제로 살 수 있는 집을 짓는 것에 비유할 수 있다. 실생활에 필요한 프로그램은 굉장히 복잡하기 때문에 상당한 시간을 투자해 계획해야 하며, 공학적 기술들도 필요하다. 복잡한 프로젝트를 수행하다 보면 프로그램에 기능이 하나 추가될 때마다 제작이 매우 어려워진다는 것을 체감할 것이다. 이 장에서는 이런 어려움들을 해결하는 방법을 소개하고 있다. 잘 숙지하여 좀 더 쉬운 길로 걸어가 보자.

1. 소프트웨어 엔지니어링 원칙

이 장에서 다룰 기본적인 원칙들에 대해 알아보자.

- 실제 사용자의 의견 듣기
- 간단하고 기본적인 프로토타입 만들기
- 한 번에 블록을 많이 추가하지 않고 코딩과 테스트를 점진적으로 하기
- 컴퓨터로 코딩하기 전에 미리 코딩해두기
- 주석 달기
- 부분으로 나눠서 생각하기
- 프로그램의 작동원리를 파악하는 법을 알아두기

이 원칙들을 받아들인다면, 프로그램을 만들 때 투자하는 시간이 줄고 좌절을 덜 겪을 수 있다. 사실 이 방법들은 몸으로 익혀두지 않으면 무시하고 넘어가기 십상이기 때문

에 적용하기가 쉽지 않다.

일반적으로 아이디어가 떠오르면 빨리 프로그램을 만들고 싶은 마음에 더 이상의 생각이 막혀버린다. 그렇게 바로 모든 블록을 제작하고 한 번에 코딩을 마쳐버리는데, 그렇게 한다면 분명히 어려움을 겪게 된다. 이제 첫 번째 원칙부터 하나씩 살펴보며 더 나은 앱 제작을 위한 발걸음을 시작해 보자.

2. 실제 사용자의 의견 듣기

소프트웨어는 어떤 문제를 해결하거나 불편한 점을 개선하기 위해 사용된다. 그렇지만 대부분의 소프트웨어는 실생활에 전혀 도움이 되지 못한다. 달까지 걸어가면 얼마만큼의 시간이 걸리는지 계산하는 프로그램을 만들 수는 있지만, 과연 실생활에 도움을 줄 수 있을까? 실생활에 도움이 되는 앱을 만들기만 한다면 그 자체로도 이미 멋진 앱이라고 할 수 있다. 실생활에서 일어나는 문제점들을 알고자 하는 자세를 갖추면 다른 사람들의 의견을 듣게 되고, 사용자들의 의견을 수렴하면서 '사용자 중심적 디자인'을 하게 된다.

얼마나 많은 프로그래머들이 실 사용자들의 의견을 들으며 프로그램을 만들까? 실제 통계자료를 보면 놀랄 만큼 그 수가 적다. 다시 말해 많은 소프트웨어 프로젝트들이 별로 쓰이지 않을 법한 주제로 진행되어지고 있다는 얘기다.

사용자 중심적 디자인은 디자인 과정에서 목표 사용자 그룹과 함께 대화를 해보고 같이 생각해 보는 것이다. 무엇을 만들지 결정하기 전에 미리 다른 사람들과 의견을 나눠봐야 한다. 성공적인 소프트웨어는 대부분 어떤 한 사람의 문제를 해결하기 위해 시작되지만, 일반적인 사람들에게 적용되도록 더 확장되면서 널리 사용되는 경우가 많다.

3. 간단하고 기본적인 프로토타입 만들기

사용자의 의견을 묻기 위해 가는데, 소프트웨어 개발 계획서 한 뭉치를 가지고 가서 읽어보고 검토해 달라고 하면 읽는 사람은 절대 즐겁지 못하다. 대신 실제로 작동하는 앱을 보여주면서 더 나은 방법을 함께 찾자고 하면 사용자도 즐겁고, 더 효과적으로 의견을 수렴할 수 있다. 이를 위해선 프로토타입을 만들어야 한다. 어떤 앱의 프로토타입이라는 의미는 아직 완성되지 않은 상태의 앱을 말한다. 앱을 만들 때 사소한 부분은 일단 신경 쓰지 말고, 누가 봐도 공학자가 만든 칙칙한 디자인으로 보여도 상관없이 일단 만들자. 프로토타입을 통해 이 앱이 무얼 하고자 하는지 보여주는 것이 중요하다. 그 다음 앱을 사람들에게 선보이고, 그들의 생각을 들어보자.

4. 한 번에 블록을 많이 추가하지 않고 코딩과 테스트를 점진적으로 하기

한 번에 완벽히 끝내는 작업 방식이 결코 나쁘지만은 않다. 문제는 대부분의 초보 프로그래머들이 이런 방식으로 프로그램을 만들다가 한 번 막혀버리면 어떻게 해야 할지 모른다는 점에 있다. 상당한 크기의 앱을 만들기 시작한다고 생각해 보자. 본능적으로 한 번에 이 작업을 끝내고 싶어 한다. 그래서 필요한 모든 블록들을 수 시간에 걸쳐 제작 완료하고, 디자인까지 마친 다음 스마트폰에 다운받아 원하는 대로 작동을 하는지 볼 것이다. 어느 프로그래머라도 가이드라인이 따로 없다면 다들 이렇게 제작을 시도할 것이다. 예를 들어 퀴즈 앱을 만든다고 하면, 질문이 나오고 사진을 표시하는 블록들, 답을 적고 확인하는 블록들, 다음 퀴즈로 넘어가는 블록들 등을 모두 제작하고 앱의 사소한 부분까지 다 만들어 버린다. 소프트웨어 공학에서는 이를 '빅 뱅 접근법'이라고 한다. 프로그램이 아무것도 없는 상태이거나 아니면 이미 완성된 상태가 되어버린다는 뜻이다.

모든 UI(User Interface)와 기능을 구성하는 블록을 한 번에 해결하고 싶은 마음에 쉽게 빠져들기 마련이다. 최대한 빨리 멋진 모양을 하고 있는 앱을 보고 싶기 때문에, 테스트를 해보면서 사용자들에게 맞춰 보는 것은 귀찮기 마련이다. 그렇지만 조금씩 코딩해서 테스트해 본 뒤에 다음 단계로 넘어가는 과정을 몸에 익혀두자. 처음에는 귀찮은 일을 자꾸 하게 되는 것 같지만, 더 빨리 결과물을 얻을 수 있다는 사실을 알게 된다면 훨씬 만족스런 결과를 얻을 수 있을 것이다.

5. 컴퓨터로 코딩하기 전에 미리 코딩해 두기

프로그래밍에는 다음의 두 단계가 있다. 앱의 작동 원리를 이해하는 단계와 작동 원리를 컴퓨터 언어로 해석하는 단계이다. 작동 원리를 이해하는 단계는 프로그램을 계획하는 단계이고, 컴퓨터 언어로 해석하는 단계는 코딩하는 단계를 의미한다. 스스로를 한번 되돌아보자. 코딩하는 시간이 프로그램에 대해 생각하는 시간에 비해 훨씬 많을 것이다. 그렇지만 작동 원리를 이해하는 과정에 더 많은 시간을 투자하기를 권고한다. 코딩하기 전에, 사용자가 사용할 때 앱이 어떤 반응을 보여야 하는지 정확하게 생각해 두고, 각각의 이벤트 핸들러에 대한 구체적인 생각을 확정해 둔 다음 코딩을 시작하자.

많은 책들이 프로그램을 디자인하는 방법에 대해 서술하고 있다. 어떤 사람은 순서도와 같은 그림을 사용하기도 하고, 손으로 그린 그림이나 글들을 사용한다. 앱을 '디자인'하는 것은 앱에 대한 모든 것을 한 번에 정리해 둔 문서를 만드는 것이 아니다. 프로그램을 디자인할 때, 코드만으로는 설명할 수 없지만 프로그램의 작동 원리가 숨겨져 있다는 사실을 이해하는 것이 필수적이다. 앱의 작동 원리를 미리 만들어 두지 않고 바로 코딩을 시작하면, 프로그램의 크기가 클수록 하다가 중간에 멈춰서 아무것도 못할 확률이 높아진다. 그러니 앱을 제작하기에 앞서 컴퓨터에서 한걸음 물러서서 앱에 대해 생각해보길 바란다. 무얼 하고자 하는지 분명하게 정리해두고 떠오르는 생각들을 문서화하자. 더 빠른 코딩을 위한 방법이다.

6. 주석 달기

이 책에 소개된 앱을 만들어 보았다면, 노란색 상자를 본 적이 있을 것이다. 이 상자들은 주석 상자, 즉 코멘트 상자라고 한다. 앱 인벤터에서 어떤 블록에서든지 마우스 오른쪽을 클릭해서 Add Comment를 선택하면 주석을 달 수 있다. 주석은 앱의 기능에는 전혀 영향을 미치지 않고, 단지 코멘트를 달게 해 준다.

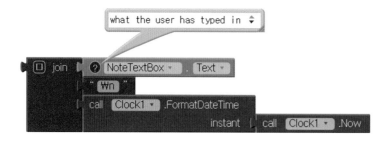

주석 달기를 왜 해야 하는지에 대해 살펴보자. 좋은 앱을 만들면 그 앱은 수십 년간 사용될 수도 있다. 사람의 기억력에는 한계가 있음을 다들 알고 있지 않은가? 앱을 만들고 나서 몇 주 후에 수정하려고 한다면 제작자조차 코드 전체를 다시 한 번 천천히 살펴보아야 한다. 블록의 기능들을 빠르게 떠올릴 수 있도록 주석을 달아주면 코드를 다시 접했을 때 더 쉽게 이해할 수 있을 것이다. 절대로 다시 안 볼 것 같은 프로그램도 주석을 달아주는 것이 좋다.

훌륭한 앱을 만들면 다른 프로그래머들도 필히 그 코드를 구경한다. 프로그래머들은 코드를 이해하려 할 것이고, 변경하여 기능을 더 추가하고자 할 것이다. 본인이 다른 사람의 프로젝트를 보려 하는데, 주석이 하나도 없다고 생각해보자. 주석이 왜 꼭 필요한지를 느낄 것이다. 프로그래밍을 시작한지 얼마 안 된 사람들은 이를 중요하게 여기지 않는다. 그렇지만 이런 일을 한 번 겪게 된다면 알아서 주석을 달게 된다.

7. 부분으로 나눠서 생각하기

문제는 커지면 커질수록 해결하기가 힘들어진다. 이를 해결할 수 있는 좋은 방법은 문제를 부분으로 나눠서 생각하는 것이다. 여기서 두 가지 방법을 제시하고자 한다. 첫 번째는 문제를 기능별로 나누는 것이다. 두 번째는 그 문제가 얼마나 복잡한 것인지 살펴보고, 간단한 것부터 복잡한 것으로 나누어놓고 해결하는 것이다. 문제가 생긴 부분의 기능을 축소해서 제대로 작동하는지 확인해 보고, 계속해서 원래의 기능을 추가해 나가는 방법이다.

퀴즈 앱을 예로 들자면, 정답 버튼을 누르면 답이 맞는지 확인하고 다음 화면으로 넘어가게 된다. 이때 문제가 생긴다면 답을 확인하는 부분과 화면을 넘어가는 부분으로 나눠서 살펴볼 수 있을 것이다.

기능별로 나눠 해결해도 좋지만, 쉬운 것부터 만들어 나가는 방법을 사용해보자. 일단 첫 번째 문제부터 제대로 나오게 하고, 다음 버튼을 눌러 넘어가게만 해두자. 마지막 문제에 가면 어떻게 될지는 나중에 생각하고, 일단 무조건 다음 문제로 잘 넘어가기만 하면 된다. 이 정도까지 해결하였다면 이제 끝 문제의 경우만 처리해 주면 된다.

문제를 부분으로 나누거나 쉬운 것부터 해보는 방법 중 항상 하나만 선택해야 하는 것은 아니지만, 현재 상황에서 어떠한 방법으로 문제를 접근하여 해결하는 것이 가장 좋을지 고민해 보는 것이 중요하다.

8. 프로그램의 작동 원리를 파악하는 법을 알아두기

앱이 작동하고 있을 때, 실제 우리 눈에 보이는 것들은 앱의 모든 부분이 아니다. 최종적으로 앱을 사용할 사람들은 앱이 보여주는 인터페이스와 데이터들 그리고 사진들 밖에 보지 못할 것이다. 내부 프로그램이 어떻게 움직이는지는 사용자들로서는 알 방법이 없다. 좀 더 자세히 설명하자면, 앱을 사용할 때 메모리 어디에 어떤 변수가 저장되는지, 프로그램 카운터가 어떤 상황이여서 다음 지시사항을 기다리고 있는지, 이벤트 핸들러가 무엇에 반응하여 작동하고 있는지 알 수 있을까? 사용자들이 알려고 하지는 않겠지만, 앱을 개발하고 수정해야 하는 개발자의 입장으로서는 앱의 모든 부분을 살펴보고 싶을 것이다.

앱을 만들 때 블록들이 변하는 모습을 볼 수는 없다. 이번 블록이 실행되었다면 어떤 블록이 실행할지, 이 글로벌 변수가 언제 0으로 초기화될지 등을 알 수 없기 때문에, 앱이 실행되면 특정 블록이 어떤 반응을 보일지 상상하는 수밖에 없다.

프로그램의 상태를 정지 상태의 프로그램과 작동 중인 프로그램의 상태 두 가지로 나누어 생각할 수 있다. 코딩을 할 때는 정지 상태의 프로그램을 보게 되며 제대로 작동하기를 기대하고, 테스트해볼 때는 직접 살펴보며 그 기능을 확인한다. 제대로 작동하지 않을 때는 다시 정지 상태로 돌아가서 오류를 수정한다. 이 작업을 반복하다보면 적당한 해결책을 찾을 수 있다.

프로그래밍을 처음 시작했다면 컴퓨터 프로그램이 어떻게 돌아가는지에 대해 잘 모르는 것이 자연스럽다. 앱들이 작동하는 것이 마치 마법처럼 보일 수도 있다. 간단한 예제들을 실습해 봤다면 버튼을 누르면 고양이 소리가 나오게 할 수 있을 것이다. 좀 더 복잡한 예제들을 실습해 보고 기능을 수정할 수 있을 만큼 실력을 갖추게 되면, 프로그램 내부에서 어떤 원리로 작동하고 있는지를 조금이나마 이해하게 된다. 초보 프로그래머들은 오류가 났을 때 "제대로 작동하지 않는다.", "코드대로 실행되지 않는다."라고 말한다. 사실 프로그램이 우리의 명령을 무시하고 제멋대로 실행될 확률은 없다고 봐도 된다. 그렇다면 프로그램이 잘못 작동되고 있다는 말은 옳지 않다. 다만 우리가 코드를 만들때 원하는 대로 움직이도록 짜지 못했을 뿐이다.

프로그램의 작동 원리를 이해하는 좋은 방법은 간단한 앱을 작동시키면서 따라해 보는 것이다. 종이에 정확히 어떤 부분이 작동되고 있는지를 기록해 가면서 살펴보자. 앱이 작동되면서 어떤 이벤트 핸들러가 작동되고 있는지를 확인하고, 앱 실행 화면에서 변경사항을 확인해보자. 책을 읽을 때 정독하는 것처럼, 이렇게 하나하나 프로그램의 작동 상황을 따라가 보는 것은 그 프로그램 언어의 기본적인 요소를 살펴볼 수 있게 한다. 앱 인벤터에서의 기본 요소는 블록이다.

『꿀잼 앱 인벤터』에서처럼 지금까지 해본 실습은 간단하고 기초적인 것들이라 동작 원리를 이해하는데 어렵지 않을 것이다. 각각의 블록들이 어떤 원인에 의해 실행되고, 실행된 블록이 내놓는 결과를 차근차근 살펴보면 이 프로그램이 따르고 있는 규칙을 이해할 수 있을 것이다.

다음 블록들은 퀴즈 앱에서 발췌해 일부를 수정한 블록들이다.

[그림 1] 퀴즈 앱의 퀴즈 리스트 블록

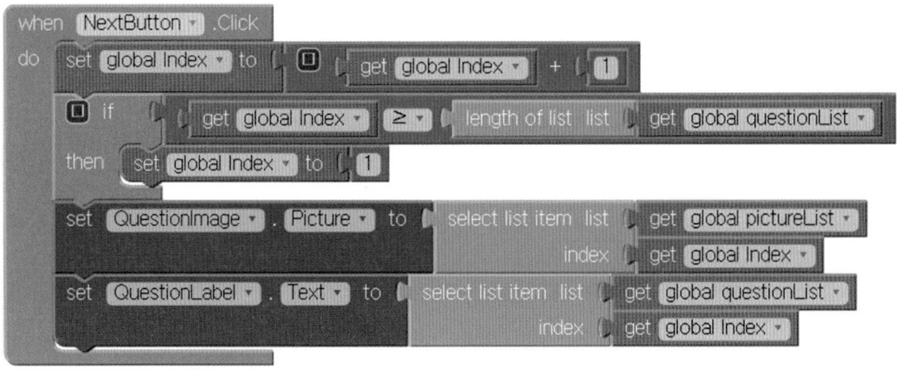

[그림 2] NexButton 블록

QuestionLabel.Text	Index

[표 1] 초기화 전 변수들의 상태

이 코드를 완전히 이해할 수 있는가? 그렇다면 각각의 단계를 정확하게 설명할 수 있어야 한다. 같이 한번 해 보도록 하자. 모든 변수에 대한 메모리를 표현하는 빈칸을 만들자. 이 코드에서는 Current Question를 나타내는 Index와 QuestionLabel.Text 칸이 필요하다. 그 다음 앱이 실행되었을 때, 이 변수들의 빈칸에 채워질 내용을 생각해보자. 앱이 실행되면 다음과 같은 명령들이 수행된다.

- 모든 속성들이 기본 값으로 초기화된다.
- 모든 변수가 선언과 동시에 지정한 값으로 초기화된다.
- Screen.Initialize 이벤트 핸들러가 실행된다.

이런 식으로 프로그램을 따라가다 보면 작동 원리를 이해할 수 있다. 그럼 빈칸들은 위의 과정을 거친 후에 어떻게 변해 있을까? Index는 1이 되어 있을 것이고, QuestionLabel.Text는 첫 번째 문제를 표시하고 있을 것이다.

QuestionLabel.Text	Index
세상에서 가장 과학적인 문자 한글을 창제한 왕은?	1

[표 2] 초기화 후 변수들의 상태

Next 버튼을 누르면 어떻게 되는지 살펴보자. 우선 Index가 1 증가하여 2가 되어 있을 것이다.

QuestionLabel.Text	Index
대한민국 피겨스케이트 역사상 최초로 2010년 밴쿠버 올림픽에서 금메달을 딴 선수는?	2

[표 3] Next 버튼을 누른 후 변수들의 상태

그렇다면 다음 질문인 " "가 QuestionLabel.Text에 들어가 있게 된다. 자 그럼 한 번 더 Next 버튼을 누르면? Index가 3이 될 것이다.

그런데 이번에는 여기서 끝나지 않는다. if 문을 거치면서 3이 된 Index를 다시 1로 변경시키게 되고, 결국 Index는 1이 된다.

QuestionLabel.Text	Index
세상에서 가장 과학적인 문자 한글을 창제한 왕은?	1

[표 4] Next 버튼을 누른 후 변수들의 상태

방금 이 코드에 문제점을 발견했을 것이다. 이 프로그램은 2번째 문제 다음에는 3번째 문제가 나와야 하는데, 1번째 문제가 나와 버린다. 여기까지 따라왔다면 이제 코드를 살펴보면서 어떻게 작동할지를 미리 생각해볼 수 있는 능력을 갖추게 되었기를 바란다. 우리가 의도한 대로는 작동하지 않더라도 컴퓨터를 탓해서는 안 된다. 각각의 블록들이 정확하게 작동하고 있기 때문인데, 다시 말해 컴퓨터는 무조건적으로 코딩한 사람의 명령을 따른다는 것이다. 컴퓨터는 사람들처럼 "콩떡같이 말해도 찰떡같이 알아듣는" 행위를 할 수 없다. 그렇기 때문에 콩떡은 정확하게 콩떡처럼, 찰떡은 정확하게 찰떡처럼 알려줘야 할 필요가 있다.

9. 앱 디버깅

디버깅(debugging)이란 말을 그대로 해석하자면 벌레를 없애는 것이다. 프로그래밍에서 오류를 제거하는 일을 디버깅이라고 하는데, 이에 관련된 재미있는 역사적 사실이 있다. 에니악과 같은 초기 컴퓨터들은 그 크기가 매우 거대해서 지금의 슈퍼컴퓨터들처럼 방 하나를 가득 채울 만큼 공간을 차지하였다. 가끔 원인을 알 수 없는 오류들이 생겨 살펴보면 컴퓨터에 벌레들이 달라붙어 있어 오류가 발생되는 경우들이 있었다. 당시에는 오류를 없애기 위해 실제로 벌레들을 제거해야 했기 때문에 디버깅이란 말을 사용하였는데 지금까지 그 의미가 간직되고 있다. 이제 앱 인벤터에서 디버깅하는 법을 알아보자.

Do it 기능

앱을 만들 때 마지막 블록을 추가하고 확인했을 때 앱이 잘 돌아가면 참 좋겠지만, 실제로는 그렇지 않은 경우가 더 많다. 수많은 블록들을 동시에 실행시키면서 어디서 무엇이 잘못되었는지를 찾고자 하면 머리가 너무 아프다. 문제를 간단하게 만들기 위해서 몇 개의 블록을 따로 실행시켜 보는 방법을 사용할 수 있다. 이때 Do it 기능을 사용할 수 있는데, 어느 블록에서나 마우스의 오른쪽을 클릭하면 Do it 버튼을 찾을 수 있다.

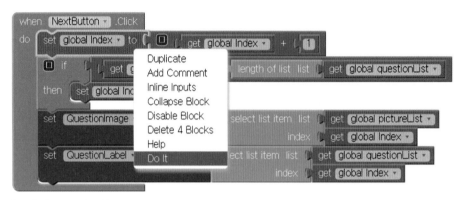

[그림 3] Do it의 모습

Do it 버튼을 누르면 해당 블록이 실행된다. 퀴즈 앱에서 앱이 실행되었을 때 초기화가 정상적으로 이루어지는지 확인하기 위해서 앱 자체를 껐다가 켤 필요 없이, Screen Initialized 이벤트 핸들러 안에 있는 블록을 Do it시켜보면 된다. Do it 기능은 디버깅에서도 쓰이지만, 개발 중에 제대로 작동하는지를 테스트할 때도 같은 방법으로 사용할 수 있다.

블록 활성/비활성화 하기

Do it 기능을 통해서 원하는 블록만을 실행시켜 보았다면, 원하는 블록만 빼고 전체를 실행시켜봐야 할 때도 있다. 그때 사용하는 기능이 바로 블록 비활성화 기능인데, 블록 위에서 마우스의 오른쪽을 클릭한 뒤 disable 버튼을 누르면 그 블록이 없는 것처럼 프로그램이 인식한다. 다시 블록을 활성화시키고 싶다면 enable 버튼을 선택하면 된다.

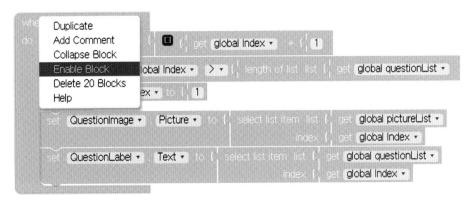

[그림 4] 비활성화 된 블록을 다시 활성화시키는 모습

요약

앱 인벤터가 좋은 프로그램인 이유는 매우 쓰기 쉽기 때문이다. 앱 인벤터는 코딩하는 작업이 블록 쌓기처럼 직관적으로 이해하기 쉽기 때문에 바로 앱을 만들 수 있다. 그래서 컴퓨터가 처리할 일들에 대해서 전혀 신경 쓰지 않아도 되게 해 주지만, 앱이 의도한 대로 작동하지 않을 때는 살펴본 것과 같이 각각의 변수가 어떻게 변하는지 특정 블록에 오류는 없는지를 살펴보아야 한다. 생각이 딱 떠올랐을 때 바로 디자이너 화면에서 컴포넌트들을 추가하고, Blocks에서 코딩을 다 해버릴 수도 있지만, 앱의 기능을 좀 더 정확하게 정리하고 더 생각해보는 시간을 꼭 가지길 바란다. 귀찮은 일이라는 생각은 접어두고 사용자들의 의견을 들어보고, 프로토타입을 만들어보고, 하나씩 확인해보면서 프로그램의 작동 원리를 따라간다면 어느새 더 나은 앱이 완성된다.

휴대폰에 내장된 센서 사용하기

구글 스카이맵은 우리가 보는 방향 그대로의 하늘 별자리를 보여준다. 휴대폰을 회전시키면 그에 따라서 앱의 화면도 따라온다. 스마트폰 게임 중 자동차 게임들은 핸들을 사용해서 회전하는 것처럼 스마트폰을 회전시키면 바퀴의 축이 돌아간다. 여행객들을 위한 앱을 사용하면 내가 하루 동안 어디를 방문했었는지를 기록해 준다. 이러한 기능들은 모두 휴대폰에 내장되어 있는 기울기센서, 가속도 센서, GPS 센서를 사용한 것이다.

이런 멋진 기능들을 앱에 추가하고 싶다면, 센서들이 가져오는 값을 수학적으로 약간 계산하여 사용할 수 있어야 한다. 이 장에서는 LocationSensor, OrientationSensor 그리고 AccelerometerSensor의 사용법을 알아보고, 더 나아가 GPS 센서를 사용하는 법을 익혀보자.

1. 위치 정보 사용하기

스마트폰이 대중화되면서 강력한 기능들을 가진 전자장비가 우리들의 주머니 속에서 자유롭게 이동하고 있으며 사용자들의 위치를 파악할 수 있게 되었다. 위치 정보를 사용하면 편리한 부분도 있지만, 잘못하면 사생활이 침해되고 개인정보가 누출될 수도 있다.

위치 정보를 사용하는 앱의 좋은 예가 주차된 차량 찾기 앱이다. 내가 주차한 곳의 위치 정보를 기억해 뒀다가 나중에 확인할 수 있게 해 주는 앱인데, 이 경우는 위치 정보가 내 휴대폰 안에서만 기억되기 때문에 개인정보가 유출될 염려는 없다.

한 사람의 위치정보만 쓰지 않고 여러 명의 위치 정보를 동시에 이용할 수도 있다. 등산객들의 위치 정보를 받아서 어디에 있는지 알려주거나 내 주위에 친구들이 있는지 확인해 주는 앱들이 시장에 존재한다. 이런 앱들은 개인정보와 관련된 이슈 때문에 상용화되자마자 많은 논란에 휩싸였다.

위치 정보를 이용하여 증강현실 앱들을 만들 수 있는데, 구글 스카이맵처럼 우리의 위치 정보를 받아서 해당 위치에서 바라보는 별자리들을 알려주거나, 카메라로 내 주변을 보여주면 어느 방향으로 얼마만큼의 거리에 맥도날드 매장이 있는지 알려주는 앱도 사용되고 있다.

GPS

위치 정보를 받아오기 위해서는, GPS가 어떻게 작동하는지 이해해야 한다. GPS 정보는 인공위성으로부터 받는데, 3대의 위성이 측정 위치의 고도, 경도, 위도를 계산해 준다. 고도는 내가 지표면으로부터 얼마나 높이 있는지를 알려주고, 위도와 경도는 각각 좌표계로써 지구를 평면으로 봤을 때 나의 위치를 알려준다.

위도는 적도로부터 북쪽 혹은 남쪽으로 얼마나 떨어져 있는지를 표기한다. 숫자가 더 클수록 북쪽으로, 더 작을수록 남쪽을 의미한다. 90도에서 −90도까지 표기한다.

경도는 영국의 그리니치 천문대를 기점으로 얼마나 동, 서쪽으로 떨어져 있는지를 표기한다. 180도에서 −180도까지 표기하도록 하는데 숫자가 클수록 동쪽, 작을수록 서쪽을 의미한다.

앱 인벤터로 장소 찾기

앱 인벤터에는 LocationSensor 컴포넌트가 있다. 이 컴포넌트는 휴대폰에 내장된 GPS를 사용하여 휴대폰의 위도, 경도와 고도 정보를 받아올 수 있다. Google Map과 연동할 수 있기 때문에 내가 지금 위치해 있는 곳의 거리 정보를 실시간으로 받을 수 있다.

이벤트 핸들러 중 LocationSensor에서 매우 중요하게 사용되는 LocationChanged를 알아보자. 센서를 통해 위치 정보를 읽어오다가, 그 데이터 값이 변하면 이벤트 핸들러가 실행된다. 이 기능을 사용하다보면 위치 정보를 몇 초씩 늦게 읽어온다거나, 전혀 읽지 못하는 경우가 생길 수 있다. 휴대폰이 실내에 있고 Wifi와 연결되어 있지 않다면 정보를 읽을 수 없다. 또한 스마트폰에서 GPS를 '사용하지 않음'으로 설정해도 마찬가지이다. 그 래서 이 이벤트 핸들러를 통해 제대로 값을 읽고 있는지 확인할 수 있다. LocationChanged가 정상

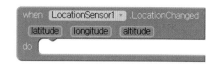

적으로 작동하지 않는다면, 무언가 문제가 존재한다는 것이다.

변수에 위치 정보를 담고자 하는데 위치 정보를 읽을 수 없다면, unknown을 넣어두면 된다. 그 다음 LocationChanged를 작동시켜 변수 값을 변화시키자.

이렇게 한다면 위치 정보를 앱에서 출력할 때도 unknown이란 글자를 그대로 출력하 면 되므로 여러모로 편리하다.

그림과 같이 if 문을 사용하여 센서의 작 동 여부를 판별할 수도 있다.

구역 확인

스마트폰이 정해진 구역 안에 있는지를 확인하려면, LocationChanged 이벤트 핸들러 를 사용할 수 있다. 아래 블록과 같이 특정 고도를 벗어나면 휴대폰이 진동하도록 설 정할 수 있다.

구역을 확인하는 작업은 많은 앱에서 응용이 가능하다. 집에서 멀리 떨어지면 안 되는 사람들에게 경고를 줄 수도 있고, 어린이들이 놀이터에서 벗어나지 않도록 할 수도 있다.

GPS, Wifi, Cell ID를 이용해 장소 정보 가져오기

안드로이드 기기는 위치 정보를 여러 방법으로 가져올 수 있다. 가장 흔히 사용되는 방법이 GPS를 사용하여 수 m의 오차로 현재 위치를 확인한다. 그렇지만 GPS를 사용하기 위해서는 내 휴대폰이 3개 위성의 정보 값을 읽을 수 있어야 하는데, 그렇지 못한 상황들이 자주 있다. 건물 내에 있거나 주변에 고층빌딩들이 많은 등 GPS 센서를 사용할 수 없는 상황이라면 대게 WiFi를 통해 위치 정보를 얻는다. WiFi가 연결된 주변 공유기의 위치를 받아서 스마트폰의 위치를 찾는다. 또 다른 방법으로는 휴대폰의 Cell ID를 사용하는 방법인데, Cell ID는 휴대폰의 신호를 읽을 수 있는 기지국으로부터 거리를 알려준다. 우리 주변에는 여러 개의 기지국이 있기 때문에 GPS가 사용하는 방법과 비슷한 방법으로 스마트폰의 위치를 찾을 수 있다. Cell ID를 이용해 값을 받아오는 방법은, GPS나 WiFi를 이용하는 방법에 비해 배터리를 적게 소모한다.

2. 방향 센서 사용하기

OrientationSensor는 방향 센서로서 스마트폰으로 기울인 방향과 정도를 감지한다. 게임어플리케이션 같은 것에 사용할 수 있으며, 나침반으로도 사용할 수 있다. 방향 센서는 5가지의 값들이 있다. 휴대폰의 움직임을 상상하면서 잘 살펴보자.

Roll: 좌-우 회전 감지

Roll의 값은 휴대폰이 수평으로 놓여 있을 때 0이고, 왼쪽으로 기울면 90까지 증가하고, 오른쪽으로 기울면 -90까지 감소한다.

Pitch: 위-아래 회전 감지

Pitch의 값은 휴대폰이 수평으로 놓여 있을 때 0이고, 휴대폰의 위쪽이 하늘을 향하도록 기울이면 90까지 증가하고, 뒤집혀 있을 때까지 계속 증가하여 180까지 증가한다. 아래쪽이 하늘을 향하도록 기울이면 -180까지 감소한다.

Azimuth: 방위각

Azimuth의 값은 휴대폰의 위쪽 끝부분이 북쪽을 향하고 있을 때 0, 동쪽을 향하고 있을 때 90, 남쪽을 항하고 있을 때 180, 서쪽을 향하고 있을 때 270이다.

Magnitude: 움직이는 공의 속도

Magnitude는 화면상의 공이 받는 힘의 크기를 나타내는 지표이다. 휴대폰이 기울어진 정도에 따라 힘의 크기가 변하며 0에서 1사이의 값을 반환한다.

Angle: 움직이는 공의 각

Angle은 화면상의 공이 받는 힘의 방향을 나타내는 지표이다. 휴대폰이 기울어진 방향에 따라 힘의 방향이 달라진다.

OrientationSensor를 사용할 때 OrentationChanged 이벤트 핸들러를 사용할 수 있다. 휴대폰이 가리키고 있는 방향이 달라질 때마다 실행되는데, 아래의 블록을 직접 만들어보면서 이 기능을 익혀보자. 실습을 통해 휴대폰을 기울이면 Azimuth, Putch, Roll의 값들이 어떻게 변화하는지 알 수 있다. 5개의 값에 대한 블록들을 추가하고 그대로 화면에 출력하여 보자.

Roll 변수 사용하기

이제 OrientationSensor를 어떤 식으로 활용할 수 있는지 알아보자. 화면에 이미지를 하나 띄우고, 좌우로 기울이면 이미지도 따라서 좌우로 움직이도록 할 것이다. Canvas를 하나 넣어두고 너비는 "Fill parent", 높이는 200 픽셀(pixels)로 설정하자. 그 다음 ImageSprite 또는 Ball 하나와 Label을 추가하고 이름을 RollLabel로 설정하자.

OrientationSensor의 Roll 값은 휴대폰이 좌우로 기울어진 정도를 알려준다. 이 점을 염두에 두고 다음과 같이 블록을 만들어 보자.

블록을 살펴보면 Roll에 -1을 곱한 값을 사용하는데, 이는 왼쪽으로 기울이면 Roll 자체는 +지만 이미지를 왼쪽으로 움직이게 하기 위해서는 점점 -쪽으로 가야 하기 때문이다. 오른쪽도 마찬가지로 생각할 수 있다.

Roll 변수는 휴대폰을 세로로 놓은 상태에서 좌우로 기울일 때 변하는 변수이므로, 휴대폰을 가로로 쥔 상태에서 좌우로 아무리 기우려도 정상적으로 작동하지 않는다. 휴대폰을 가로로 두게 되면 스마트폰의 자동회전 기능 때문에 가로모드로 변하는 경우가 있다. 그럼 이미지가 해당 방향 끝까지 이동한 후 정지해 있게 된다.

이를 해결하기 위해서는 스마트폰의 설정을 바꾸어 가로모드로 변환되지 않게 할 수도 있고, 아니면 가로모드 일때도 제대로 작동하도록 변경시켜줄 수도 있다.

모든 방향으로 그림 이동시키기

위의 실습은 그림을 좌우로만 이동시킬 수 있었다. 모든 방향으로 움직이게 하고 싶다면 Angle과 Magnitude 변수를 사용해야 한다. 아래와 같이 블록을 만들어보자.

Magnitude는 0과 1 사이의 값을 주기 때문에 100을 곱해 쓰기에 알맞은 범위로 맞추어 준다. Magnitude 변수를 사용했기 때문에 이미지가 움직이는 속도는 기울인 정도에 따라 달라진다.

휴대폰을 나침반으로 사용하기

구글 스카이맵과 같은 앱들은 스마트폰이 가리키는 방향의 동서남북 정보를 알아와 내가 보고 있는 하늘과 일치하는 하늘에 대한 별자리를 표시해준다. 스카이맵 앱은 휴대폰이 보고 있는 동서남북 방향 정보를 사용한다.

이와 비슷한 기능을 넣거나 스마트폰을 나침반처럼 사용할 수 있는 앱을 만들고자 한다면 Azimuth를 사용해야 한다. 위에서 언급했듯이 Azimuth는 0과 360 사이의 수가 될 수 있다. 부가적으로 설명을 하면 45는 북동쪽, 135는 남동쪽, 225는 남서쪽, 315는 북서쪽을 의미한다.

이 원리를 이용해 아래와 같이 블록을 만들면 스마트폰을 나침반처럼 쓸 수 있다.

위의 실습은 동서남북을 그대로 표기하기만 한다. 만약 기능을 추가해보고 싶다면, 가리키는 방향과 실제 각도를 표현해 주는 기능을 추가해보길 바란다.

3. 가속도 센서 사용하기

가속도는 시간에 따라 속도의 값이 얼마나 변하는지를 의미한다. 휴대폰이 가속하여 움직이면 값들이 변화되지만, 휴대폰이 정지해 있다고 해서 0은 아니다. 오히려 자유낙하 상태에 있을 때 각각의 값들이 0에 가까운데, 중력가속도를 직접 측정한다고 생각하면 이해하기가 수월하다. 조금 뒤에 나올 센서 값들의 설명을 통해 더 자세히 알아보도록 하자. 가속도 센서를 응용할 수 있는 분야는 셀 수 없이 많기 때문에 잘 알아두면 유용하게 사용할 수 있다.

휴대폰의 흔들림 감지하기

"폰 흔들기로 말하기" 실습을 해 보았다면, 그때 사용한 AccelerometerSensor가 기억 날것이다. 이 앱을 만들 때 이벤트 핸들러 Accelerometer. Shaking을 사용하였는데, 휴대폰의 흔들림을 감지하여 블록들을 실행시켜주는 역할을 한다.

가속도 센서의 값들 이용하기

다른 센서들과 마찬가지로 가속도 센서도 AccelerationChanged 이벤트 핸들러가 있어 센서 값의 변화를 측정할 수 있다. 3개의 변수들이 있는데 3차원에서 각 축의 가속도를 측정하는 값들이다.

xAccel:
휴대폰의 왼쪽이 들려 있다면, 즉 오른쪽으로 돌려져 있다면 +이다. 휴대폰의 오른쪽이 들려 있다면, 즉 왼쪽으로 돌려져 있다면 − 이다.

yAccel:
휴대폰의 아래쪽이 들려 있으면 +, 휴대폰의 위쪽이 들려 있다면 − 이다.

zAccel:
화면이 위로 향하고 있다면 +, 화면이 바닥을 향하고 있으면 − 이다.

자유낙하 측정하기

가속도 센서로 자유낙하를 측정하는 앱을 만든다면, 누군가 넘어지는 것을 감지할 수 있다. AccelerationChanged를 사용하여 자유낙하를 측정하고자 한다면, 다음과 같이 블록을 설정하자.

센서가 값을 읽어올 때마다, x, y, z축이 1보다 작아진다면 자유낙하로 인식하도록 되어 있다. 앞에서 설명했듯이 자유낙하 상태이면 각 값이 0에 가까워지는 것을 이용해서 만든 프로그램이다. ResetButton을 누르면 초기상태로 돌아간다.

가속도 측정하기

가속도 센서의 값들을 가지고 정확한 가속도를 측정하고자 한다면, 휴대폰이 정지 상태에 있을 때의 값이 필요하다. 스마트폰에서도 중력센서를 사용하기 위해서는 초기 값 설정이 미리 되어 있어야 한다. 이 기능을 사용하려면 사용자에게 미리 평평한 바닥에 휴대폰을 두고 설정버튼을 누르도록 요청해야 한다. 그 다음 AccelerationChanged 이벤트 핸들러를 통해 가속도를 측정할 수 있다. 아래와 같이 블록을 만들면 각 축의 가속도 값을 읽을 수 있다.

zAccel은 정지해 있을 때 9.8의 값을 가지게 되고, 자유낙하할 때 0이 된다. 각 값의 초기 값이 정확하게 저장되었다면, x, y, z축으로의 가속도를 계산할 수 있다. 다음과 같이 블록을 만들면 각 축의 가속도 값을 계산할 수 있다.

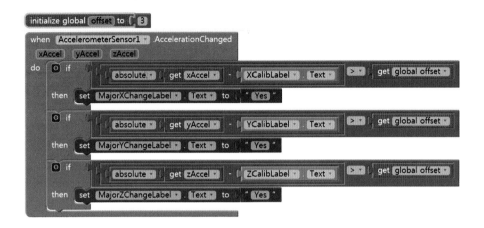

이 블록들은 휴대폰이 움직이면 작동할 것이다. 정지 상태와 비교하여 가속도의 큰 변화가 있는지 확인하고, 각 값의 Text에 변화를 확인시켜 준다. 예를 들어 휴대폰을 급격하게 들어 올리면, zAccel의 값이 점점 증가하고, ZCalibText에 Yes라는 문구가 출력된다.

요약

스마트폰처럼 빠른 계산과 센서 값을 읽을 수 있는 기기들이 보급됨에 따라 현재 위치를 파악하고, 휴대폰의 기울어짐을 감지하며 가속도를 측정할 수 있게 되었다. 이런 기능들을 사용할 때 개인정보 침해가 우려되기도 하지만, 스마트폰 내에서 데이터를 처리한다면 그런 걱정은 할 필요가 없을 것이다. 또한 인터넷을 사용하여 게임, SNS 등에서도 긍정적인 방법으로 응용할 수 있으며 그 한계선은 거의 없다.

07 | 리스트(List)와 반복(for-each)은 어떻게 사용하는가

동일한 작업이 반복되도록 하는 경우는 어떻게 하는 것 효율적일까? 이 장에서는 List 와 for-each 블록을 사용하여 반복 작업을 효율적으로 할 수 있는 간단한 방법을 실습 해 본다.

1. 여러 명에게 문자 보내기

다음 블록을 보고 이 앱을 실행하면 어떤 작업이 수행될지 생각해보고 다음 내용을 보자.

```
when  Button1 ▼ .Click
do    set  Texting1 ▼ . PhoneNumber ▼  to   "  010-1579-9751  "
      set  Texting1 ▼ . Message ▼  to   "  안녕하세요  "
      call  Texting1 ▼ .SendMessage
```

Button1을 클릭하면, "010-1579-9751"의 번호로 "안녕하세요"라는 문자가 전송된다. 그렇다면 여러 명에게 문자를 보내고 싶다면 어떻게 해야 할까? 다음과 같은 번호들에게 문자를 보낼 방법을 생각해 보자.

Button1 이벤트 핸들러 밑에 있는 내용을 그대로 3번 복사해서 사용하여도 같은 기능을 하게 만들 수 있다. 그러나 앱 인벤터에서는 이러한 경우에 사용할 목적으로 for-each 블록을 만들어 두었다.

for-each를 영어 그대로 해석한다면, "각각의 ~에 대해.." 라 는 의미를 가진다. 블록을 살펴보자.

모양만 봐도 알 수 있듯이 list에 있는 각각의 item에 대하여 do에 끼워진 작업을 수행하도록 되어 있다. 이 for-each 블록을 이용해서 여러 번호에 한꺼번에 문자를 보내는 앱을 만들어 보자.

먼저 3개의 번호가 저장된 list를 하나 선언한다.

for-each 블록을 사용하여 Texts를 list에 끼운다. 그럼 Texts에 있는 각각의 항목마다 어떤 작업을 수행할지 알려주어야 한다.

문자를 보내기 위한 블록을 채워 넣었다. 이렇게 구성한다면, 이제 각각의 번호에 대 해 "안녕하세요"라는 문자가 전송될 것이다. 귀찮게 하나씩 만들 필요 없이 list를 만들 어 놓고 for-each 블록을 사용하면, 손쉽게 여러 번호에 대해서 한꺼번에 작업을 처리 할 수 있다.

만약 문자를 보내야 할 번호가 더 생겼다면?

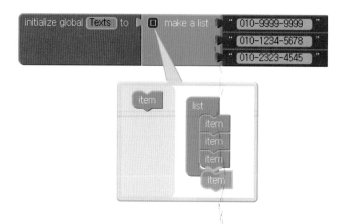

다음과 같이 list에 항목을 추가하고,

원하는 번호를 삽입하면 된다.

2. 숫자 한꺼번에 더하기

for-each 블록은 각각의 항목에 대해 작업을 수행하도록 해 준다. 그렇다면 각각의 항목이 숫자로 구성되어 있다면? 각각의 숫자를 계속해서 더해나가는 식으로 어떤 수들의 합을 한꺼번에 계산할 수 있지 않을까?

그럼 number라는 list에 숫자 3, 5, 7, 9를 넣어 두고, 합을 계산할 때 사용할 Sum을 0으로 설정해 두자. 합을 표시하기 위해 Label 컴포넌트와 작업 수행을 알릴 Button 컴포넌트를 추가한 뒤, 다음과 같이 블록을 구성하자.

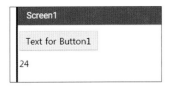

이 블록을 보고, Button이 눌렸을 때 Sum이 계속해서 어떻게 변화되는지 살펴보자. 처음 Sum은 0이다. 그럼 각각의 항목에 대해 가장 먼저는 item이 3으로 설정될 것이고, Sum은 0+3인 3이 된다. 그 다음 item인 5에 대해서 Sum은 3이므로 3+5인 8이 Sum에 저장된다. 이런 과정을 반복해서 list의 끝까지 간다면, Sum은 3+5+7+9인 24로 설정된다.

이를 확인하기 위해 Sum을 Label에 출력해 보자.

정상적으로 출력되는 것을 확인할 수 있다.

이렇게 for-each 블록을 잘 활용한다면 여러 번에 걸쳐 작업해야 할 부분들을 한 번에 처리할 수 있다. 블록의 활용도를 잘 숙지하고 있다면, 어려운 기능들을 추가하는 데 더욱 쉽고 간단한 블록으로 구성할 수 있을 것이다.

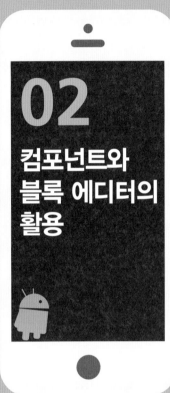

02

컴포넌트와
블록 에디터의
활용

앱 인벤터에 접속하여 프로젝트를 새로 만들거나 열면 아래와 같은 에디터가 나타난다. [디자이너] 에디터로 초기 설정이 되어 있다. 왼쪽 팔레트 패널에는 현재 앱 인벤터에서 제공하는 컴포넌트들이 있다. 사용하고자 하는 컴포넌트를 골라서 뷰어 패널 안에 있는 스크린에 넣는다. 컴포넌트 패널은 사용된 컴포넌트들을 보여주고 속성 패널은 선택된 컴포넌트의 속성들을 보여준다. 오른쪽에 [블록] 버튼을 누르면 [블록] 에디터로 바뀐다. 2부에서는 앱 인벤터에서 제공하는 컴포넌트들과 블록에 대하여 알아본다.

사용한 컴포넌트

에디터 전환 버트

내장된 컴포넌트

선택된 컴포넌트의 속성

1. 컴포넌트

앱 개발 시 앱 인벤터에서 사용할 수 있는 컴포넌트들을 살펴보면 컴포넌트는 앱을 구성하는 기본적인 재료라고 생각할 수 있다. 각 컴포넌트들은 고유의 메서드, 이벤트, 속성들을 가지는데 블록들을 사용하면 속성 값을 읽어오거나 바꿀 수 있다. 우리가 값을 읽을 수는 있으나 바꿀 수는 없는 속성 값은 이탤릭체로 표기된다. [디자이너] 에디터에서만 사용 가능한 속성들도 간혹 있다.

옆의 그림은 앱 인벤터에서 제공하는 컴포넌트들이다. 마지막에 있는 LEGO MINDSTORMS 컴포넌트를 제외하고 각 컴포넌트들을 9장에서 16장에 걸쳐 소개하도록 한다.

- User Interface components
- Layout components
- Media components
- Drawing and Animation components
- Sensor components
- Social components
- Storage components
- Connectivity components
- LEGO® MINDSTORMS® components

다음 그림은 [블록] 버튼이 눌러진 후 [블록] 에디터를 보여준다. [디자이너] 에디터로 바꾸고 싶으면 디자이너 버튼을 누르면 된다. 빌트인(내장된) 블록이 블록 에디터 왼쪽 상단에 있고 그 밑에는 프로젝트에서 사용한 컴포넌트들이 있다. 빌트인 블록 중 하나를 선택하여 누르면 그것에 속한 블록들을 뷰어 패널 위에 보여준다. 그중 사용하고자 블록을 드래그하여 뷰어 패널에 드롭하면 된다. 선택한 블록을 원하지 않을 때는 오른쪽의 쓰레기통에 버리면 없어진다. 현재 사용 중인 스크린에서 원하는 블록들을 복사하여 다른 프로젝트나 스크린에 사용하기 위해서는 오른쪽 상단의 백팩을 사용한다. 블록을 복사하려면 원하는 블록을 백팩에 드래그하여 넣으면 된다. 작업중인 공간에 복사한 블록을 붙여 넣기 위해서 백팩을 마우스의 왼쪽 버튼으로 클릭하면 복사된 블록들을 보여준다. 그중에서 원하는 블록을 현재의 작업 공간에 드래그하면 된다. 모든 블록들을 백팩에 복사하거나 백팩에 있는 모든 블록들을 붙여넣기하거나 백팩을 비울 때는 뷰어에서 팝업 메뉴를 사용한다. 팝업 메뉴는 뷰어에서 마우스의 오른쪽 버튼을 클릭하면 나타난다. 이어서 앱 인벤터 내장 블록들을 소개 한다.

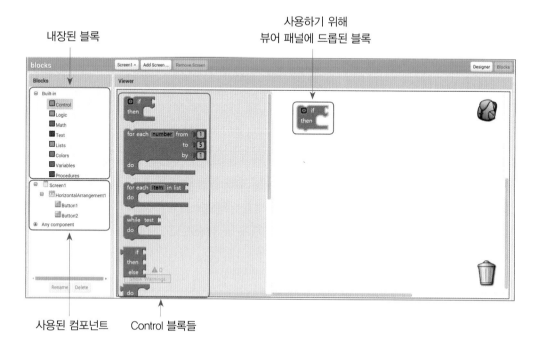

2. 블록(App Inventor Language Blocks)

프로젝트에서 어떤 컴포넌트를 사용하더라도 내장 블록들의 사용이 가능하다. 이 내장 블록 외에 각 컴포넌트는 이벤트, 메서드, 속성들을 명세하는 고유의 블록들을 가진다. 블록 에디터에 제공되는 내장 블록들은 다음과 같다.

제어(control) 블록

앱 인벤터에서는 다음과 같은 제어 블록이 사용 가능하다.

- if & if else
- for each from to
- for each in list
- while
- if then else
- do
- evaluate but ignore result
- open another screen
- open another screen with start value
- get start value
- close screen
- close screen with value
- close application
- get plain start text
- close screen with plain text

다음은 각각의 블록의 기능들에 대한 설명이다.

 if: 주어진 조건을 테스트할 때 쓰인다. 만약 조건을 만족시키면(조건식이 참이면) 오른쪽 그림 then 블록의 식을 실행한다. 조건 블록을 if 블록에 넣고 조건이 만족되면 실행해야 할 블록을 then에 넣는다.

 if & else: 주어진 조건을 테스트할 때 쓰인다. 만약 조건을 만족시키면(조건식이 참이면) 오른쪽 그림 then 블록의 식을 실행한다. 조건을 만족시키지 않으면 else 블록의 식을 실행한다.

 if & else-if & else: 주어진 조건을 테스트할 때 쓰인다. 만약 조건을 만족시키면(조건식이 참이면) 오른쪽 그림 then 블록의 식을 실행한다. 조건을 만족시키지 않으면 else if 부분의 조건식을 테스트 한다. 그 조건을 만족시키면 then 블록의 식을 실행하고 만족시키지 않으면 else 블록의 식을 실행한다.

if 블록은 if-else 블록으로 확장할 수 있다. 그림에서와 같이 블록 왼쪽 상단의 파란 네모 박스를 클릭하면 확장할 수 있는 박스가 나온다. 이러한 블록을 mutator(변형) 블록이라 한다. 이 박스 안에서 else 블록을 if에 넣으면 if-else 블록으로 확장된다.

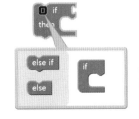 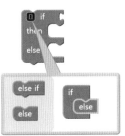

같은 방법으로 박스 안에서 else if 블록을 if에 넣으면 if&else-if 블록이 만들어진다. 이 박스 안에서 else 블록을 else-if 블록 뒤에 넣으면 if&else-if&else 블록이 만들어진다.

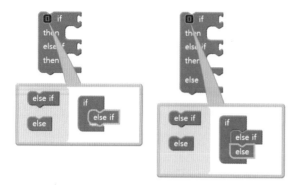

아래 그림은 if-else 블록을 사용한 예를 보여준다. 텍스트 박스의 문자열이 "rowid"와 같으면 성공적 마침을 알리는 메시지 알림창이 나오게 하고 같지 않으면 오류 메시지 가 나오게 하는 블록이다.

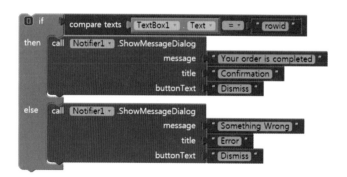

for each from to: number 값을 by만큼 매번 증가시키면서 from에 서 to까지의 범위 안에 do 부분의 블록을 실행한다. 주어진 변수 이름 number를 현재 값을 참조하는 데 사용한다. 변수 number는 우리가 원하는 변수 명으로 바꿀 수 있다. 주황색 바탕의 라운드 사각형으로 둘러싸여 있는 것은 변수를 의미한다.

다음 그림은 버튼이 클릭되었을 때 1부터 10까지의 수를 텍스트 박스에 출력하는 블록 이다. 현재 값을 참조하기 위해 변수 i가 사용되었다. i값을 얻기 위해서 get i 블록이 사용되었다.

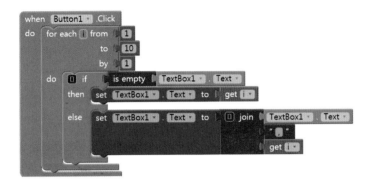

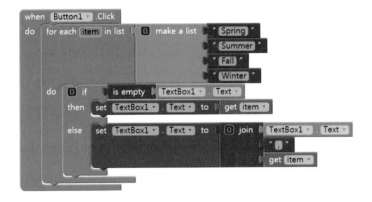

for each in list: 리스트에 있는 각 항목을 위해 do 부분의 블록을 실행
한다. 주어진 변수 이름 item은 현재 리스트의 항목을 참조하는 데
사용한다.

다음 그림은 버튼이 클릭되었을 때 Spring, Summer, Fall, Winter 리스트의 각 항목을
텍스트 박스에 출력하는 블록이다. 현재 리스트의 항목을 참조하기 위해 변수 item이
사용되었다. 변수명은 우리가 원하는 것으로 바꿀 수 있다.

while: test 블록에 붙어 있는 조건문을 테스트한다. 이 조건문이 참일 동안
do에 주어진 블록을 실행한다. 테스트의 결과가 거짓일 때 블록은 끝나고
더 이상 실행되지 않는다.

if then else: 주어진 조건을 테스트한다. 만약 문장이 참이면 then-return 연속
블록을 실행하고 then-return 값을 반환한다. then 블록의 return 값을 필요로
할 때 사용한다. 거짓이면 else-return 연속 블록을 실행하고 else-return 값을 반환한다.

do: 종종 프로시저나 다른 블록에서 어떤 것을 실행하고 그 결과를 리턴하려고 할 때 새로운 프로시저를 만드는 대신 이 블록을 선택하여 다양하게 사용할 수 있다.

evaluate but ignore result: 프로시저나 if 블록의 then 부분의 블록과 같이 제공된 소켓이 없는 곳으로 아래 그림과 같이 왼쪽에 플러그가 있는 블록을 끼워 넣으려고 할 때 '더미 소켓'으로 사용된다. 왼쪽에 플러그가 있는 블록을 끼워 넣은 다음 소켓이 없는 블록에 더미 소켓을 맞추어 넣는다. 맞추어진 블록이 실행되고 반환된 결과는 무시된다. 이 블록은 리턴 값을 가진 프로시저를 호출할 때 리턴 값을 필요로 하지 않은 상황에서 유용하다.

open another screen: 주어진 이름의 스크린을 오픈한다.

open another screen with start value: 주어진 이름의 스크린을 오픈하고 시작 값을 전달한다.

get start value: 현재 스크린에 주어진 시작 값을 리턴한다. 이 시작 값은 open another screen with start value 컴포넌트나 close screen with value에서 주어진 값이다.

close screen: 현재 화면을 닫는다.

close screen with value: 현재 화면을 닫고 값을 이것을 오픈한 화면에 반환한다.

close application: 현재 어플리케이션을 닫는다.

get plain start text: 다른 앱에 의해 시작되어졌을 때 화면에 전달된 순수 문자열을 반환한다. 아무 값도 전달되지 않았다면 빈 문자열을 반환한다. 다중화면 앱에서는 get plain start text보다 get start value 블록을 사용하라.

close screen with plain text: 현재 화면을 닫고 문자열을 이것을 오픈한 앱에게 전달한다. 다중화면 앱에서 이 블록을 사용하는 것보다는 close screen with vaule를 사용하라.

논리(logic) 블록

앱 인벤터 2에는 아래와 같은 논리 블록들이 있다.

• true	• ≠
• false	• and
• not	• or
• =	

각각의 논리 블록의 기능들은 다음과 같다.

`true` true: 상수 '참'을 표현한다. 컴포넌트의 블리언 속성 값을 설정하거나 상태를 나타내는 변수의 값으로 설정될 때 사용한다.

`false` false: 상수 '거짓'을 표현한다. 컴포넌트의 블리언 속성 값을 설정하거나 상태를 나타내는 변수의 값으로 설정될 때 사용한다.

`not` not: 논리 부정을 실행한다. 입력이 참이면 거짓을 반환하고 입력이 거짓이면 참을 반환한다.

`=` =: 두 인수가 같은지를 테스트한다.

- 두 수가 수치적으로 같을 때 두 수는 같다. 예를 들어 1은 1.0과 같다.
- 두 문자열 블록은 사용된 문자와 순서가 같고 타입 케이스(소문자/대문자)가 같을 때 두 문자열은 같다. banana와 Banana는 같지 않다.
- 숫자와 문자열은 숫자가 문자열에 사용된 숫자와 수치적으로 같으면 같다고 (동일하다고) 한다. 예를 들어 12.0은 1ATeafor2와 같다.
- 두 리스트는 요소의 개수가 같고 상응하는 요소가 같으면 같다고 한다.
- Math의 `=` 블록과 정확히 동일하게 작동한다.

`0 = "0"` 은 숫자 0과 문자열 "0"과 같은지를 테스트하기 위한 블록이다.

`≠` ≠: 두 인수가 같지 않은지를 테스트한다.

`and` and: 모든 일련의 논리적 조건이 참인지를 테스트한다. 모든 테스트한 조건들이 참일 때 결과는 참이다. 테스트 소켓에 조건을 집어넣은 다음 나머지 소켓에 다른 조건을 첨가하면 된다. 조건은 왼쪽에서 오른쪽으로 테스트되며 거짓인 조건을

만나면 정지한다. 만약 테스트할 조건이 없으면 그 결과는 참이다.

 or: 일련의 논리적 조건 중 하나라도 참이 있는지를 테스트한다. 하나 또는 그 이상의 테스트한 조건들이 참일 때 결과는 참이다. 테스트 소켓에 조건을 집어넣은 다음 나머지 소켓에 다른 조건을 첨가하면 된다. 조건은 왼쪽에서 오른쪽으로 테스트 되며 참인 조건을 만나면 정지한다. 만약 테스트할 조건이 없으면 그 결과는 거짓이다.

논리 블록은 if 블록의 조건문으로 플러그인 될 수 있다.

수학(Math) 블록

다음은 앱 인벤터 2에서 제공하는 수학 블록들이다.

- 0(basic number block)
- =, ≠, 〉, ≥, 〈, ≤,
- + − * / ^
- random integer
- random fraction
- random set seed to
- min
- max

- sqrt ,abs, −, log, e^, round, ceiling,f loor
- modulo of, remainder, quotient
- sin, cos ,tan, asin, acos, atan, atan2
- convert radians to degrees, convert degrees to radians
- format as a decimal
- is a number
- convert number

다음과 같이 수학 블록은 dropdown 블록을 종종 사용하는데, dropdown 리스트에서 하고자 하는 연산을 고르면 선택된 연산 블록으로 바뀐다. 다음은 dropdown 리스트를 사용하는 수학 블록들이다.

 =, ≠, >, ≥, <, ≤: = 연산 블록의 dropdown 리스트에서 〈 연산을 선택하면 〈 연산 블록으로 바뀐다.

min, max

sqrt, abs, -, log, e^, round, ceiling, floor

modulo of, remainder of, quotient if

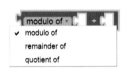

sin, cos, tan, asin, acos, atan

convert radians to degrees, convert degrees to radians

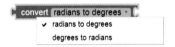

다음은 수학 블록에 대한 설명이다.

기본 숫자 블록: 양수나 음수로 사용된다. "0"을 더블 클릭하여 숫자를 바꿀 수 있다.

=: 두 수가 같은지를 테스트하고 같으면 참, 아니면 거짓을 리턴한다.

≠: 두 수가 틀린지를 테스트하고 틀리면 참, 아니면 거짓을 리턴한다.

>: 첫 번째 수가 두 번째 수보다 크면 참, 아니면 거짓을 리턴한다.

≥: 첫 번째 수가 두 번째 수보다 크거나 같으면 참, 아니면 거짓을 리턴한다.

<:첫 번째 수가 두 번째 수보다 작으면 참, 아니면 거짓을 리턴한다.

≤:첫 번째 수가 두 번째 수보다 작거나 같으면 참, 아니면 거짓을 리턴한다.

+:두 수를 더한 값을 리턴한다. 왼쪽 상단에 파란박스가 있으므로 변형 블록이다. 아래와 같이 확장할 수 있다.

왼쪽 상단의 작은 파란 박스를 클릭하면 숫자 블록과 변형(mutator)이 들어 있는 박스가 나오는데, 숫자 블록을 드래그하여 변형 블록 안에 집어넣음으로써 더 많은 수를 더할 수 있게 블록을 확장한다.

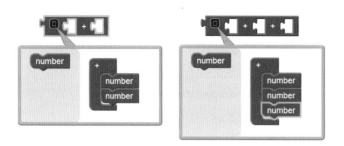

숫자 블록에는 기본 숫자 블록이나 리스트의 길이나 문자열의 길이와 같이 숫자를 값으로 가지는 변수 등을 넣을 수 있다.

-:첫 번째 수에서 두 번째 수를 뺀 결과를 반환한다.

*:첫 번째 수에서 두 번째 수를 곱한 결과를 반환한다. '+'와 같은 방법으로 변형 블록을 확장할 수 있다.

/:첫 번째 수에서 두 번째 수를 나눈 결과를 반환한다.

^:첫 번째 수의 두 번째 수만큼의 제곱을 반환한다.

random integer(임의의 정수): 주어진 두 수 사이의 하나의 임의의 정수(두 수도 포함될 수 있다)를 반환한다. 인수들의 순서는 결과에 영향을 주지 않는다.

random fraction(임의의 분수): 0과 1사이의 임의의 분수 값을 반환한다.

random set seed to: 반복되는 동일한 난수들의 서열을 생성하려고 할 때 이 블록을 사용한다. 먼저 난수 설정 seed를 같은 값으로 호출함으로써 동일한 서열의 난수들을 만들 수 있다. 이 블록은 난수 값과 관련된 testing 프로그램에 유용하다.

min: 숫자 집합에서 가장 작은 수를 반환한다. 블록에 플러그가 없는 소켓이 있으면 리스트에서 0으로 간주한다. mutator 블록이고 dropdown으로 min/max 중 선택할 수 있다.

max: 숫자 집합에서 가장 큰 수를 반환한다. 블록에 플러그가 없는 소켓이 있으면 리스트에서 0으로 간주한다. mutator 블록이고 dropdown으로 min/max 중 선택할 수 있다.

sqrt: 주어진 수의 제곱근을 반환한다.

abs: 주어진 수의 절대 값을 반환한다.

neg: 주어진 수의 음수를 반환한다.

log: 주어진 수의 자연 로그를 반환한다. 즉 로그의 밑이 e(2.71828…)이다.

e^: e(2.71828…)의 주어진 수만큼 제곱한 값을 반환한다.

round: 주어진 수와 가장 가까운 정수를 반환한다. 만약 분수 부분이 0.5보다 작으면 소수점을 잘라 버린다. 0.5보다 크면 반올림을 한다. 분수 부분이 0.5와 같을 경우 짝수는 소수점을 잘라버리고 홀수는 반올림을 한다.(짝수로 반올림하는 방법)

ceiling: 주어진 수와 같거나 큰 정수 중 가장 작은 수를 반환한다.

floor: 주어진 수와 같거나 작은 정수 중 가장 큰 수를 반환한다.

modulo: modulo(a,b)는 a와 b가 양수일 때는 remainder(a,b)와 같다. 일반적으로 a와 b값에 관계없이 modulo(a,b)는 다음과 같이 정의된다.

$$(floor(a/b) \times b) + modulo(a,b) = a.$$

예를 들면 modulo(11, 5)=1, modulo(−11, 5)=4, modulo(11, −5)=−4, modulo(−11, −5)=−1이다. Modulo(a,b)는 항상 b의 부호와 같다. 반면 remainder(a,b)는 a의 부호와 같다.

remainder: remainder(a,b)는 a를 b로 나눈 후 나머지 값을 반환한다. 나머지 값은 a를 b로 나눈 후 분수 부분을 b로 곱한 값과 같다.

예를 들어, remainder(11, 5)=1이다 왜냐하면 11/5=2(1/5)인데 여기에서 분수인 1/5에 b인 5를 곱하면 1이 된다. 이것이 remainder가 된다. remainder(a,b)는 항상 a의 부호와 같으므로 remainder(−11, 5)=−1, remainder(11, −5)=1, remainder(−11, −5)=−1 이다.

quotient of ▮ ÷ ▮ quotient: 첫 번째 수 a를 두 번째 수 b로 나누었을 때 그 결과 값의 분수 부분을 제외하고 반환한다.

sin ▾ sin: 주어진 각도의 사인 값을 반환한다.

cos ▾ cos: 주어진 각도의 코사인 값을 반환한다.

tan ▾ tan: 주어진 각도의 탄젠트 값을 반환한다.

asin ▾ asin: 주어진 각도의 아크사인 값을 반환한다.

acos ▾ acos: 주어진 각도의 아크코사인 값을 반환한다.

atan ▾ atan: 주어진 각도의 아크탄젠트 값을 반환한다.

atan2 y x atan2: 주어진 두 수 y, x를 사용하여 y/x의 아크탄젠트 값을 반환한다.

convert radians to degrees ▾ convert radians to degrees: 라디안 값으로 주어진 수를 각도로 전환하여 반환한다. 결과는 0에서 360도 사이이다.

convert degrees to radians ▾ convert degrees to radians: 주어진 도수를 라디안으로 변환하여 반환한다. −π에서 +π 사이의 값이다.

format as decimal number places format as decimal: 주어진 수를 주어진 소수점 이하 자릿수(places)까지의 소수로 포맷하여 반환한다.

is a number? is a number: 주어진 객체(object)가 넘버이면 참을 반환하고 넘버가 아니면 거짓을 반환한다.

convert number binary to base 10 ▾ [base 10 to hex / hex to base 10 / base 10 to binary / ✓ binary to base 10] convert number: 양의 정수로 표현된 주어진 문자열을 다른 진법으로 바꾸어 그 수를 나타내는 문자열을 반환한다. 예를 들어 주어진 문자열이 10이고 10진수에서 2진수로 (base 10 to binary) 바꾸어 1010 문자열을

반환하는 반면 같은 주어진 문자열 10에서 2진수에서 10진수로 (binary to base 10) 바꾸어 2를 반환하고 10진수에서 16진수로 (base 10 to hex) 바꾸어 A를 반환한다.

A12 텍스트(Text) 블록

- string
- join
- length
- is empty
- compare texts
- trim
- upcase
- downcase
- starts at

- contains
- split at first
- split at first of any
- split
- split at any
- split at spaces
- segment
- replace all

다음은 텍스트 블록들에 대한 설명이다.

" ": 텍스트를 갖는 문자열 블록이다. 문자열은 어떤 문자(문자, 숫자, 특수문자)라도 포함할 수 있다. 앱 인벤터에서는 이것을 텍스트 객체로 인식한다.

join: 모든 입력을 합쳐서 하나의 문자열을 만든다. 입력이 없으면 빈 문자열을 반환한다. 확장 가능한 변형 블록이다.

length: 문자열에서 스페이스를 포함한 문자의 개수를 반환한다. 주어진 텍스트 문자열의 길이다.

is empty: 문자열에서 스페이스를 포함하여 어떤 문자라도 있는가에 대한 논리 값을 반환한다. 즉 문자열의 길이가 0일 때 참을 반환하고 0이 아니면 거짓을 반환한다.

 compare texts < > =: 첫 번째 문자열이 두 번째 문자열보다 사전 순으로(dropdown에서의 선택에 따라) 〈, 〉, = 여부를 테스트한 후 결과 값을 반환한다. 문자열은 알파벳 순으로 다른 문자열보다 큰 것을 사전 순으로 크다고 한다. 즉, 두 문자열 중 사전에서 뒤에 오는 문자열이 큰 것이다. 대문자는 소문자보다 작다고 여겨진다. 예를 들면 cat은 Cat보다 크다.(아스키 코드 순서를 따른다)

`[trim]` **trim**: 입력 문자열에서 선행 또는 후행 공백을 제거한 결과를 반환한다.

`[upcase ▾]` **upcase**: 주어진 텍스트 문자열을 모두 대문자로 변환한 복사본을 반환한다.

`[downcase ▾]` **downcase**: 주어진 텍스트 문자열을 모두 소문자로 변환한 복사본을 반환한다.

`[starts at text / piece]` **starts at**: 텍스트 인수에서 piece 부분에 플러그인 된 문자열이 맨 처음 나타났을 때 piece의 첫 번째 문자의 위치를 반환한다. 없으면 0을 반환한다. 예를 들어 havana banana에서 ana의 위치는 4이다.

`[contains text / piece]` **contains**: 텍스트 인수에서 piece 부분에 플러그인 된 문자열을 포함하고 있으면 참을 반환하고 없으면 거짓을 반환한다.

`[split at first text / at]` **split at first**: at에 있는 것이 처음으로 나타나는 위치를 분할 지점으로 사용하여 주어진 텍스트를 두 개의 부분으로 나눈다. 두 개의 항목을 가진 리스트를 반환하는데, 분할 지점 전 부분과 후 부분으로 분리된 텍스트가 각각 항목이다. 예를 들어 apple,banana,cherry,dogfood를 ","를 분할 포인트로 하여 실행하면 텍스트 apple과 banana,cherry, dogfood이라는 두 개의 항목을 가진 리스트를 반환한다. 분할 포인트인 apple 뒤의 ,는 결과에 나타나지 않는다.

`[split at first of any ▾ text / at (list)]` **split at first of any**: at에 플러그인 된 리스트의 항목의 어떤 것이라도 주어진 텍스트에서 맨 처음 나타나는 위치를 분할 지점으로 사용하여 텍스트를 두 개의 항목을 가진 리스트로 분리한 후 반환한다. 예를 들어 I love apples bananas apples grapes를 리스트 [ba, ap]를 at으로 사용하여 실행하면 I love를 첫 번째 항목으로 하고 ples bananas apples grapes을 두 번째 항목으로 갖는 리스트를 반환한다.

`[split ▾ text / at]` **split**: 텍스트를 at에 플러그인 된 것을 분할 포인트로 사용하여 분리한 결과 리스트를 반환한다. 예를 들어 one,two,three,four를 at으로 ,를 사용하여 실행하면 one two three four를 항목으로 하는 리스트를 반환하고 one-potato,two-potato,three-potato,four-potato를 -potato,를 at으로 사용하여 분리하면 one two three four를 항목으로 하는 리스트를 반환한다.

split at any: at에 플러그인 된 리스트의 항목들을 분할 포인트로 사용하여 주어진 텍스트를 분리하여 만들어진 리스트를 반환한다. 예를 들어 appleberry,banana,cherry,dogfood를 첫 번째 항목이 ","이고 두 번째 아이템이 "rry"인 리스트를 at으로 사용하여 실행하면 applebe banana che dogfood 항목으로 이루어진 리스트를 반환한다.

split at spaces: 주어진 텍스트를 공백이 나타나는 모든 경우를 분리하여 분리된 부분을 리스트로 만들어 반환한다.

segment: 주어진 텍스트에서 start 위치에서 시작해서 length개의 길이를 가지는 텍스트를 추출한다.

replace all: 주어진 텍스트에서 segment부분의 것과 일치하는 모든 경우를 replacement로 교체한 텍스트를 반환한다. 예를 들어 She loves eating. She loves writing. She loves coding. 이 텍스트인 경우 She가 segment이고 Hannah가 replacement인 경우 결과는 Hannah loves eating. Hannah loves writing. Hannah loves coding이다.

리스트 블록

• create empty list	• replace list item
• make a list	• remove list item
• add items to list	• append to list
• is in list	• copy list
• length of list	• is a list?
• is list empty	• list to csv row
• pick a random item	• list to csv table
• index in list	• list from csv row
• select list item	• list from csv table
• insert list item	• lookup in pairs

create empty list: 요소가 없는 빈 상태의 리스트를 만든다. 변형 블록인데 왼쪽 상단의 파란색 박스를 클릭한 다음 항목을 리스트에 플러그인 하면 make a list 블록이 만들어진다.

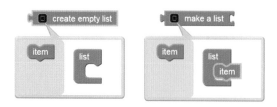

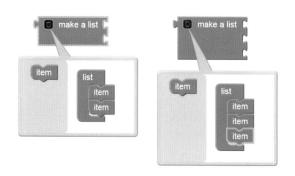

make a list: 리스트를 만든다. 인수가 없으면 빈 상태의 리스트를 만들고 나중에 요소늘을 추가할 수 있다. 이 블록은 변형 블록인데 왼쪽 상단의 파란색 박스를 클릭함으로써 리스트의 항목을 추가하는 것을 허용한다.

add items to list: 주어진(플러그인 된) 항목을 주어진 리스트의 맨 마지막 항목으로 추가한다. 변형 블록으로 항목을 추가할 수 있다. append to list와 차이점은 add items to list는 항목을 개별 인수로써 실행하는데, append to list는 항목들을 하나의 리스트로서 확장시킨다.

is in list?: 주어진 thing이 리스트의 요소 중에 있으면 참을 반환하고 반대면 거짓을 반환한다. 리스트가 서브리스트를 포함하고 있다면 서브리스트의 멤버는 리스트의 멤버가 아니라는 것에 주의해야 한다. 예를 들어 (1 2 (3 4))의 멤버는 1, 2와 리스트 (3 4)이다. 3과 4는 이 리스트의 멤버가 아니다.

length of list: 리스트의 항목 개수를 반환한다.

is list empty: 주어진 리스트에 항목이 없으면 참을 반환하고 있으면 거짓을 반환한다.

pick a random item: 주어진 리스트에서 무작위로 하나의 항목을 뽑는다.

`index in list thing list` index in list: 리스트에서의 주어진 thing의 위치(index)를 반환한다. thing이 리스트에 없으면 0을 반환한다.

`select list item list index` select list item: 주어진 리스트에서 주어진 index에 있는 항목을 선택한다. 리스트의 첫 번째 항목은 index 1에 있다.

`insert list item list index item` insert list item: 항목을 주어진 리스트의 주어진 위치(index)에 삽입한다.

`replace list item list index replacement` replace list item: replacement를 주어진 리스트의 index 위치에 삽입한다. 그 위치에 있던 항목은 없어진다.

`remove list item list index` remove list item: 주어진 위치(index)에 있는 항목을 리스트에서 없앤다.

`append to list list1 list2` append to list: list2 인수에 플러그인 된 리스트의 항목들을 list1의 리스트의 끝에 추가한다.

`copy list list` copy list: 주어진 리스트를 복사한다. 모든 서브리스트를 복사하는 것을 포함한다.

`is a list? thing` is a list?: 주어진 thing이 리스트이면 참을 반환하고 아니면 거짓을 반환한다.

`list to csv row list` list to csv row: 주어진 리스트를 테이블의 행으로 해석하고 변환하여 행을 나타내는(대표하는) CSV (쉼표로 구분된 값) 텍스트를 반환한다. 행 리스트의 각 항목은 필드로 간주되고 결과인 CSV 텍스트에 큰따옴표로 인용된다. 항목들은 쉼표로 분리된다. 반환되는 행 텍스트의 끝에는 행 구분이 없다. 예를 들면 리스트 (a b c d)는 CSV 행으로 변환되어 텍스트 ("a", "b", "c", "d")를 만들고 반환한다.

`list from csv row text` list from csv row: 주어진 텍스트를 CSV(쉼표로 구분된 값) 형식의 행으로 파싱해서 필드들의 리스트를 만든다. 예를 들어 텍스트 ("a", "b", "c", "d")는 리스트 (a b c d)를 변환하고 반환한다.

`list to csv table list` list to csv table: 주어진 리스트를 행-주요 형식의 테이블로 해석하고 변환하여 테이블을 나타내는(대표하는) CSV(쉼표로 구분된 값) 텍스트로 변환해서 반환한다. 리스트의 각 항목 자체는 CSV 테이블의 행을 나타내는 리스트여야 한다. 행 리

스트의 각 항목은 필드로 간주되고 결과인 CSV 텍스트에 큰 따옴표로 인용된다. 반환되는 텍스트에서 행의 항목은 쉼표로 구분되고 행들은 CRLF(\r\n)으로 구분된다.

`list from csv table text` **list from csv table**: 주어진 텍스트를 CSV(쉼표로 구분된 값) 형식의 테이블로 파싱해서 행들의 리스트를 만든다. 각 행은 필드들의 리스트이다. 행은 newline(\n)이나 CRLF(\r\n)를 사용하여 분리될 수 있다.

`look up in pairs key / pairs / notFound "not found"` **look up in pairs**: 리스트로 나타내어지는 사전과 같은 구조에서 정보를 찾는 데 사용된다. 이 연산은 key, pairs, notFound 3개의 입력을 받아들인다. pairs는 key와 value의 쌍들로 이루어진 리스트이다. 즉 각 요소 자체가 이미 두 개의 요소(key value)로 이루어진 리스트이다. pairs 리스트에서 첫 번째 요소가 주어진 key와 같은 쌍 중에서 맨 처음 나타나는 쌍의 두 번째 요소를 반환한다. 예를 들어 pairs 리스트가 ((a apple) (d dragon) (b boxcar) (cat 100))인 경우 'b'를 key로 찾으면 쌍 (b boxcar)에서 두 번째 요소인 boxcar를 반환한다. 만약 리스트에서 그런 쌍이 없으면 notFound에 플러그인 된 블록을 반환한다. 만약 pairs가 쌍들의 리스트가 아니면 오류를 신호한다.

컬러(Colors)

- a color box
- make color
- split color

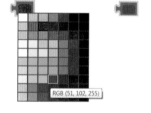

`a color box` **a color box, basic color blocks**: 기본 컬러 블록이다. 작은 사각형 모양 내부에 블록이 나타내고자 하는 색으로 채워져 있다. 색의 중간 부분을 클릭하면 화면에 70가지 색을 가진 테이블이 팝업 된다. 이 테이블에서 원하는 색을 클릭하면 선택한 색으로 컬러 블록에서 색이 바뀐다.

RGB (51, 102, 255)

`make color make a list 255 / 0 / 0` **make color**: 'make color' 블록은 3가지 또는 4가지 항목을 갖고 있는 리스트를 입력받는다. 리스트의 숫자들은 RGB 코드를 나타낸다. RGB코드는 인터넷상에서 색을 만들 때 사용한다. http://www. tayloredmktg.com/rgb/에 있는 RGB코드를 참조하면 된다. 첫 번째 숫자는 코드의 R

값이고 두 번째는 G 값, 세 번째는 B값을 나타낸다. 네 번째 값은 선택사항이며 색상의 짙은 정도를 나타내는 알파 값을 나타내는데 디폴트 알파 값은 100이다.

`split color` split color: make color와 반대되는 연산이다. 컬러 블록이나 색상을 저장하고 있는 변수, 컴포넌트의 색을 나타내는 속성들이 입력으로 사용될 수 있다. 이 색상의 RGB코드를 RGB 값들의 리스트 형태로 반환한다. 아래 블록은 버튼 컴포넌트의 배경색의 RGB 값의 리스트를 반환한다.

`split color Button1 . BackgroundColor`

앱 인벤터에서는 색상이 어떻게 작동하는가?

내부적으로 앱 인벤터는 각 색상을 하나의 수로 저장한다. make color를 이용하여 인수로 리스트를 받아들인 후 이 리스트를 앱 인벤터의 컬러 스키마(색상 도표)를 이용하여 하나의 숫자로 바꾼다. 색의 숫자를 알고 있다면 이 숫자를 사용하여 컬러 속성을 설정함으로 원하는 색을 명세할 수 있다. 색의 넘버에 대한 도표는 http://appinventor.mit.edu/explore/app-inventor-color-chart.html에 있다.

변수 블록(Variable Blocks)

- initialize global name to
- get
- set
- initialize local name to in (do)
- initialize local name to in (return)

`initialize global name to` initialize global name to: 이 블록은 전역변수를 만들 때 사용된다. 모든 유형의 값을 인수로 사용할 수 있다. name 위를 클릭하면 전역변수의 이름을 바꿀 수 있다. 전역변수는 프로시저 또는 이벤트에 쓰이는데 그러므로 이 블록은 혼자 존재할 수 있다.

전역변수는 앱이 실행하는 중에도 값이 변경되거나 참조될 `initialize global v to true` 수 있으며 심지어 프로시저나 이벤트 핸들러 내의 앱의 어떤 부분에서도 변경될 수 있다. 언제라도 이 블록의 이름을 바꿀 수 있으며 이 블록의 이름을 참조하는 모든 블록에서 이름이 자동으로 변경된다. 위의 블록은 전역변수 v를

'true'로 초기화한 블록이다.

get: 이 블록은 생성한 모든 변수의 값을 얻을 수 있는 방법을 제공한다. dropdown에서 현재 사용 가능한 변수 중에 원하는 변수를 선택하면 된다. 옆의 그림에서 글로벌 변수 v를 선택한 상황을 보여준다.

set to: get와 같은 규칙을 따르며, dropdown에서는 범위 안의 사용가능한 변수만 제공한다. 옆의 그림과 같이 변수 v가 선택되면 새로운 블록을 붙여 v에 새로운 값을 줄 수 있다.

initialize local name to in(do): 이 블록은 블록의 do 부분(in에 들어갈 부분)에서 실행할 프로시저에서만 사용될 새로운 변수들을 생성할 수 있게 하는 변형 블록이다. 이 프로시저의 모든 변수는 프로시저가 실행될 때마다 같은 값으로 시작한다.

아래 그림은 프로시저에 사용할 지역변수 x를 첨가하는 과정을 보여준다. 변형 블록이므로 얼마든지 필요한 지역변수를 첨가할 수 있다. 이 블록의 변수들의 이름을 언제든지 바꿀 수 있는데 프로그램 내의 이 변수들의 이름을 참조하는 모든 블록에서 이름이 자동으로 업데이트된다. 지역변수의 이름을 바꾸려면 그 변수가 들어있는 박스를 클릭하고 새로운 이름을 넣으면 된다. 아래 그림은 1부터 100까지의 합을 구하는 블럭을 만들 때 쓰이는 지역변수, sum과 i의 생성, 사용을 보여준다.

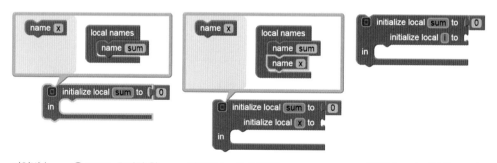

지역변수 sum을 0으로 초기화 함.　　지역변수 x를 첨가함.　　지역변수 x의 이름을 i로 바꿈.

주의

in 부분에 do 블록을 첨부하는 것이 바로 다음에 설명할 블록(in에 리턴 블록을 첨부함)과의 차이점이다. 일을 수행하는 문장(statement)을 in 블록에 첨부할 수 있다. in 블록에 안쪽으로 공간이 있는 이유는 문장 블록이 첨부될 수 있도록 하기 위함이다. 예제는 while statement를 in 부분에 넣은 것을 보여준다.

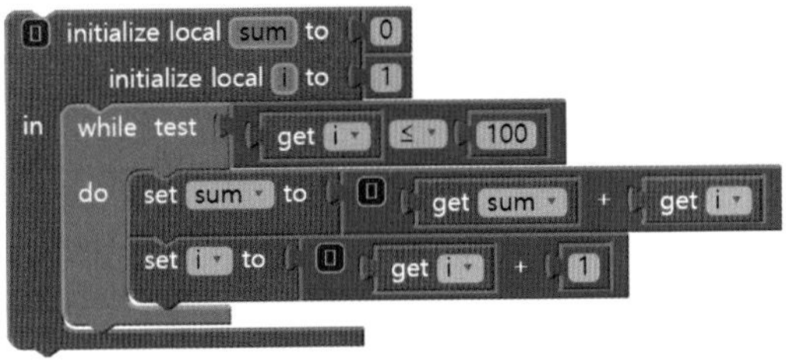

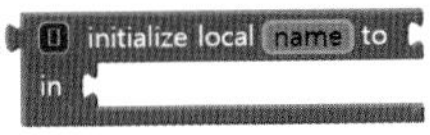

initialize local name to in(return): 이 블록은 블록의 return 부분(in에 들어갈 부분)에서 실행할 프로시저에서만 사용될 새로운 변수들을 생성할 수 있게 하는 변형 블록이다. 이 프로시저의 모든 변수는 프로시저가 실행될 때마다 같은 값으로 시작한다.

주의

in 부분에 return 블록을 첨부하는 것이 바로 위에 설명된 블록(in에 do 블럭을 첨부함)과의 차이점이다. 표현식(expression)을 첨부하는데, 표현식은 값을 반환한다. 이 블록에서 표현식을 연결하기 위한 소켓이 있는 이유이다.

이 블록의 변수들의 이름을 언제든지 바꿀 수 있는데 프로그램 내의 이 변수들의 이름을 참조하는 모든 블록에서 이름이 자동으로 업데이트된다.

아래 그림은 return 값이 있는 if 표현식을 in 부분에 넣은 것을 보여준다.

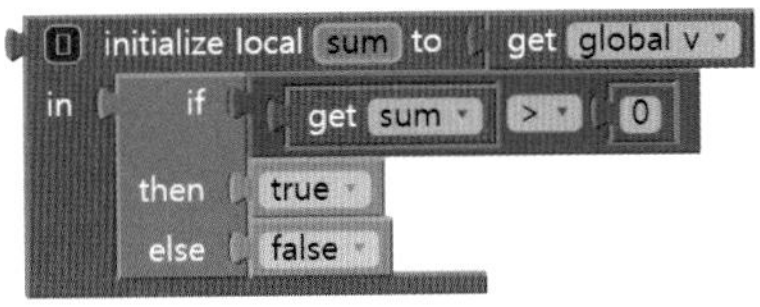

프로시저 블록(Procedure Blocks)

프로시저는 프로시저 블록의 이름으로 저장되는 블록이나 코드의 연속이다. 긴 연속적인 블록들을 반복적으로 사용하는 대신 프로시저를 생성하고, 그 연속된 블록의 실행을 원할 때마다 프로시저 블록을 호출하기만 하면 된다. 전산에서는 프로시저를 함수나 메서드라고도 한다.

프로시저에는 다음과 같은 블록이 있다.

• procedure do	• procedure result

procedure do: 연속된 블록을 하나의 그룹으로 함께 모은다. 그 다음 프로시저를 호출하므로 이 블록의 연속들을 반복해서 사용할 수 있다. 프로시저가 인수를 필요로 한다면 아래 그림과 같이 블록의 변형 버튼을 사용함으로 인수들을 명세화할 수 있다. 이 파란색 버튼을 클릭하고 첨가할 인수들을 드래그하면 된다.

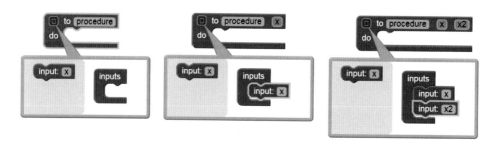

새로운 프로시저 블록을 생성할 때 앱 인벤터는 자동으로 고유한 이름을 제공한다. 프로시저 이름은 클릭함으로 바꿀 수 있다. 프로시저의 이름은 고유해야 한다. 앱 인벤터에서는 같은 앱에서 같은 이름의 프로시저를 허용하지 않는다. 앱을 만들 동안 블록의 라벨을 변경함으로 언제라도 프로시저의 이름을 바꿀 수 있다. 앱 인벤터가 이 블록과 연결된 블록에서 바뀐 이름이 일치하도록 자동으로 이름을 변경해준다. 위의 블록은 이름을 add로 하고 두 개의 인수 x, y를 갖는 프로시저 블록이다.

프로시저를 생성할 때 앱 인벤터는 자동으로 호출 블록을 생성하고 My  Definition Drawer(정의 서랍)에 배치한다. 프로시저를 호출하기 위해서는 배치된 호출 블록을 사용하면 된다.

아래 그림은 두 개의 인수를 갖는 add 프로시저 블록과 My Definition Drawer에 자동으로 생성된 add 프로시저 호출 블록이다.

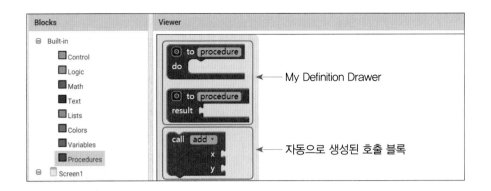

procedure result: 프로시저 do 블록과 비슷하지만 이 블록은 프로시저를 호출할 때 그 결과를 반환한다. 이 프로시저를 생성한 후 플러그인 될 필요가 있는 호출 블록이 자동으로 생성된다. 이 프로시저의 실행 결과는 프로시저의 호출 블록에 반환되고 결과 값은 그 플러그와 연결된 블록에 전달된다.

아래 그림은 procedure result 블록을 사용한 add2 프로시저와 add2를 호출하는 블록과 그것이 사용된 예를 보여준다.

Chapter **09** | 유저 인터페이스 컴포넌트

컴포넌트와 블록 에디터의 활동

앱 인벤터에서는 user-interface를 위하여 아래 그림과 같은 컴포넌트를 제공한다. [디자이너] 에디터의 왼쪽 팔레트 패널에 있는 컴포넌트 중 필요한 컴포넌트들을 드래그하여 뷰어 패널의 스크린에 드롭함으로 사용할 수 있다. 각 컴포넌트들은 고유의 속성과 메서드, 이벤트들을 가지고 있다.

1. 버튼(Button)

버튼은 앱에서 사용자가 터치하면 특정 행동이 수행되는 컴포넌트이다. 버튼의 크기, 색깔, 문자 등을 바꿀 수 있다. 버튼의 속성을 이용하여 버튼의 배경색과 폰트의 종류와 크기, 버튼의 길이와 너비, 버튼에 들어갈 텍스트와 텍스트의 정렬 상태, 글자 색을 바꿀 수 있다. 예를 들어, 버튼의 배경색을 바꾸려면 BackgroundColor 속성을 원하는 색으로 바꾸면 된다. "Enabled" 속성은 사용자가 버튼을 누를 수 있는지를 선택하는 속성이다. "Enabled"가 설정되어 있으면 버튼이 사용 가능한 상태가 된다. 버튼의 속성들은 [디자이너] 에디터와 [블록] 에디터에서 수정 가능하다.

속성(Properties)

- BackgroundColor: 버튼의 배경색
- Enabled: 설정하면 버튼을 활성화시킨다.
- FontBold: 설정하면 버튼의 텍스트가 굵게 표시된다.
- FontItalic: 설정하면 버튼의 텍스트가 이탤릭체로 표시된다.
- FontSize: 버튼의 텍스트의 폰트 크기를 설정한다.
- FontTypeface(designer only): 버튼의 텍스트의 폰트 서체. 디자이너 에디터에서만 설정/수정이 가능하다.
- Height: 버튼의 높이(y-사이즈)
- Image: 버튼에 표시될 이미지
- Shape(designer only): 버튼의 모양을 지정한다(디폴트는 둥근 사각형, 타원형). 이 모양은 버튼에 이미지가 디스플레이(표시)되면 보이지 않는다. 디자이너 에디터에서만 설정/수정이 가능하다.
- ShowFeedback: 시각적 피드백이 배경 이미지로 버튼에 보여야 할 때 지정한다.
- Text: 버튼에 표시될 텍스트
- TextAlignment(designer only): 텍스트 정렬을 어떻게 할지를 나타낸다. 왼쪽, 중간, 오른쪽 중에 선택한다. 디자이너 에디터에서만 설정/수정이 가능하다.
- TextColor: 버튼 텍스트의 색
- Visible: 컴포넌트가 스크린에 보일지를 지정한다. 값이 참이면 컴포넌트는 보이고 거짓이면 보이지 않는다.
- Width: 버튼의 너비(x-사이즈)

이벤트(Events)

- Click(): 사용자가 버튼을 손가락으로 클릭한다.
- GotFocus(): 버튼을 클릭할 수 있도록 커서가 버튼 위로 움직이는 것을 나타낸다.
- LongClick(): 사용자가 버튼을 계속 누르고 있다.

• LostFocus(): 버튼을 더 이상 클릭하지 못하도록 커서가 버튼에서 멀리 떨어져 있음을 나타낸다.

• TouchDown(): 버튼이 눌러졌음을 나타낸다.

• TouchUp(): 버튼이 릴리즈(떼어 졌음)되었음을 나타낸다.

[블록] 에디터에서 블록 패널 하단에 사용된 컴포넌트들을 보여주는데 그것을 클릭하면 그 컴포넌트의 속성, 이벤트, 메서드들을 보여준다. 그것들을 적절히 사용하여 우리가 원하는 기능을 구현할 수 있다. 아래 그림은 버튼 컴포넌트의 이벤트들을 보여준다. 이벤트가 실행되었을 때 원하는 기능을 하는 do 블록을 넣으면 된다.

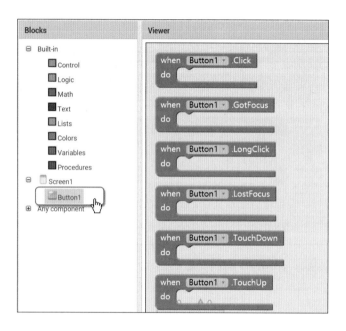

속성 값들도 [블록] 에디터에서 아래 그림과 같이 사용하거나 설정/수정 할 수 있다.

2. 체크박스(CheckBox)

체크박스는 사용자의 눌림을 감지하여 사용자의 반응에 따라 참, 거짓 값을 변화시킬 때 사용하는 컴포넌트이다. 사용자가 체크박스를 누르면 이벤트가 발생한다. 체크박스의 속성들은 디자이너나 블록 에디터(편집기)에서 설정될 수 있다.

체크박스 모양에 영향을 미치는 속성들(BackgroundColor, Height, Width, Text, TextColor)과 Checked 속성, Enabled 속성 그리고 Visible 속성(이 값이 설정되어야 체크박스가 보인다)이 있다.

버튼과 마찬가지로 이벤트로는 Click(), GotFocus(), LostFocus()가 있다

속성(Properties)

- BackgroundColor: 체크박스의 배경색
- Checked: 박스가 체크되었으면 참, 체크가 없다면 거짓 값을 가진다.
- Enabled: 이 값이 설정되어야만 사용자는 체크박스를 사용할 수 있다.
- Height: 체크박스의 높이(y-사이즈)
- Width: 체크박스의 너비(x-사이즈)
- Text: 체크박스에 표시될 텍스트
- TextColor: 체크박스 텍스트의 색
- Visible: 설정되어야만 체크박스가 보인다.
- FontBold: (디자이너 에디터에서만 설정/수정) 텍스트 폰트를 진하게
- FontItalic: (디자이너 에디터에서만 설정/수정) 텍스트 폰트를 기울임
- FontSize: 텍스트 폰트 크기

이벤트(Events)

- Click(): 사용자가 체크박스를 누르거나 뗀다.
- GotFocus(): 이 값이 설정되면 체크박스는 집중된 컴포넌트가 된다.
- LostFocus(): 이 값이 설정되면 체크박스가 집중된 컴포넌트인 것이 중지된다.

3. 날짜 선택기(DatePicker)

클릭하면 사용자가 날짜를 선택할 수 있는 팝업 대화창이 실행되는 버튼이다.

속성(Properties)

- BackgroundColor: 버튼의 배경색
- Day: DatePicker로 가장 최근에 선택된 달의 날짜
- Enabled: 이 값이 설정되어야만 사용자가 이 컴포넌트를 사용할 수 있다.
- FontBold: 이 값이 설정되면 버튼의 텍스트가 굵게 표시된다.
- FontItalic: 이 값이 설정되면 버튼의 텍스트가 이탤릭체로 표시된다.
- FontSize: 버튼 텍스트의 포인트 사이즈

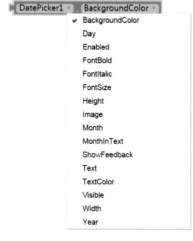

- FontTypeface(designer only): 버튼의 텍스트의 폰트 서체. 디자이너 에디터에서만 설정/수정이 가능하다.
- Height: 버튼의 높이(y−사이즈)
- Image: 버튼에 표시될 이미지
- Month: DatePicker에 의해 최근에 선택된 달을 숫자로 표현한 것으로 1=1월로 시작하고 12=12월로 끝난다.
- MonthInText: DatePicker에 의해 최근에 선택된 달(텍스트 형)
- Shape(designer only): 버튼의 모양을 지정한다(디폴트는 둥근 사각형, 타원형). 이 모양은 버튼에 이미지가 표시되면 보이지 않는다. 디자이너 에디터에서만 설정/수정 가능하다.
- ShowFeedback: 시각적 피트백이 이미지의 배경으로 버튼에 보여야 할 때 지정한다.
- Text: 버튼에 표시될 텍스트
- TextAlignment(designer only): 텍스트 정렬을 어떻게 할지를 나타낸다. 왼쪽, 중간, 오른쪽 중에 선택한다. 디자이너 에디터에서만 설정/수정 가능하다.
- TextColor: 버튼 텍스트의 색
- Visible: 컴포넌트가 스크린에 보일지를 지정한다. 값이 참이면 컴포넌트는 보이고 거짓이면 보이지 않는다.
- Width: 버튼의 너비(x−사이즈)
- Year: DatePicker에 의해 가장 최근에 선택된 년도

- AfterDateSet(): 대화창에서 사용자가 날짜를 선택한 후에 실행되는 이벤트
- GotFocus(): 버튼을 클릭할 수 있도록 커서가 버튼 위로 움직이는 것을 나타낸다.
- LostFocus(): 버튼을 더 이상 클릭하지 못하도록 커서가 버튼에서 멀리 떨어져 있음을 나타낸다.
- TouchDown(): 버튼이 눌러졌음을 나타낸다.
- TouchUp(): 버튼이 릴리즈(떼어졌음)되었음을 나타낸다.

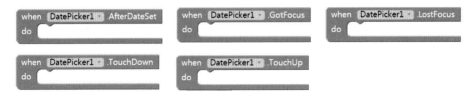

메서드(Methods)

- LaunchPicker(): DatePicker 팝업 창이 뜨게 한다.
- SetDateToDisplay(number year, number month, number day): DatePicker가 오픈되었을 때 보여줄 날짜를 사용자가 설정하는 것을 허락한다. 월 필드에 유효한 숫자는 1~12이고 일 필드는 1~31이다.
- SetDateToDisplayFromInstant(InstantInTime instant): 인스턴트의 날짜를 DatePicker가 오픈되었을 때 보여줄 날짜로 설정하게 한다. 인스턴트는 Clock, DatePicker, 그리고 TimePicker 컴포넌트에서 사용된다.

컴포넌트의 메서드를 사용할 때는 [블록] 에디터에서 호출하면 된다. 보라색으로 채워진 블록이 메서드 블록이다.

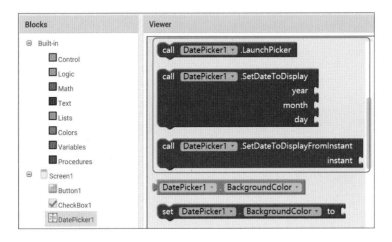

4. 이미지(Image)

이미지를 보이기 위한 컴포넌트이다. 나타낼 그림과
이미지의 모양에 영향을 주는 요소들을 디자이너 에디
터나 블록 에디터에서 지정할 수 있다.

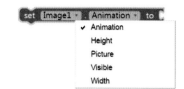

속성(Properties)

· Animation: 몇 가지의 모션 타입을 이미지에 첨가하는 애니메이션이다. 가능한 모션은 ScrollRightSlow,
  ScrollRight, ScrollRightFast, ScrollLeftSlow, ScrollLeft, ScrollLeftFast, and Stop이다.

· Height

· Picture

· Visible: 컴포넌트가 스크린에 보이는지를 지정한다. 값이 참이면 컴포넌트는 보이고 거짓이면 보이지 않는다.

· Width

이미지 컴포넌트의 이벤트와 메서드는 없다.

5. 레이블(Label)

레이블은 텍스트 내용을 스크린상에 나타내는데 사용되는 컴포넌트이다. 레이블은 텍스트 속성에 의해 명시된 텍스트를 보여준다. 텍스트의 형태와 위치를 제어하는 속성들은 모두 디자이너 에디터나 블록 에디터에서 설정된다.

속성(Properties)

- BackgroundColor: 레이블의 배경색
- FontBold: 이것이 설정되면 레이블의 텍스트가 굵게 표시된다.
- FontItalic: 이것이 설정되면 레이블의 텍스트가 이탤릭체로 표시된다.
- FontSize: 레이블 텍스트의 포인트 크기
- FontTypeface: 레이블 텍스트의 폰트 가족
- HasMargins: 레이블에 여백의 사용이 가능한지를 나타낸다. 왼쪽, 오른쪽, 위, 아래 4곳의 여백이 같다. 디자이너 에디터의 기본 설정은 여백을 사용하는 것이다.
- Height: 레이블의 높이(y-사이즈)
- Width: 레이블의 너비(x-사이즈)
- Text: 레이블에 나타날(표시될) 텍스트
- TextAlignment: 텍스트의 정렬을 나타낸다. 오른쪽, 중간, 왼쪽을 선택한다.
- TextColor: 레이블 텍스트의 색
- Visible: 이 속성이 설정되면 레이블이 보인다.

6. 리스트 선택자(ListPicker)

버튼을 클릭하면 텍스트의 리스트를 보여주고 사용자가 그중에서 선택하게 한다. 텍스트는 디자이너나 블록 에디터에서 ElementsFromString 속성을 문자열로 구분된 연결 (예를 들면 choice 1, choice 2, choice 3)로 설정하거나 블록 에디터에서 Elements 속성을 리스트로 설정함으로 지정할 수 있다.

ShowFilterBar 속성을 참으로 설정하면 이 리스트를 검색이 가능하도록 만들 수 있다. TextAlignment, BackgroundColor 등과 같은 버튼의 모양에 영향을 주는 속성들과 Enabled (클릭될 수 있는지 여부를 설정하는 속성) 속성이 있다.

🔵 속성(Properties)

- BackgroundColor: 버튼의 배경색
- Elements: (목록으로) 보여줄 선택 목록
- ElementsFromString: 쉼표로 구분되어 사용될 선택 목록
- Enabled: ListPicker가 tap될 수 있는지 여부
- FontBold(designer only): 이 값이 설정되면 list picker의 텍스트는 굵게 표시된다. 디자이너 에디터에서만 설정/수정 가능하다.
- FontItalic(designer only): 이 값이 설정되면 list picker의 텍스트는 이탤릭체로 표시된다. 디자이너 에디터에서만 설정/수정 가능하다.
- FontSize(designer only): List picker 텍스트의 포인트 크기. 디자이너 에디터에서만 설정/수정 가능하다.
- FontTypeface(designer only): List picker 텍스트의 폰트 가족. 디자이너 에디터에서만 설정/수정 가능하다.
- Height: 박스의 높이(y-사이즈)
- Image: 버튼 이미지의 경로를 지정한다. 이미지와 배경색이 동시에 설정되었을 때 이미지만 나타난다.
- Selection: 선택된 항목. 프로그래머에 의해 직접 수정될 때는 SelectionIndex 속성이 주어진 값의 ListPicker 첫 번째 항목으로 변경된다. 값이 나타나지 않으면 SelectionIndex은 0으로 설정된다.
- SelectionIndex: 현재 선택된 항목의 인덱스로 1에서 시작한다. 선택된 항목이 없으면 값은 0이 된다. 1보다 작거나 ListPicker의 항목의 수보다 큰 수로 설정하려고 하면 SelectionIndex는 0으로 설정되고 선택은 빈 텍스트로 설정된다.
- Shape(designer only): 버튼의 모양을 명세한다(디폴트는 둥근 사각형, 타원형). 이미지가 보이면 버튼의 모양은 보이지 않는다.
- ShowFeedback: 시각적 피드백이 버튼 이미지의 배경으로 보일지를 지정한다.

- ShowFilterBar: 검색 필터 바(Search Filter Bar)가 ListPicker에 보일지를 나타내는 ShowFilterBar의 현재 상태를 반환한다.
- Text: ListPicker의 제목 텍스트 .
- TextAlignment(designer only): 텍스트 정렬. 왼쪽, 중앙, 오른쪽을 선택한다.
- TextColor: 텍스트의 색
- Title: 지정한 타이틀이 선택 목록의 상단에 나타난다.
- Visible: 값이 참이면 컴포넌트가 보이고 거짓이면 보이지 않는다.
- Width: 박스의 너비(x–사이즈)

⊙ 이벤트(Events)

- AfterPicking(): picker의 활동이 결과를 반환한 후에 일어나는 이벤트
- BeforePicking(): 컴포넌트가 클릭되었으나 선택자(picker)의 활동이 시작되기 전 일어나는 이벤트
- GotFocus(): 버튼을 클릭할 수 있도록 커서가 버튼 위로 움직이는 것을 나타낸다.
- LostFocus(): 버튼을 더 이상 클릭하지 못하도록 커서가 버튼에서 멀리 떨어져 있음을 나타낸다.

⊙ 메서드(Methods)

- Open(): 사용자가 클릭함으로 picker를 연다.

7. 리스트 뷰(ListView)

텍스트 요소의 리스트를 스크린에 보이게 배치할 수 있는 가시 컴포넌트이다. 리스트는 ElementsFromString 속성이나 블록 에디터에서 요소(Elements) 블록을 사용하여 설정할 수 있다.

이 컴포넌트는 스크롤이 가능한 스크린에서는 오작동할 수 있다.

속성(Properties)

- BackgroundColor: 리스트 뷰의 배경색
- Elements: 리스트를 만들기 위해 텍스트 요소의 리스트를 설정
- ElementsFromString: 쉼표로 구분될 수 있는 일련의 텍스트로 리스트를 만든다. 예를 들어, Cheese, Fruit, Bacon, Radish인 경우 쉼표 앞의 각 단어들이 리스트의 요소가 된다.

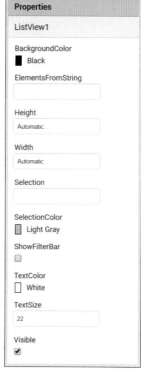

- Height: 뷰에 있는 리스트의 높이를 결정한다.
- Selection: 리스트 뷰에서 가장 최근에 선택된 텍스트를 반환한다.
- SelectionIndex: 현재 선택된 항목의 인덱스로 1에서 시작한다. 선택된 항목이 없으면 값은 0이 된다. 1보다 작거나 ListView의 항목의 수보다 큰 수로 설정하려고 하면 SelectionIndex는 0으로 설정되고 선택은 빈 텍스트로 설정된다.
- ShowFilterBar: 검색 필터 바(Search Filter Bar)의 가시성을 설정한다. 참이면 바가 보이고 거짓이면 보이지 않는다.
- TextColor: 리스트 뷰 항목의 텍스트 색
- Visible: 컴포넌트가 스크린에 나타날지의 여부를 명세한다. 값이 참이면 컴포넌트가 보이고 거짓이면 보이지 않는다.
- Width: 뷰에서 리스트의 너비를 결정한다.

이벤트(Events)

- AfterPicking(): 리스트에서 요소가 선택된 후에 일어나는 간단한 이벤트. 선택된 요소는 Selection 속성에서 사용할 수 있다.

8. 알림(Notifier)

알림 컴포넌트는 아래의 메서드를 사용하여 경고 대화 상자나 메시지와 임시 경고등을 보여주려고 할 때나 안드로이드 로그를 생성하려고 할 때 사용된다.

- ShowMessageDialog: 사용자가 버튼을 누름으로 해제해야만 하는 메시지를 보여준다.
- ShowChooseDialog: 사용자가 예/아니오와 같이 두 개의 대답 중에 하나를 선택하게 하는 메시지를 보여준다. 선택된 후에 AfterChoosing 이벤트가 발생한다.
- ShowTextDialog: 사용자가 메시지에 대한 대답을 입력할 때 사용되고 AfterTextInput 이벤트가 발생한다.
- ShowAlert: 임시 경보 메시지를 보여 준다
- LogError: 안드로이드 로그에 에러 메시지를 기록한다.
- LogInfo: 안드로이드 로그에 정보 메시지를 기록한다.
- LogWarning: 안드로이드 로그에 경고 메시지를 기록한다.
- 대화창에 보여지는 메시지들은 다음의 HTML 태그에 의해 포맷된다. ⟨b⟩, ⟨big⟩, ⟨blockquote⟩, ⟨br⟩, ⟨cite⟩, ⟨dfn⟩, ⟨div⟩, ⟨em⟩, ⟨small⟩, ⟨strong⟩, ⟨sub⟩, ⟨sup⟩, ⟨tt⟩, ⟨u⟩
- 폰트의 색을 명시하기 위해서는 font 태그를 사용한다. 예를 들면 다음과 같다. ⟨font color="blue"⟩. Aqua, black, blue, fuchsia, green, grey, lime, maroon, navy, olive, purple, red, silver, teal, white, and yellow 색이 사용 가능한 색들이다.

🔘 속성(Properties)

- BackgroundColor: 경고 창(대화창이 아님)의 배경색을 지정한다.
- NotifierLength(designer only): 경고 창을 나타내는 시간의 길이를 지정한다. 짧게 또는 길게로 지정한다.
- TextColor: 경고 창(대화창이 아님)의 텍스트 색을 지정한다.

Properties	
Notifier1	
BackgroundColor	■ Dark Gray
NotifierLength	Long ▾
TextColor	☐ White

🔘 이벤트(Events)

- AfterChoosing(text choice): 사용자가 ShowChooseDialog에서 선택한 후에 발생하는 이벤트
- AfterTextInput(text response): 사용자가 ShowTextDialog에 반응한 후에 발생하는 이벤트

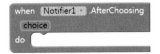

- DismissProgressDialog(): 전에 디스플레이된 ProgressDialog 박스를 없앤다.
- LogError(text message): 안드로이드 시스템 로그에 에러 메시지를 기록한다. 이 로그에 접근하는 방법은 구글 안드로이드 설명서를 참조하라.
- LogInfo(text message): 안드로이드 로그에 정보 메시지를 기록한다.

- LogWarning(text message): 안드로이드 로그에 경고 메시지를 기록한다. 이 로그에 접근하는 방법은 구글 안드로이드 설명서를 참조하라.
- ShowAlert(text notice): 임시 알림창이 나타나게 한다.
- ShowChooseDialog(text message, text title, text button1Text, text button2Text, boolean cancelable): 사용자가 선택할 수 있도록 두 개의 버튼을 가진 대화창을 보여준다. cancelable의 값이 참이면 CANCEL 버튼이 추가된다. 버튼을 누르면 AfterChoosing 이벤트가 발생된다. AfterChoosing의 "choice" 매개변수는 사용자가 누른 버튼의 텍스트가 되거나 CANCEL 버튼을 눌렀으면 "Cancel"이 된다.

- ShowMessageDialog(text message, text title, text buttonText): 누르면 알림창이 없어지는 버튼을 가진 알림창이 나타나게 한다.
- ShowProgressDialog(text message, text title): 제목(제목을 원하지 않으면 빈 문자열을 사용)과 메시지로 진행 상태를 보여주는 대화창을 보여준다. 프로그램의 작동을 나타내기 위해 회전체를 사용한다. 사용자는 이것의 사용을 중지할 수 없고 DismissProgressDialog 블록을 사용하는 앱 인벤터 프로그램에 의해서만 없앨 수 있다.
- ShowTextDialog(text message, text title, boolean cancelable): 사용자가 텍스트를 입력할 수 있는 대화창을 보여준다. 그 후에 AfterTextInput 이벤트가 발생된다. cancelable이 참이면 CANCEL 버튼이 추가된다. 텍스트를 입력하는 것은 AfterTextInput 이벤트를 발생시킨다. AfterTextInput의 "response" 매개변수는 입력한 텍스트가 되거나 CANCEL 버튼이 눌러졌을 경우에는 "Cancel"이 된다.

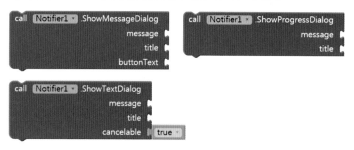

9. 패스워드 텍스트 박스(PasswordTextBox)

사용자가 암호(패스워드)를 PasswordTextBox 컴포넌트에 입력하는데, 입력한 텍스트는 보이지 않는다.

입력한 문자들이 보이지 않는다는 것을 제외하고는 PasswordTextBox는 TextBox 컴포넌트와 같다.

사용자는 Text 속성과 함께 박스의 텍스트 값을 얻거나 설정할 수 있다. 만약 텍스트가 비었으면 사용자에게 어떤 것을 입력해야 할지를 제안하는 Hint 속성을 사용할 수 있다.

속성(Properties)

- BackgroundColor: 텍스트 상자의 배경색
- Enabled: 설정하면 사용자는 상자에 암호를 입력할 수 있다.
- FontBold: 설정하면 텍스트는 굵게 표시된다.
- FontItalic: 설정하면 텍스트는 이탤릭체로 표시된다.
- FontSize: 텍스트의 포인트 크기
- FontTypeface: 텍스트의 폰트 가족
- Height: 상자의 높이(y-사이즈)
- Width: 상자의 너비(x-사이즈)
- TextAlignment: 텍스트의 정렬. 왼쪽, 중앙, 오른쪽 선택
- TextColor: 텍스트의 색
- Hint: 암호의 힌트

이벤트(Events)

- GotFocus(): 상자가 집중된 컴포넌트가 되게 한다.(상자를 클릭할 수 있도록 커서가 버튼 위로 움직이게 함으로)
- LostFocus(): 상자가 더 이상 집중된 컴포넌트가 되지 않게 한다.(상자를 더 이상 클릭하지 못하도록 커서가 상자에서 멀리 떨어져 있게 함)

메서드(Methods)

- RequestFocus(): PasswordTextBox가 활성화 될 것을 설정한다.

10. 화면(Screen)

모든 프로그램의 다른 컴포넌트를 함유하는 상위 레벨 컴포넌트이다.

● 속성(Properties)

- AboutScreen: 화면에 대한 정보. 시스템 메뉴에서 "About this Application"이 선택될 때 나타난다. 사용자에게 앱에 대한 이야기를 할 때 사용하라. 여러 개의 화면을 가진 앱에서는 각 화면이 자신의 AboutScreen 정보를 가진다.
- AlignHorizontal: 화면에서 내용들이 수평으로 정렬된 방법에 대해 말해주는 숫자. 왼쪽으로 정렬된 경우는 1이고, 중앙은 2, 오른쪽으로 정렬되었으면 3이다.
- AlignVertical: 화면에서 내용들이 수직으로 정렬된 방법에 대해 말해주는 숫자. 상단에 정렬된 경우는 1이고, 중앙은 2, 하단으로 정렬되었으면 3이다. 스크린이 스크롤이 가능하면 수직 정렬은 의미가 없다.
- BackgroundColor
- BackgroundImage: 화면의 배경 그림
- CloseScreenAnimation: 현재 화면을 닫고 이전 화면으로 돌아가는 애니메이션. 유효한 선택은 디폴트, fade(페이드), zoom(줌), slide horizontal(수평으로 슬라이드), slide vertical(수직으로 슬라이드), 그리고 없음이다.
- Height: 스크린의 높이(y-사이즈)
- Icon(designer only): 디자이너 에디터에서만 설정/수정 가능하다.
- OpenScreenAnimation: 다른 화면으로 전환하는 애니메이션. 유효한 선택은 디폴트, fade(페이드), zoom(줌), slidehorizontal (수평으로 슬라이드), slidevertical(수직으로 슬라이드), 그리고 없음이다.
- ScreenOrientation: 요청된 화면의 방향. 일반적으로 사용된 값은 명시하지 않을시 (-1), 가로 (0), 세로 (1), 센서 (4), 사용자 (2)이다. 가능한 설정의 전체 목록을 보려면 안드로이드 개발자 설명서에서 ActivityInfo.Screen_Orientation을 참조한다.
- Scrollable: 이 옵션을 선택하면 화면에 수직 스크롤바가 있을 것이고 어플리케이션의 높이가 기기의 물리적 높이를 초과할 수 있다. 선택되지 않으면 어플리케이션의 높이는 기기의 높이로 한정된다.
- Title: 타이틀 바에 나타날 양식에 대한 캡션
- VersionCode(designer only): 새로운 안드로이드 어플리케이션 패키지 파일(APK)이 구글 플레이스토어에서 만들어 질 때마다 증가하는 정수 값. 사용자가 앱의 다른 버전들을 구별하기 위해 구글 플레이스토어에서 허락된 변경될 수 있는 문자열
- Width: 화면의 너비(x-사이즈)

- BackPressed(): 기기의 뒤로 가기 버튼이 눌러졌을 때 발생한다.

- ErrorOccurred(component component, text functionName, number errorNumber, text message): 오류가 일어났을 때 생기는 이벤트로 이 경우는 일부 오류가 발생했을 때이다. 이러한 오류에 대해서 시스템은 디폴트로 알림을 준다. 디폴트 방법과 다르게 오류 동작을 규정하는 이벤트 핸들러를 사용할 수 있다.

- Initialize(): 화면 시작

- OtherScreenClosed(text otherScreenName, any result): 다른 화면이 닫히고 현재 화면으로 돌아왔을 때 발생하는 이벤트

- ScreenOrientationChanged(): 화면 방향이 바뀌었을 때 발생하는 이벤트

11. 슬라이더(Slider)

슬라이더는 진행 상태(progress) 바에 드래그할 수 있는 thumb(슬라이더의 위치를 이동할 수 있는 요소)을 추가한 컴포넌트이다. thumb의 위치를 설정하기 위해 thumb을 터치하고 오른쪽이나 왼쪽으로 드래그한다. 슬라이드 thumb이 드래그 되었을 때 PositionChanged 이벤트가 실행되는데 이때 thumb의 위치를 알 수 있다. 저장된 thumb의 위치는 텍스트 박스의 폰트 크기나 공의 반지름과 같은 다른 컴포넌트의 특성을 동적으로 갱신하는 데 사용될 수 있다.

속성(Properties)

- ColorLeft: 슬라이더에서 thumb의 왼쪽 부분의 색
- ColorRight: 슬라이더에서 thumb의 오른쪽 부분의 색
- MaxValue: 슬라이더의 최댓값을 설정한다. 최댓값의 변경은 Thumbposition이 최솟값과 (새로운)최댓값 사이의 중간으로 다시 설정되게 한다. 새로운 최댓값이 현재 최솟값보다 작으면 최솟값과 최댓값 모두 이 값(MaxValue)으로 설정된다. MaxValue의 설정은 thumb의 위치를 MinValue와 MaxValue의 중간으로 재설정하고 PositionChanged 이벤트에 신호를 보낸다.
- MinValue: 슬라이더의 최솟값을 설정한다. 최솟값의 변경은 Thumbposition이 (새로운) 최솟값과 최댓값 사이의 중간으로 다시 설정되게 한다. 새로운 최솟값이 현재 최댓값보다 크면 최솟값과 최댓값 모두 이 값(MinValue)으로 설정된다. MinValue의 설정은 thumb의 위치를 MinValue와 MaxValue의 중간으로 재설정하고 PositionChanged 이벤트에 신호를 보낸다.
- ThumbPosition: 슬라이더의 thumb의 위치를 설정한다. 이 값이 MaxValue보다 크면 MaxValue 값을 ThumbPosition으로 설정한다. 이 값이 MinValue보다 작으면 MinValue 값을 ThumbPosition으로 설정한다.
- Visible: 컴포넌트가 화면에 보일지 여부를 지정한다. 참이면 보이고 거짓이면 보이지 않는다.

이벤트(Events)

- PositionChanged(number thumbPosition): 슬라이더에서 thumb의 위치가 변경되었을 때 실행된다. thumb의 위치를 알려준다.

12. 스피너(Spinner)

스피너 컴포넌트는 요소들의 목록이 포함된 팝업을 표현한다. 속성 값들은 디자이너 에디터나 블록 에디터에서 설정할 수 있는데 theElementsFromString 속성을 문자열로 구분된 연결로(예를 들어 choice 1, choice 2, choice 3) 설정하거나 블록 에디터에서 목록의 Elements 속성을 설정하면 된다.

속성(Properties)

- Elements: 선택될 텍스트 요소로 이루어진 목록을 반환한다.
- ElementsFromString: 쉼표로 구분된 스피너 목록들을 문자열로 설정 한다.
- Height: 스피너 높이
- Prompt: 스피터 창에 대한 현재의 제목 텍스트
- Selection: 스피너에서 현재 선택된 항목을 반환한다.
- SelectionIndex: 현재 선택된 항목의 인덱스로 1에서 시작한다. 아무 항목 도 선택되지 않았으면 0을 가진다.
- Visible: 컴포넌트가 화면에 보일지 여부를 지정한다. 참이면 보이고 거짓이면 보이지 않는다.
- Width: 스피너 너비

이벤트(Events)

- AfterSelecting(text selection): 사용자가 드롭다운(dropdown) 목록에서 항목을 선택한 후에 나타나는 이벤트

메서드(Methods)

- DisplayDropdown(): 사용자가 스피너를 선택하는데 이 선택을 위해 드롭다운 목록이 나타나게 한다.

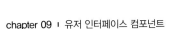

13. 텍스트 박스(TextBox)

사용자가 텍스트 박스 컴포넌트에 텍스트를 입력한다.

텍스트 박스 컴포넌트의 초기값이나 사용자가 입력한 텍스트 값은 Text 속성이 된다. 텍스트가 없으면 입력할 내용의 제안을 사용자에게 제공하기 위해 Hint 속성을 사용한다. Hint는 박스에서 희미하게 보인다.

MultiLine 속성은 텍스트가 한 줄 이상을 가질 수 있을지를 결정한다. 단일 라인 텍스트 박스의 경우 사용자가 엔터키를 누르면 입력이 완료된다. 다중 라인 텍스트 박스에서 입력을 완료하려면 HideKeyboard 방법을 사용하거나 사용자가 Back(되돌아가기) 키를 눌러야 한다.

NumbersOnly 속성은 설정하면 숫자만 입력할 수 있다.

그 외 속성들은 TextAlignment, BackgroundColor 등과 같이 텍스트 박스의 모양에 관한 것이거나 Enabled와 같이 텍스트 박스가 사용 가능한지에 대한 것이다.

텍스트 입력을 마쳤을 때 사용자가 버튼을 누르는 것처럼 텍스트 박스는 주로 버튼 컴포넌트와 같이 사용된다.

사용자가 입력할 텍스트가 보이지 않기를 원한다면 PasswordTextBox를 사용한다.

● 속성(Properties)

- BackgroundColor: 입력 상자의 배경색이다. 디자이너 에디터나 블록 에디터에서 색을 선택할 수 있다. 디폴트 배경색은 'default'(음영 3-D 모양)이다.
- Enabled: 사용자가 입력 상자에 텍스트를 입력할 수 있는지 여부를 나타낸다. 디폴트 값은 참이다.
- FontBold(designer only): 텍스트가 굵게 표시되어야 하는지 여부를 나타낸다. 디폴트는 굵게 표시되지 않는 것이다.
- FontItalic(designer only): 텍스트가 이탤릭체로 표시되어야 하는지 여부를 나타낸다. 디폴트는 이탤릭체로 표시되지 않는 것이다.
- FontSize: 텍스트의 폰트 크기, 디폴트는 14.0 포인트이다.
- FontTypeface(designer only): 텍스트의 폰트이다. 이 값은 디자이너 에디터에서 변경된다.
- Height: 텍스트 박스의 높이
- Hint: 입력 상자에서 사용자에게 입력할 텍스트에 대한 힌트를 제공하기 위해 희미하게 보이도록 하는 텍스트이

다. 이 속성은 Text 속성의 값이 없을 때만 보인다.
- MultiLine: 이 값이 참이면 텍스트 박스는 리턴 키를 사용하는 다중 라인의 입력을 받아들인다. 단일 라인 텍스트 박스는 리턴 키 대신 완료(Done) 키를 사용하고 완료 키를 누르면 키보드 창이 숨는다. 다중 라인 텍스트 박스에서는 키보드 창을 숨기기 위해 HideKeyboard 메서드를 앱이 불러야 한다.
- NumbersOnly: 이 값이 참이면 텍스트 박스는 숫자만 키보드 입력으로 받아들인다. 숫자는 소수점과 숫자 앞의 마이너스 사인을 포함하며 키보드로만 입력이 가능하다. NumbersOnly가 참인 경우에도 모든 종류의 텍스트를 입력하려고 하면 [set Text to]를 사용하면 된다.
- Text: 프로그래머에 의해 디자이너 에디터나 블록 에디터에서 설정되거나 사용자에 의해서 입력된(Enabled 속성이 거짓이 아닌 경우) 입력 상자에 있는 텍스트
- TextAlignment(designer only): 텍스트가 왼쪽으로 정렬될지, 중간으로, 또는 오른쪽으로 정렬될지를 나타낸다. 디폴트는 왼쪽으로 정렬되는 것이다.
- TextColor: 텍스트의 색. 디자이너 에디터나 블록 에디터에서 색깔을 선택한다. 디폴트는 블랙이다.
- Visible: 컴포넌트를 보이게 할지 여부를 나타낸다.
- Width: 텍스트 박스의 너비

● 이벤트(Events)

- GotFocus(): 입력을 위해 사용자가 터치해서 컴포넌트가 선택되었을 때 발생하는 이벤트

- LostFocus(): 사용자가 다른 텍스트 박스를 터치하는 것과 같이 더 이상 이 컴포넌트가 입력을 위해서 선택되지 않았을 때 발생하는 이벤트

● 메서드(Methods)

- HideKeyboard(): 키보드 창을 숨긴다. 다중 라인 텍스트 박스에만 필요하다. 단일 라인 텍스트 박스에서는 사용자가 완료(Done) 키를 눌렀을 때 키보드 창은 닫힌다.

14. 시간 선택기(TimePicker)

버튼을 클릭하면 사용자가 시간을 선택하도록 하는 팝업 대화창을 뜨게 하는 컴포넌트이다.

◉ 속성(Properties)

- BackgroundColor: 버튼의 배경색
- Enabled
- FontBold(designer only)
- FontItalic(designer only)
- FontSize(designer only)
- FontTypeface(designer only)
- Height
- Hour: 시간 선택기를 사용하여 설정한 가장 최근의 시간. 시간은 24 시간 형식이다. 마지막 설정 시간이 pm 11:53이면 이 속성은 23을 반환한다.
- Image: 버튼 이미지의 패스를 지정한다. 이미지와 배경색이 모두 설정되었을 경우 이미지만 보여준다.
- Minute: 시간 선택기를 사용하여 설정한 가장 최근의 분
- Shape(designer only): 버튼의 모양을 지정한다(디폴트는 둥근형, 사각형, 타원형이다). 이미지가 표시되면 버튼 모양은 보이지 않는다.
- ShowFeedback: 시각적 피드백이 배경 이미지로 버튼에 보여야 할 때 지정한다.
- Text
- TextAlignment(designer only)
- TextColor
- Visible: 컴포넌트가 스크린에 보이게 할지를 지정한다. 값이 참이면 컴포넌트는 보이고 거짓이면 보이지 않는다.
- Width

◉ 이벤트(Events)

- AfterTimeSet(): 팝업 대화창에서 사용자가 시간을 설정했을 때 실행되는 이벤트이다.
- GotFocus(): 버튼을 클릭할 수 있도록 커서가 버튼 위로 움직이는 것을 나타낸다.
- LostFocus(): 버튼을 더 이상 클릭하지 못하도록 커서가 버튼에서 멀리 떨어져 있음을 나타낸다.

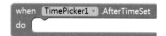  

15. 웹 뷰어(WebViewer)

웹 페이지를 보기 위한 컴포넌트이다. 홈 URL은 디자이너 에디터나 블록 에디터에서 지정한다. 뷰어는 링크가 탭 되었을 때 링크를 따라가게 설정되거나 사용자가 웹 양식을 기입할 수 있다. 풀 브라우저가 아니기 때문에 back 키를 누르면 브라우저의 기록상의 전 페이지로 옮겨 가는 것이 아니라 앱이 종료된다.

앱과 웹 뷰어 페이지에 있는 자바스크립트 코드 간의 통신을 위해서는 WebViewString 속성을 사용한다. 앱에서 WebViewString 속성 값을 얻거나 설정할 수 있다. WebViewer에서는 메서드와 setWebViewString(text)를 사용하여 window.AppInventor 객체를 참조하는 자바스크립트를 포함한다.

예를 들어 WebViewer가 다음과 같은 자바스크립트를 포함하는 페이지를 열고

> document.write("The answer is" + window.AppIventor.getWebViewString());

WebViewString을 "hello"로 설정하면 웹 페이지는 The answer is hello를 보여준다. 그리고 웹 페이지가 다음 명령을 실행하는 자바스크립트를 포함한다면

> windowAppInventor.setWebViewString("hello from Javascript")

WebViewString 속성 값은 hello from Javascript이다.

🔵 속성(Properties)

- CurrentPageTitle: 현재 보이는 페이지의 제목(타이틀)
- CurrentUrl: 현재 보이는 페이지의 URL이다. 링크를 따라 방문한 새로운 페이지라면 CurrentUrl는 홈 URL과는 다르다.
- FollowLinks: 웹 뷰어에서 탭한 링크를 따라 갈 것인지를 결정한다. 만약 링크를 따라간다면 브라우저 기록 안에서 이동하기 위해서 GoBack과 GoForward를 사용할 수 있다.
- Height
- HomeUrl: 웹 뷰어에서 처음 열리는 페이지의 URL, 설정된 값의 페이지를 로드한다.
- PromptforPermission: 이 값이 참이면 웹 뷰어의 사용자에게 위치 정보 API를 접근할 수 있는 권한을 준다. 거짓이면 권한이 부여되었음을 가정한다.
- UsesLocation(designer only): 어플리케이션에 자바스크립트 위치 API를 사용하는 권한을 부여할지 안할지를 나타낸다. 이 속성은 디자이너 에디터에서만 설정/수정이 가능하다.

- Visible: 컴포넌트가 스크린에 보이게 할지를 지정한다. 값이 참이면 컴포넌트는 보이고 거짓이면 보이지 않는다.
- WebViewString: 웹 뷰어의 문자열을 얻는데 이것은 window.AppInventor 객체로서 웹 뷰어에서 자바 스크립트를 통해 볼 수 있다
- Width

메서드(Methods)

- boolean CanGoBack(): 기록 목록에서 웹 뷰어가 다시 돌아 갈 수 있으면 참을 반환한다.
- boolean CanGoForward(): 기록 목록에서 웹 뷰어가 앞으로 갈 수 있으면 참을 반환한다.
- ClearCaches(): 웹 뷰어의 캐시를 삭제한다.
- ClearLocations(): 저장된 위치 권한을 없앤다.
- GoBack(): 기록 목록에서 이전 페이지로 돌아간다. 이전 페이지가 없으면 아무것도 일어나지 않는다.
- GoForward(): 기록 목록에서 다음 페이지 앞으로 이동한다. 다음 페이지가 없으면 아무것도 일어나지 않는다.
- GoHome(): 홈 URL 페이지를 로드한다. 홈 URL이 변경되었을 때는 자동으로 바뀐 홈 URL 페이지를 로드한다.
- GoToUrl(text url): 주어진 URL의 페이지를 로드한다.

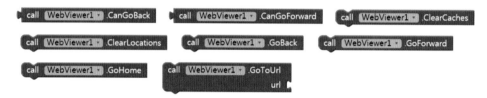

Chapter

10 | 레이아웃 컴포넌트

컴포넌트와 블록 에디터의 활동

컴포넌트 배열을 위한 레이아웃 컴포넌트에는 아래와 같이 3가지 컴포넌트가 있다.

- 수평 배열(HorizontalArrangement)
- 테이블 배열(TableArrangement)
- 수직 배열(VerticalArrangement)

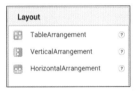

1. 수평 배열(HorizontalArrangement)

컴포넌트들의 그룹을 왼쪽에서 오른쪽으로 배치할 때 수평 배열 컴포넌트를 사용한다.

이 컴포넌트는 왼쪽에서 오른쪽으로 디스플레이 되어야 하는 컴포넌트들을 배치하는 서식 요소이다. 만약 컴포넌트를 바로 밑에 두고 싶다면 수직 배열 컴포넌트를 사용한다.

수평 배열에서 컴포넌트들은 세로로 가운데 정렬 상태로 수평축을 따라 배치된다.

만약 HorizontalArrangement의 높이 속성이 자동으로 설정되었다면 배열의 실제 높이는 배열에서 가장 높은 컴포넌트에 의해 결정된다. 높이 속성이 Fill Parent로 되어있지 않아야 한다. 만약 HorizontalArrangemen의 높이 속성이 자동으로 설정되었고 높이 속성이 Fill Parent로 설정된 컴포넌트만 포함한다면 배열의 실제 높이는 컴포넌트의 자동 높이에 의해 계산된다. 만약 HorizontalArrangemen의 높이 속성이 자동으로 설정되었고 비어 있는 상태라면 높이는 100으로 초기화된다.

만약 HorizontalArrangemen의 너비 속성이 자동으로 설정되었다면 배열의 실제 너비

는 포함하는 컴포넌트의 너비의 합이다. 만약 HorizontalArrangemen의 너비 속성이
자동으로 설정되었고 너비 속성이 Fill Parent로된 컴포넌트를 하나라도 포함한다면 이
컴포넌트들은 자동으로 설정된 것처럼 행동할 것이다. 만약 HorizontalArrangemen의
너비 속성이 Fill Parent로 설정되거나 픽셀로 명시되었다면 너비 속성이 Fill Parent로
설정된 컴포넌트들은 다른 컴포넌트에 의해 점유되지 않고 동일하게 너비를 차지한다.

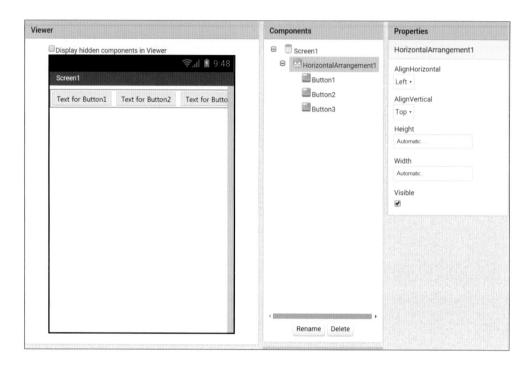

🔵 속성(Properties)

· Visible: 이 값이 참이면 컴포넌트와 해당 내용을 볼 수 있다.
· Height: 수평 배열의 높이(y 사이즈)
· Width: 수평 배열의 너비(x 사이즈)

2. 테이블 배열(TableArrangement)

테이블(표) 방식으로 일련의 컴포넌트의 그룹을 배치할 때 테이블 배열 컴포넌트를 사용한다. 이 컴포넌트는 테이블 폼으로 디스플레이 되어야 하는 컴포넌트들을 배치하는 서식 요소이다.

테이블 배열에서 컴포넌트들은 행과 열의 격자로 배열되며 한 셀에는 하나의 컴포넌트만이 보인다. 만약 한 셀에 여러 개의 컴포넌트를 넣었다 해도 마지막에 넣은 컴포넌트만이 보인다. 각 행 내에서, 컴포넌트는 수직으로 중앙 정렬된다.

열의 너비는 해당 열에 있는 가장 폭이 긴 컴포넌트에 의해 결정된다. 열의 너비를 계산할 때 Width 속성이 Fill Parent로 설정되어 있는 컴포넌트의 경우 너비의 설정이 자동으로 된다. 그러나 각 컴포넌트들은 항상 점유 열의 전체 너비를 채울 것이다.

행의 높이는 해당 열에 있는 높이 속성이 Fill Parent로 설정되지 않은 가장 높은 컴포넌트에 의해 결정된다. 높이 속성이 Fill Parent로 설정된 컴포넌트만 포함하는 경우 행의 높이는 자동 높이 설정을 통해 계산된다.

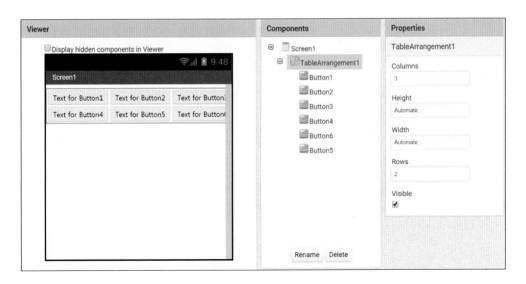

속성(Properties)

· Visible: 참이면 컴포넌트와 내용들이 보인다.
· Rows(number-of-rows): 테이블에 있는 행의 수
· Columns(number-of-columns): 테이블에 있는 열의 수
· Height: 테이블 배열의 높이(y 사이즈)
· Width: 테이블 배열의 너비(x 사이즈)

3. 수직 배열(VerticalArrangement)

일련의 컴포넌트의 그룹을 왼쪽 정렬 상태로 위에서 아래로 배치할 때 사용된다. 수직 배열은 새로 추가하는 컴포넌트를 현재 컴포넌트의 바로 밑에 배치하고 싶을 때 사용되는 서식 요소이다. 첫 번째 컴포넌트를 맨 위에 두고 두 번째를 그 밑에 두는 방식으로 배치된다. 컴포넌트를 바로 옆에 두고 싶다면 수평 배열을 사용하면 된다.

수직 배열에서 컴포넌트들은 왼쪽으로 정렬된 상태로 수직축을 따라 배치된다. 수직 배열의 너비 속성이 자동으로 설정되었다면 배열의 실제 너비는 배열에서 가장 긴 컴포넌트에 의해 결정된다. 단 너비 속성이 Fill Parent로 되어 있지 않아야 한다. 수직 배열의 너비 속성이 자동으로 설정되었고 너비 속성이 Fill Parent로 설정된 컴포넌트만 포함한다면 배열의 실제 너비는 컴포넌트의 자동 너비에 의해 계산된다. 만약 수직 배열의 너비 속성이 자동으로 설정되었고 비어 있는 상태라면 너비는 100으로 초기화된다.

만약 수직 배열의 높이 속성이 자동으로 설정되었다면 배열의 실제 높이는 포함하는 컴포넌트의 높이의 합이다. 만약 수직 배열의 높이 속성이 자동으로 설정되었고 높이 속성이 Fill Parent로 된 컴포넌트를 하나라도 포함한다면 이 컴포넌트들은 자동으로 설정된 것처럼 행동할 것이다. 만약 수직 배열의 높이 속성이 Fill Parent로 설정되거나 픽셀로 명시되었다면 높이 속성이 Fill Parent로 설정된 어떤 컴포넌트들도 다른 컴포넌트들에 의해 차지되지 않고 동일하게 높이를 차지한다.

• Visible: 참이면 컴포넌트와 그 내용을 볼 수 있다.

• Height: 수직 배열의 높이(y 사이즈)

• Width: 수직 배열의 너비(x 사이즈)

11 | 미디어 컴포넌트

다음은 미디어에 관련된 컴포넌트들이다.

- 캠코더(Camcorder)
- 카메라(Camera)
- 이미지 선택기(ImagePicker)
- 플레이어(Player)
- 사운드(Sound)
- 사운드 레코더(SoundRecorder)
- 음성 인식기(SpeechRecognizer)
- 문자 음성 변환(TextToSpeech)
- 비디오 플레이어(VideoPlayer)
- YandexTranslate

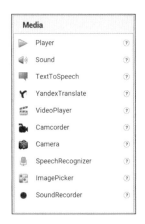

1. 캠코더(Camcorder)

디바이스의 캠코더를 이용하여 비디오를 녹화하는 컴포넌트이다. 비디오가 녹화된 뒤, 폰에 저장된 클립의 파일 이름은 AfterRecording 이벤트의 인수로 사용 가능하다. 파일의 이름은 VideoPlayer 컴포넌트의 소스 속성을 설정할 때 쓰인다.

이벤트(Events)

• AfterRecording(text clip): 비디오가 카메라에 녹음되었음을 나타내고 저장된 그림에 대한 경로를 제공한다. 인수 clip은 녹음된 클립의 경로를 나타내는데 타입은 텍스트형이다.

• RecordVideo(): 비디오를 녹음한 다음 AfterRecoding 이벤트를 발생시킨다.

그림은 미디어 컴포넌트 중에서 캠코더 컴포넌트를 디자이너 에디터에서 선택한 경우를 보여준다. Camcoder를 드래그해서 스크린에 드롭시키면 Camcoder는 스크린 밑에 있는 non-visible components로 자동 드롭된다. 드롭된 Camcoder를 선택하면 그림과 같이 된다. 캠코더 컴포넌트는 속성(Properties)이 없으므로 아무것도 보이지 않는다.

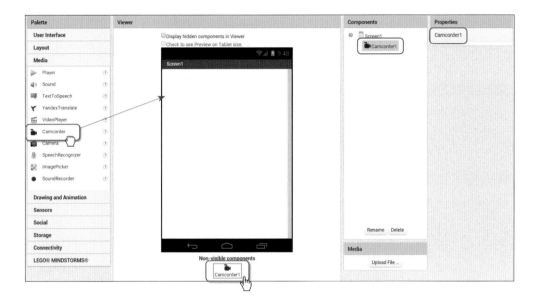

블록 에디터로 가서 캠코더 컴포넌트를 선택하면 아래 그림과 같이 이 컴포넌트의 이벤트(AfterRecording)와 메서드(RecordVideo)를 볼 수 있다. RecordVideo()가 녹음이 끝난 후 AfterRecording 이벤트를 발생시키는데 RecordVideo()가 만든 클립의 파일이름이 AfterRecording 이벤트의 인수로 사용된다. AfterRecording은 저장된 클립의 경로를 제공한다.

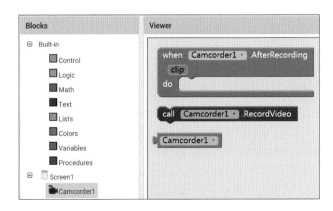

2. 카메라(Camera)

폰으로 사진을 찍을 때 사용한다. 카메라는 디바이스의 카메라를 사용하여 사진을 찍는 컴포넌트이다. 사진을 찍은 후에 폰에 담긴 사진의 파일 경로를 AfterPicture의 인수로 사용 가능하다. 경로는 Image 컴포넌트의 그림 속성을 설정할 때 쓰인다.

◉ 속성(Properties)

• UseFront: (사용 가능한 경우) 전면 카메라를 사용할 지 여부를 지정한다. 만약 디바이스가 전면 카메라를 가지고 있지 않다면 이 옵션은 무시되고 카메라는 정상적으로 열린다.

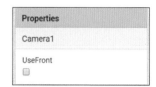

◉ 이벤트(Events)

• AfterPicture(Text image): 사진을 찍은 후에 불러온다. 인수 이미지는 폰에서 이미지를 찾는 데 쓰이는 경로로 텍스트 타입이다.

◉ 메서드(Methods)

• TakePicture(): 폰의 카메라를 열고 사진이 찍히도록 허락한다.

캠코더 컴포넌트와 마찬가지로 디자이너 에디터에서 카메라 컴포넌트를 드래그하여 스크린에 드롭하면 스크린 밑에 있는 non-visible components 밑으로 자동 드롭된다.

블록 에디터에서 첨가한 카메라를 선택하면 그림과 같이 이벤트(AfterPicture)와 메서드(TakePicture)를 볼 수 있다. TakePicture 메서드가 AfterPicture 이벤트를 발생시키는데, TakePicture로 찍힌 사진 파일의 경로가 AfterPicture의 인수 이미지로 쓰인다.

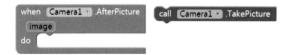

3. 이미지 선택기(ImagePicker)

특별한 목적을 가진 버튼으로 사용자가 이미지 선택기를 탭하면 기기의 이미지 갤러리가 나타나고 사용자는 이미지를 고를 수 있다. 이미지가 선택되면 SD카드에 저장되고 **ImageFile** 속성은 이미지가 저장된 파일의 이름이 된다. 스토리지가 채워지지 않게 하기 위해서 최대 10개의 이미지가 저장된다. 더 많은 이미지를 선택하기 위해서는 이전의 이미지들은 삭제된다.

속성(Properties)

- BackgroundColor: 버튼의 배경색을 리턴한다.
- Enabled
- FontBold(designer only)
- FontItalic(designer only)
- FontSize(designer only)
- FontTypeface(designer only)
- Image: 버튼 이미지의 경로를 명시한다. 이미지와 BackgroundColor가 있다면 이미지만 보일 것이다.
- Selection: 선택된 이미지를 담은 파일의 경우
- Shape(designer only): 버튼의 모양을 명시한다(기본, 둥근형, 사각형, 타원형). 이미지가 디스플레이 되면 버튼의 모양은 보이지 않는다.
- ShowFeedback: 시각적 피드백이 버튼의 배경 이미지로 보일 것인가를 지정한다.
- Text
- TextAlignment(designer only)
- TextColor
- Visible: 컴포넌트가 스크린에 보이게 할것 인지를 지정한다. 보이면 참이고 숨겨진 경우는 거짓이다.
- Width
- Height

· AfterPicking(): 선택기의 활동 후에 발생되는 간단한 이벤트로 결과와 속성들을 리턴한다.

· BeforePicking(): 컴포넌트가 클릭되었으나 선택기의 활동이 시작되기 전에 발생하는 간단한 이벤트

· GotFocus(): 커서가 버튼 위로 움직이는 것을 나타낸다. 이때가 클릭이 가능한 때이다.

· LostFocus(): 커서가 버튼으로부터 떨어져 나감을 나타낸다. 더 이상 클릭이 가능하지 않을 때이다.

· Open(): 사용자가 클릭하고 있어도 선택기를 연다.

4. 플레이어(Player)

오디오를 재생하고 폰의 진동을 제어하는 멀티미디어 컴포넌트이다. 멀티미디어 필드의 이름은 소스 속성으로 명시되는데 디자이너나 블록 에디터에서 설정된다. 진동의 시간은 블록 에디터에서 밀리세컨드 단위로 명시된다.

안드로이드가 지원하는 오디오 포맷을 지원한다. 사운드 컴포넌트는 음향 효과와 같은 짧은 파일에 적합한 반면 플레이어 컴포넌트는 노래와 같은 긴 사운드 파일에 가장 좋다.

속성(Properties)

· IsPlaying: 미디어가 재생되고 있는지를 보고한다. 블록 에디터에서만 사용 가능
· Loop: 참이면 플레이어는 반복해서 재생할 것이다. 플레이어가 재상하는 동안 루프를 설정하면 현재 재생에 영향을 미칠 것이다.
· PlayOnlyInForeground: 이 속성 값이 참이면 현재 화면에서 떠나면 재생은 멈춘다. 거짓이면 (기본 설정) 현재 화면이 보이는 것과 관계없이 재생을 계속한다.
· Source
· Volume: 볼륨을 0에서 100사이로 설정

Properties
Player1
Loop ☐
PlayOnlyInForeground ☐
Source [None]
Volume [50]

이벤트(Events)

· Completed(): 미디어가 끝에 도달한지를 나타낸다.
· OtherPlayerStarted(): 다른 플레이어가 시작되었을 때(현재 플레이어가 끝나지 않은 상태로 재생중이거나 일시 정지중인 경우) 이 이벤트에게 알려준다.

메서드(Methods)

· Pause(): 재생 중이면 재생을 일시 중단한다.
· Start(): 미디어를 시작한다. 만약 이전에 일시 중지되었다면 재생은 재기된다. 이전에 중단된 경우 처음부터 시작된다.
· Stop(): 미디어의 재생을 멈추고 노래의 처음을 찾는다.
· Vibrate(number milliseconds): 밀리세컨드 단위로 명시된 숫자만큼 진동한다.

5. 사운드(Sound)

사운드 파일을 재생하는 멀티미디어 컴포넌트이다. 지정된 시간 (밀리세컨드 단위) 동안 진동하기도 할 수 있는데 시간은 블록 에디터에서 Vibrate 메서드의 인수로 지정한다. 재생될 사운드 파일의 이름은 디자이너 에디터나 블록 에디터에서 지정할 수 있다.

재생 가능한 사운드 파일의 형식을 알기 위해서는 안드로이드에서 지원되는 미디어 형식을 참조하라(http://developer.android.com/guide/appendix/media-formats.html).

사운드 컴포넌트는 음향 효과와 같은 작은 사운드 파일에 효과적이고 노래와 같은 큰 사운드 파일은 플레이어 컴포넌트의 사용이 효과적이다.

◉ 속성(Properties)

- MinimumInterval: 사운드 사이의 최소 간격이다. 사운드가 재생되면 다음 사운드의 재생을 위한 Play() 메서드는 이 간격이 경과 할 때까지 호출되지 않는다.
- Source: 사운드 파일의 이름이다. 정해진 파일 포맷만 재생 가능함.
  http://developer.android.com/guide/appendix/media-formats.html을 참조하라.

◉ 메서드(Methods)

- Pause(): 재생되고 있는 사운드를 일시 정지시킨다.

- Play(): 사운드를 재생 시킨다.

- Resume(): 일시 정지된 사운드를 다시 재생시킨다.

- Stop(): 재생되고 있는 사운드를 정지시킨다.

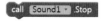

- Vibrate(number millisecs): 지정된 밀리세컨드 동안 진동한다.

6. 사운드 레코더(SoundRecorder)

오디오를 녹음할 때 쓰이는 멀티미디어 컴포넌트이다.

◉ 이벤트(Events)

· AfterSoundRecorded(text sound): 새로 만들어진 사운드의 위치를 제공한다.

· StartedRecording(): 녹음이 시작되었음을 나타내며 중단할 수 있다.

· StoppedRecording(): 녹음이 끝났음을 나타내며 다시 시작할 수 있다.

◉ 메서드(Methods)

· Start(): 녹음을 시작한다.

· Stop(): 녹음을 중지한다.

7. 음성 인식기(SpeechRecognizer)

사용자가 말하는 것을 듣고 안드로이드의 음성 인식 기능을 사용하여 음성을 텍스트로 변환시킬 때 사용한다.

● 속성(Properties)

• Result: 인식기에 의해 만들어진 마지막 텍스트

● 이벤트(Events)

• AfterGetting(Text result): 인식기가 텍스트를 생성한 후에 신호한다. 인수는 생성된 텍스트 결과이다.

● 메서드(Methods)

• GetText(): 사용자에게 말하라고 요청하고 말한 것을 텍스트로 변환한다. 결과가 가능할 때 AfterGettingText 이벤트에 신호한다.

8. 문자 음성 변환(TextToSpeech)

디바이스가 텍스트를 음성 변환하게 할 때 사용되는 컴포넌트이다.

이 컴포넌트가 작동하도록 하려면 디바이스는 Eyes-Free 프로젝트에 의해 설치된 TTS 응용 서비스 앱을 가지고 있어야 한다. 이 앱은 http://code.google.com/p/eyes-free/downloads/list에서 다운받을 수 있다.

문자 음성 변환 컴포넌트는 음성으로 변환될 텍스트의 발음을 안내하는 설정을 할 수 있게 하는 속성들을 가지고 있다. 이 속성들은 언어와 그 언어를 사용하는 나라를 명시하는데 세 개의 문자로 된 코드를 사용한다. 예를 들어 영국식 영어인 경우, 언어 코드는 eng이고 나라 코드는 GBR이다. 미국식 영어의 경우는 언어 코드는 eng이고 나라 코드는 USA이다. 다음은 언어와 나라 코드를 보여준다. 먼저 언어별로 정리되고 그다음 한 언어 섹션에 가능한 나라 코드로 구성된다.

- **ces(Czech):** CZE
- **spa(Spanish):** ESP, USA
- **deu(German):** AUT, BEL, CHE, DEU, LIE, LUX
- **fra(French):** BEL, CAN, CHE, FRA, LUX
- **nld(Dutch):** BEL, NLD
- **ita(Italian):** CHE, ITA
- **pol(Polish):** POL
- **eng(English):** AUS, BEL, BWA, BLZ, CAN, GBR, HKG, IRL, IND, JAM, MHL, MLT, NAM, NZL, PHL, PAK, SGP, TTO, USA, VIR, ZAF, ZWE

속성(Properties)

- AvailableCountries: 현재 디바이스에 TextToSpeech가 사용 가능한 나라 코드의 목록. 안드로이드 개발자 문서에서 축약된 코드의 의미를 찾을 수 있다.

- AvailableLanguages: 현재 디바이스에 TextToSpeech가 사용가능한 언어 목록. 안드로이드 개발자 문서에서 축약된 코드의 의미를 찾을 수 있다.

- Country: 음성 생성을 위한 나라 코드. 발음에 영향을 미칠 수 있다. 예를 들어 영국식 영어(GBR)는 미국식 영어(USA)와 다르게 발음된다. 모든 나라 코드가 언어에 영향을 주는 것은 아니다.

- Language: 음성 생성을 위한 언어. 실제로 발음되는 방식에 영향을 받지 않는다. 프랑스 억양의 영어도 영어가 미국식 영어의 억양과 같다.

- Pitch: 음성의 높이. 0에서 2사이의 값을 사용한다. 낮은 값은 합성 음성의 톤을 낮게 하고 높은 값은 톤을 올린다.

· Result

· SpeechRate: 스피치 속도. 0에서 2 사이의 값을 사용한다. 낮은 값은 천천히 말하게 하고 높은 값은 더 빠르게 하게 한다.

이벤트(Events)

· AfterSpeaking(Text result): 텍스트가 음성화 된 후에 신호한다. 인수는 생성된 텍스트이다.

· BeforeSpeaking(): 텍스트가 음성화되기 전에 신호한다.

메서드(Methods)

· Speak(Text message): 주어진 텍스트를 말한다.

9. 비디오 플레이어(VideoPlayer)

비디오 파일을 재생할 때 사용되는 컴포넌트이다.

비디오 재생기는 비디오를 재생하는 멀티미디어 컴포넌트이다. 비디오 플레이어가 앱에서 직사각형 모양으로 나타난다. 사용자가 그 직사각형을 탭하면 재생/중지, 건너뛰기, 뒤로 이동의 기능을 가진 미디어 제어기가 나타난다. Start, Pause 그리고 SeekTo 메서드를 호출함으로써 재생 동작을 제어할 수 있다.

비디오 파일은 Windows Media Video(.wmv), 3GPP(.3gp), 또는 MPEG-4(.mp4) 포맷이어야 한다. 더 자세한 포맷을 알기 위해서는 안드로이드에서 지원되는 미디어 포맷을 보라.

앱 인벤터는 1MB 사이즈의 비디오 파일을 받아들이고 전체 사이즈를 5MB로 제한했는데 모든 미디어 파일이 가능한 것은 아니다. 만약 미디어 파일이 너무 크면 앱을 설치하거나 패킹할 때 오류를 얻을 수 있다. 이럴 경우 미디어 파일의 숫자와 사이즈를 줄여야 한다. 윈도우즈의 Movie Maker나 애플의 iMovie 같은 비디오 편집 소프트웨어는 비디오를 단축 또는 콤팩트 형식으로 다시 인코딩함으로 비디오 사이즈를 줄이는 데 도움이 된다.

속성(Properties)

- FullScreen: 블록 에디터에서만 사용 가능
- Height
- Source: 이 재생기와 관련된 비디오 파일, 디자이너 에디터에서만 사용 가능하다.
- Visible: 설정되면 비디오 재생기가 보인다.
- Volume: 볼륨을 0에서 100 사이 숫자로 지정한다. 0보다 작은 수는 0으로, 100보다 큰 수는 100으로 처리한다. 디자이너 에디터에서만 사용 가능하다.
- Width

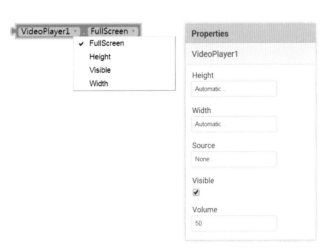

• Completed(): 비디오가 끝났을 때 발생해야 하는 이벤트를 정의한다.

```
when  VideoPlayer1 ▾ .Completed
do
```

• GetDuration(): 비디오의 지속되는 시간(밀리세컨드 단위)

```
call  VideoPlayer1 ▾ .GetDuration
```

• Pause(): 재생 중인 비디오 파일을 일시 중지시킨다.

```
call  VideoPlayer1 ▾ .Pause
```

• SeekTo(number millisecs): 비디오에 요청된 시간(밀리세컨드 단위로 명시됨)을 찾는다.

```
call  VideoPlayer1 ▾ .SeekTo
                          ms
```

• Start(): 비디오 파일을 재생하게 한다.

```
call  VideoPlayer1 ▾ .Start
```

10. YandexTranslate

단어와 문장을 다른 언어로 번역할 때 사용하는 컴포넌트이다. 이 컴포넌트는 Yandex 번역 서비스에 번역을 요청하기 때문에 인터넷 접속을 필요로 한다. 소스와 타켓 언어를 소스-타켓 폼으로 지정하는데 언어를 명시할때는 두문자로 된 코드를 사용한다. 예를 들면 "en-es"는 영어를 스페인어로 번역하고 "es-ru"는 스페인어를 러시아로 번역한다. 소스 언어를 명시하지 않을 경우 소스 언어를 감지하려고 한다. 즉 "es"만 주어진 경우는 소스 언어를 감지하여 그것을 스페인어로 번역한다.

이 컴포넌트는 Yandex 번역 서비스에 의해 구동된다. 번역 가능한 언어와 그것의 코드 등을 포함한 더 자세한 정보가 http://api.yandex.com/translate/에 있다.

> **주의**
> 번역은 백그라운드로 비동기적으로 행해진다. 번역이 끝났을 때 "GotTranslation" 이벤트가 작동된다.

이벤트(Events)

• GotTranslation(text responseCode, text translation): Yandex.Translate 서비스가 번역한 텍스트를 반환했을 때 이 이벤트가 작동한다. 이 이벤트는 또한 오류 처리에 대한 응답 코드를 제공한다. 응답 코드가 200이 아니면 호출에 문제가 있어서 번역이 가능하지 않다는 것을 알려준다.

메서드(Methods)

• RequestTranslation(text languageToTranslateTo, text textToTranslate): 번역할 타깃 언어(예를 들면 스페인어는 'es', 영어는 'en', 러시아어는 'ru')와 번역할 단어나 문장을 제공하면서 Yandex.Translate 서비스에 번역을 요청한다. 외부의 서비스에 의해 번역이 되었을 때 GotTranslation 이벤트가 작동된다. 스페인어에서 러시아어로 번역을 지정하기 위해 es-ru를 사용하는 것처럼 앞에 덧붙일 수 있다.

12 | 그림과 애니메이션 컴포넌트

그림과 애니메이션을 위한 컴포넌트는 다음과 같다.

- 공(Ball)
- 캔버스(Canvas)
- 이미지 스프라이트(ImageSprite)

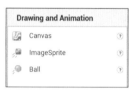

1. 공(Ball)

캔버스 위에 놓이는 둥근 스프라이트(표시 화면의 이미지 버튼)를 공이라 하는데 사용
자가 이것을 터치하거나 드래그하면 반응하고, 다른 이미지 스프라이트나 공 그리고
캔버스의 모서리에 상호작용하고 속성에 따라 움직인다.

예를 들어, 캔버스 위쪽으로 500밀리세컨드에 4픽셀을 움직이는 공을 만들려면 속도
속성을 4픽셀로 하고, 간격 속성을 500밀리세컨드로 하고 방향 속성을 90도로 하고
Enabled 속성을 참으로 하면 된다. 이 속성 값들은 언제든지 바꿀 수 있다.

이미지 스프라이트와 공의 차이점은 이미지 스프라이트는 이미지 파일에 있는 이미지
가 모양이 될 수 있는 반면 공은 둥근 모양만 가능한데, 공의 모양은 그 PaintColor 및
반지름 속성을 바꿈으로서만 변경할 수 있다.

- Enabled: 공의 속도가 0이 아닐 때 움직임을 제어할 수 있게 한다.
- Heading(방향): 공의 방향(x축 위의 각도)을 나타낸다. 0도는 스크린의 오른쪽 방향이고 90도는 스크린의 위쪽 방향이다.
- Interval: 공의 위치가 업데이트 되는 간격(밀리세컨드 단위)을 나타낸다. 예를 들어 간격이 50이고 속도가 10이면 공은 매 50밀리세컨드마다 10픽셀 만큼 움직일 것이다.
- PaintColor: 공의 색
- Radius: 공의 반지름
- Speed: 공의 움직이는 속도를 나타낸다. 공은 매 간격마다 얼마의 픽셀 만큼 움직인다.
- Visible: 공이 보이려면 이 값이 참이어야 한다.
- X: 공의 왼쪽 모서리의 수평 좌표, 오른쪽으로 갈수록 그 값이 증가한다.
- Y: 공의 위쪽 모서리의 수직 좌표, 아래로 갈수록 그 값이 증가한다.
- Z: 다른 공을 상대로 공이 어떻게 계층화되어야 하는지를 나타낸다. 번호가 높은 계층이 낮은 계층 앞에 온다.

이벤트(Events)

- CollidedWith(component other): 두 개의 공이 충돌했을 때 일어나는 처리기이다. 현재 회전하는 이미지 스프라이트와의 충돌을 확인하는 것은 스프라이트의 회전하지 않는 위치에 대하여 확인하는 것이기 때문에, 충돌 확인은 회전하는 길고 가늘거나 짧고 넓은 스프라이트들에는 부정확할 수 있다.
- Dragged(number startX, number startY, number prevX, number prevY, number currentX, number currentY): 드래그 된 이벤트를 위한 처리기이다. 좌표 (startX, startY)는 화면이 처음 접촉된 곳의 시작 좌표이고, 좌표 (currentX, currentY)는 현재의 선 세그먼트의 끝점을 나타내는 현재 좌표이다. 맨 처음 호출에서는 이전 좌표가 시작 좌표와 동일하다. 이어서 이전 좌표는 이 드래그의 바로 전 호출의 현재 좌표이다. MoveTo를 호출하지 않을 시 스프라이트는 드래그 이벤트의 반응으로 실제로 이동하지 않음을 명심해야 한다.
- EdgeReached(number edge): 스프라이트가 화면의 가장자리에 도달했을 때 수행하는 이벤트 처리기이다. 그 다음 가장자리(edge)를 인수로 가지는 공의 Bounce() 메서드가 호출되는데, 스프라이트는 그 가장자리에 도달하면 튕겨 나온다.
- Flung(number x, number y, number speed, number heading, number xvel, number yvel): 플링 제스처(쓸어 넘기기를 빨리하는 것)가 공에서 발생했을 때 수행하는 처리기인데 플링이 시작되는 위치의 좌표를 제

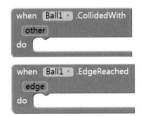

공하는데 캔버스의 왼쪽 상단으로부터의 상대 위치이다. 플링의 속도(밀리세컨드 당 픽셀)와 방향(0에서 360도), 플링의 벡터의 x속도와 y속도 요소도 제공한다.

- NoLongerCollidingWith(component other): 스프라이트 쌍이 더 이상 충돌되지 않음을 나타낸다.
- TouchDown(number x, number y): 사용자가 스프라이트를 터치하기 시작 했을 때 터치의 (x,y) 위치를 제공한다. 캔버스의 왼쪽 상단으로부터 상대적인 위치이다.
- TouchUp(number x, number y): 사용자가 스프라이트의 터치를 멈출 때 (TouchDown 이벤트 후에 손가락을 들어 올릴 때) 터치의 (x,y) 위치를 제공한다. 캔버스의 왼쪽 상단으로부터 상대적인 위치이다.
- Touched(number x, number y): 사용자가 스프라이트를 터치하고 손가락을 바로 들어 올릴 때 터치의 (x,y) 위치를 제공한다. 캔버스의 왼쪽 상단으로부터 상대적인 위치이다.

```
when  Ball1 .NoLongerCollidingWith        when  Ball1 .TouchDown        when  Ball1 .TouchUp        when  Ball1 .Touched
  other                                     x   y                         x   y                      x   y
do                                        do                            do                          do
```

메서드(Methods)

- Bounce(number edge): 벽에서 튀는 것처럼 스프라이트가 가장자리에 도달하면 튀게 한다. 정상적인 경우, 그 가장자리(edge)는 EdgeReached 이벤트 처리기로부터 얻는다.
- Boolean CollidingWith(component other): 충돌이 스프라이트와 지나간 스프라이트 사이에 등록되어 있는지 여부를 나타낸다.
- MoveIntoBounds(): 스프라이트의 일부가 경계 밖으로 가는 경우에만 그 경계에 스프라이트를 되돌린다. 스프라이트가 캔버스에 비해 너무 넓은 경우, 캔버스의 왼쪽으로 스프라이트의 왼쪽을 맞춘다. 스프라이트가 캔버스에 비해 너무 긴 경우, 캔버스의 상단으로 스프라이트의 상단을 맞춘다.
- MoveTo(number x, number y): 왼쪽 상단 모서리가 명시한 x와 y 좌표가 되도록 스프라이트를 이동한다.
- PointInDirection(number x, number y): 스프라이트가 (x, y) 좌표 지점으로 향한다.
- PointTowards(component target): 스프라이트가 지정 대상 스프라이트로 향한다. 새로운 방향은 두 스프라이트의 중심 지점을 연결한 선에 평행하다.

```
call  Ball1 .Bounce         call  Ball1 .CollidingWith         call  Ball1 .MoveIntoBounds
        edge                            other

call  Ball1 .MoveTo         call  Ball1 .PointInDirection      call  Ball1 .PointTowards
        x                               x                              target
        y                               y
```

그림은 공이 가장자리(edge)에 도달했을 때 그 가장자리에서 공이 튀게 하는 블록을 보여준다. Bounce 메서드의 인수 edge는 EdgeReached 처리기로부터 얻음을 보여준다.

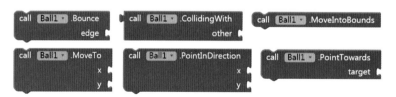

2. 캔버스(Canvas)

그림이 그려지고 공이 그 위에서 움직이는 이차원의 터치 사각형 패널이다.

캔버스의 BackgroundColor, PaintColor, BackgroundImage, Width 및 Height는 디자이너나 블록 에디터에서 값을 설정할 수 있다. Width와 Height는 픽셀 단위이고 양수여야 한다.

캔버스 안의 모든 위치는 (X, Y)로 명시될 수 있는데 X는 캔버스의 왼쪽 모서리로부터 떨어져 있는 픽셀 수이고 Y는 캔버스의 위쪽 모서리로부터 떨어져 있는 픽셀 수이다.

언제 어디에서 캔버스가 터치되었거나 스프라이트(이미지 또는 공)가 드래그되었는지를 알려주는 이벤트들이 있고 점, 선, 원을 그리는 메서드들이 있다.

속성(Properties)

- BackgroundColor: 캔버스 배경색.
- BackgroundImage: 캔버스 배경 이미지를 포함하는 파일 이름
- FontSize: 캔버스에 쓸 텍스트의 폰트 크기
- Height: 캔버스의 높이
- Width: 캔버스의 너비
- LineWidth: 캔버스에 그려질 라인의 너비
- PaintColor: 그려질 라인 색
- TextAlignment(designer only)
- Visible: 컴포넌트가 화면상에 보일 것인지를 명시한다. 참이면 보이고 거짓이면 감춰진다.

이벤트(Events)

- Dragged(number startX, number startY, number prevX, number prevY, number currentX, number currentY, boolean draggedSprite): 사용자가 한 점 (prevX, prevY)에서 다른 점(currentX, currentY)으로 드래그할 때 일어난다. (startX, startY)는 사용자가 맨 처음 화면을 터치했던 곳의 위치를 나타낸다. draggedSprite는 스프라이트가 드래그될 수 있는지 여부를 나타내는 boolean 변수이다.

- Flung(number x, number y, number speed, number heading, number xvel, number yvel, boolean flungSprite): 플링 제스처(쓸어 넘기기를 빨리하는 것)가 캔버스에서 발생했을 때 수행하는 처리기이다. 플링이 시작되는 위치의 좌표를 제공하는데 캔버스의 왼쪽 상단으로부터의 상대 위치이다. 플링 벡터의 x속도와 y속도 요소, 플링의 속도(밀리세컨드 당 픽셀)와 방향(0∼360도)도 제공한다. "flungSprite"는 스프라이트가 플링 제스처의 시작점 가까이 위치해 있으면 참을 가지는 boolean 변수이다.
- TouchDown(number x, number y): 사용자가 캔버스를 터치하기 시작할 때(캔버스 위에 손가락을 대고 있을 때) 터치의 (x,y) 좌표를 제공하는데 캔버스 왼쪽 상단으로부터의 상대 위치이다.
- TouchUp(number x, number y): 캔버스에서 터치를 그만둘 때 (TouchDown 이벤트 후에 손가락을 들어 올릴 때) 터치의 (x,y) 좌표를 제공하는데 캔버스 왼쪽 상단으로부터 상대 위치이다.
- Touched(number x, number y, boolean touchedSprite): 사용자가 캔버스를 터치하고 바로 손가락을 들어 올릴 때 터치의 (x,y) 좌표를 제공하는데 캔버스 왼쪽 상단으로부터 상대 위치이다. TouchedSprite는 터치가 스프라이트와 동시에 터치했을 때 참을 가지는 boolean 변수이다.

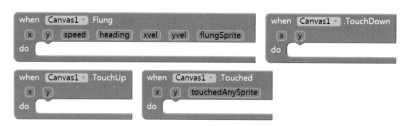

⊙ 메서드(Methods)

- Clear(): 배경색이나 이미지를 제외하고 캔버스 위에 그려진 모든 것을 삭제한다.
- DrawCircle(number x, number y, number r): 캔버스 위에 주어진 좌표에 주어진 반지름을 이용하여 원을 그린다.(원은 채워져 있다)
- DrawLine(number x1, number y1, number x2, number y2): 캔버스 상의 주어진 두 점 사이의 라인을 그린다.
- DrawPoint(number x, number y): 캔버스 위에 주어진 위치에 점을 그린다.
- DrawText(text text, number x, number y): 주어진 좌표 위에 폰트 크기와 텍스트 배치 속성을 사용하여 명시화된 텍스트를 그린다.

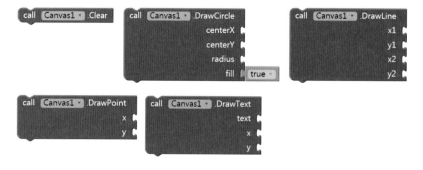

- DrawTextAtAngle(text text, number x, number y, number angle): 주어진 좌표를 시작으로 폰트 크기와 텍스트 배치 속성을 사용하여 명시화된 텍스트를 명시화된 각도 위에 그린다.
- number GetBackgroundPixelColor(number x, number y): 주어진 점의 색을 반환한다. 스프라이트를 제외하고 배경이나 그려진 점, 라인, 원 등을 포함한다.
- number GetPixelColor(number x, number y): 주어진 점의 색을 반환한다.
- text Save(): 캔버스상의 그림을 디바이스의 외부 저장장치에 저장한다. 만약 에러가 발생하면 스크린의 ErrorOccurred 이벤트가 불러진다.
- text SaveAs(text fileName): 캔버스상의 그림을 디바이스의 외부 저장장치에 주어진 파일 이름으로 저장한다. 파일 이름은 파일의 형식을 결정하는 .jpg, .jpeg, 또는 .png로 끝나야 한다.
- SetBackgroundPixelColor(number x, number y, number color): 주어진 점에 색을 설정한다. DrawPoint와는 색을 인수로 가진다는 것이 다르다.

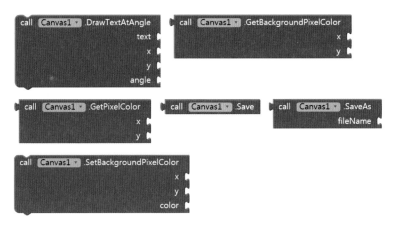

3. 이미지 스프라이트(ImageSprite)

캔버스에 배치할 수 있는 스프라이트는 터치나 드래그에 반응하고 다른 스프라이트(공이나 이미지 스프라이트)와 캔버스 가장자리에 상호 작용하고 속성 값에 따라 움직인다. 이미지 스프라이트의 모양은 Visible 속성이 거짓이 아닌 경우에 Picture 속성에서 지정한 이미지이다.

예를 들어, 1,000밀리세컨드에 10픽셀을 왼쪽으로 움직이는 이미지 스프라이트를 만들려면 속도 속성을 10픽셀로 하고, 간격 속성을 1,000밀리세컨드로 하고 방향 속성을 180도로 하고 Enabled 속성을 참으로 하면 된다. Rotates 속성이 참이면 스프라이트의 방향 변화에 따라 스프라이트의 이미지를 회전한다. 길고 가는 또는 짧고 넓은 회전하는 스프라이트들의 충돌의 확인이 부정확하기 때문에 현재 회전하는 스프라이트와의 충돌을 확인하는 것은 스프라이트의 회전하지 않은 위치를 체크하는 것이다. 이 속성 값들은 프로그램의 제어하에 언제든지 바꿀 수 있다.

◉ 속성(Properties)

- Enabled: 속도가 0이 아닐 때 스프라이트가 움직일지 여부를 제어한다.
- Heading: 스프라이트의 방향(양의 x축 위의 각도)을 돌려준다. 0도는 화면의 오른쪽 방향이고, 90도는 화면의 상단 방향이다.
- Interval: 스프라이트의 위치가 업데이트되는 간격(밀리세컨드 단위)을 나타낸다. 예를 들어 간격이 500이고 속도가 10이면 공은 매 50밀리세컨드마다 10픽셀 만큼 움직일 것이다.
- Picture: 스프라이트의 외관을 결정하는 그림
- Rotates: 참이면 스프라이트의 방향과 일치하도록 스프라이트의 이미지가 회전한다. 거짓이면 스프라이트가 방향을 바뀌었을 때 스프라이트 이미지의 회전이 일어나지 않는다. 스프라이트는 그 중심을 기준으로 회전한다.
- Speed: 스프라이트가 움직이는 속도를 나타낸다. 스프라이트는 매 간격마다 속도 픽셀만큼 움직인다.
- Visible: 스프라이트가 보이려면 이 값이 참이어야 한다.
- X: 스프라이트의 왼쪽 모서리의 수평 좌표. 오른쪽으로 갈수록 그 값이 증가한다.
- Y: 스프라이트의 상단의 수직 좌표. 아래로 갈수록 그 값이 증가한다.
- Z: 다른 스프라이트를 상대로 스프라이트가 어떻게 계층화되어야 하는지를 나타낸다. 번호가 높은 계층이 낮은 계층 앞에 온다.
- Width: 너비
- Height: 높이

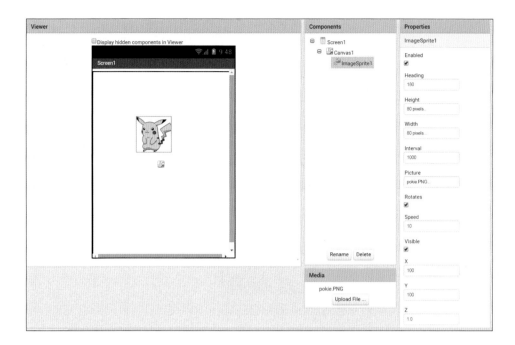

- CollidedWith(component other): 두 개의 공이 충돌했을 때 일어나는 처리기이다. 현재 회전하는 이미지 스프라이트와의 충돌을 확인하는 것은 스프라이트의 회전하지 않는 위치에 대하여 확인하는 것이기 때문에 충돌 확인은 회전하는 스프라이트들에는 부정확할 수 있다.

- Dragged(number startX, number startY, number prevX, number prevY, number currentX, number currentY): 드래그된 이벤트를 위한 처리기이다. 좌표 (startX, startY)는 화면이 처음 접촉된 곳의 시작 좌표이고, 좌표 (currentX, currentY)는 현재의 선 세그먼트의 끝점을 나타내는 현재 좌표이다. 맨 처음 호출에서는 이전 좌표가 시작 좌표와 동일하다. 이어서, 이전 좌표는 이 드래그의 바로 전 호출의 현재 좌표이다. MoveTo를 호출하지 않을 시 스프라이트는 드래그 이벤트의 반응으로 실제로 이동하지 않음을 명심해야 한다.

- EdgeReached(number edge): 스프라이트가 화면의 가장자리에 도달했을 때 수행하는 이벤트 처리기이다. 그 다음 가장자리(edge)를 인수로 가지는 공의 Bounce() 메서드가 호출되는데. 스프라이트는 그 가장자리에 도달하면 튕겨 나온다.

- Flung(number x, number y, number speed, number heading, number xvel, number yvel): 플링 제스처(쓸어 넘기기를 빨리하는 것)가 스프라이트에서 발생했을 때 수행하는 처리기이다. 플링이 시작되는 위치의

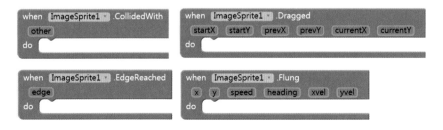

좌표를 제공하는데 캔버스의 왼쪽 상단으로부터의 상대 위치이다. 플링 벡터의 x속도와 y속도 요소, 플링의 속도 (밀리세컨드 당 픽셀)와 방향(0에서 360도)도 제공한다.

- NoLongerCollidingWith(component other): 스프라이트 쌍이 더 이상 충돌되지 않음을 나타낸다.
- TouchDown(number x, number y): 사용자가 스프라이트를 터치하기 시작했을 때 터치의 (x,y) 위치를 제공한다. 캔버스의 왼쪽 상단으로부터 상대적인 위치이다.
- TouchUp(number x, number y): 사용자가 스프라이트의 터치를 멈출 때(TouchDown 이벤트 후에 손가락을 들어 올릴 때) 터치의 (x,y) 위치를 제공한다. 캔버스의 왼쪽 상단으로부터 상대적인 위치이다.
- Touched(number x, number y): 사용자가 스프라이트를 터치하고 손가락을 바로 들어 올릴 때 터치의 (x,y) 위치를 제공한다. 캔버스의 왼쪽 상단으로부터 상대적인 위치이다.

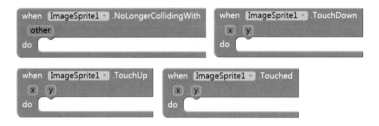

메서드(Methods)

- Bounce(number edge): 벽에서 튀는 것처럼 스프라이트가 가장자리에 도달하면 튀게 한다. 정상적인 경우, 그 가장자리(edge)는 EdgeReached 이벤트 처리기로부터 얻는다.
- boolean CollidingWith(component other): 스프라이트와 지나간 스프라이트 사이에 충돌이 등록되어 있는지 여부를 나타낸다.
- MoveIntoBounds(): 스프라이트의 일부가 경계 밖으로 가는 경우에만 그 경계에 스프라이트를 되돌린다. 스프라이트가 캔버스에 비해 너무 넓은 경우, 캔버스의 왼쪽으로 스프라이트의 왼쪽을 맞춘다. 스프라이트가 캔버스에 비해 너무 긴 경우, 캔버스의 상단으로 스프라이트의 상단을 맞춘다.
- MoveTo(number x, number y): 왼쪽 상단 모서리가 명시한 x와 y 좌표가 되도록 스프라이트를 이동한다.
- PointInDirection(number x, number y): 스프라이트가 (x, y) 좌표 지점으로 향한다.
- PointTowards(component target): 스프라이트가 지정 대상 스프라이트로 향한다. 새로운 방향은 두 스프라이트의 중심 지점을 연결한 선에 평행하다.

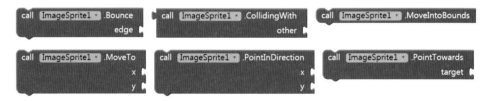

아래 그림은 플링 제스처가 이미지스프라이트에서 발생했을 때 그 속도와 방향을 이미지 스프라이트의 속도와 방향으로 설정하는 블록이다.

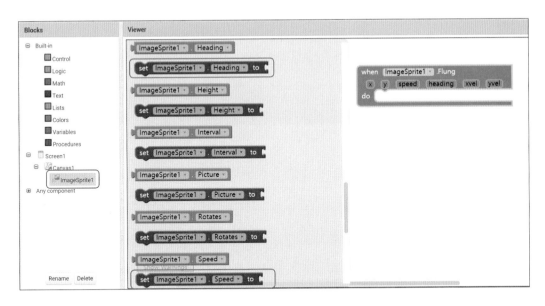

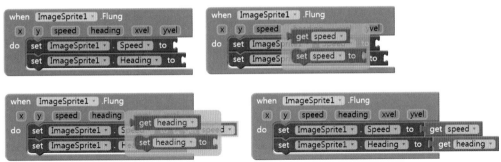

13 | 센서 컴포넌트

앱 인벤터 2에서는 다음과 같은 센서 컴포넌트들이 있다.

- 가속기 센서(AccelerometerSensor)
- 바코드 스캐너(BarcodeScanner)
- 시계(Clock)
- 위치 센서(LocationSensor)
- NearField
- 방향 센서(OrientationSensor)
- 근접 센서(ProximitySensor)

1. 가속기 센서(AccelerometerSensor)

흔들림을 감지하고 SI 단위(m/s2)를 사용하여 대략 3차원적 가속도를 측정할 수 있는 보이지 않는 컴포넌트이다. 구성요소로는 3차원 가속도를 나타내기 위한 xAccel, yAccel, zAccel가 있다.

- xAccel: 폰이 평평한 면에 있는 경우 0이다. 폰이 오른쪽으로 기울었을 때 (왼쪽 면이 올라간 경우이다) 양수이고 왼쪽으로 기울었을 때는 그 값이 음수이다.
- yAccel: 폰이 평평한 면에 있는 경우 0이다. 폰이 아래쪽이 올라간 경우 양수이고 폰의 위쪽이 올라간 경우 그 값이 음수이다.
- zAccel: 디바이스의 화면이 위로 향하고 디바이스가 움직이지 않은 채로 지면에 평행할 때 −9.8 m/s2(지구의 중력 가속도), 지면에 수직이면 0, 디바이스 화면이 아래로 향하면 +9.8이다. 값은 중력에 가속하거나 반대로 가속하는 것에 영향을 받는다.

- Available
- Enabled
- MinimumInterval: 폰 흔들림 사이의 최소한의 간격
- Sensitivity: 가속계가 얼마나 민감한지를 나타내는 숫자,
  1은 약함, 2는 중간, 3은 강함을 나타냄.
- XAccel
- YAccel
- ZAccel

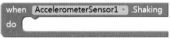

이벤트(Events)

- AccelerationChanged(number xAccel, number yAccel, number zAccel): 가속도가 X, Y 및/또는 Z 방향으로 바뀜을 나타낸다.
- Shaking(): 디바이스가 흔들리기 시작하거나 계속 흔들리고 있음을 나타낸다.

2. 바코드 스캐너(BarcodeScanner)

바코드를 읽기 위한 바코드 스캐너를 위해 사용되는 컴포넌트이다.

속성(Properties)

- Result(결과): 이전 스캔의 텍스트 결과
- UseExternalScanner: 이 속성 값이 참이면 앱 인벤터는 "Bar Code Scanner"와 같은 외부 스캐닝 프로그램을 찾아서 사용한다.

이벤트(Events)

- AfterScan(text result): 스캐너가 결과(텍스트)를 읽고 그 결과를 제공하는 것을 나타낸다.

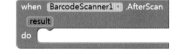

메서드(Methods)

- DoScan(): 카메라를 이용하여 바코드 스캔을 시작한다. 스캔이 완료되면 AfterScan 이벤트가 발생한다.

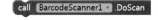

3. 시계(Clock)

시계 컴포넌트는 폰의 내부 시계를 사용하여 현재의 시간을 제공하는 스크린에 보이지 않는 컴포넌트이다. 일정한 시간 간격으로 이벤트가 일어나도록 신호를 주는 타이머를 생성하고 시간의 계산, 조작, 변환을 한다. 또한 날짜와 시간 형태로 만들어 주는 메서드들이 있다.

● 속성(Properties)

- TimerAlwaysFires: 이 값이 참이면 어플리케이션이 스크린에 보이지 않을지라도 타이머가 발생한다.
- TimerEnabled: 이 값이 참이면 타이머가 발생한다.
- TimerInterval: 밀리세컨드 단위의 타이머 이벤트 간격

● 이벤트(Events)

- Timer(): 타이머가 생성될 때 일어나는 이벤트

● 메서드(Methods)

- InstantInTime AddDays(InstantInTime instant, number days): 주어진 인수(순간)에서 주어진 며칠 후의 순간
- InstantInTime AddHours(InstantInTime instant, number hours): 주어진 인수(순간)에서 주어진 몇 시간 후의 순간
- InstantInTime AddMinutes(InstantInTime instant, number minutes): 주어진 인수(순간)에서 주어진 몇 분 후의 순간

- InstantInTime AddMonths(InstantInTime instant, number months): 주어진 인수(순간)에서 주어진 몇 달 후의 순간
- InstantInTime AddSeconds(InstantInTime instant, number seconds): 주어진 인수(순간)에서 주어진 몇 초 후의 순간
- InstantInTime AddWeeks(InstantInTime instant, number weeks): 주어진 인수(순간)에서 주어진 몇 주 후의 순간

- InstantInTime AddYears(InstantInTime instant, number years): 주어진 인수(시간)에서 주어진 몇 년 후의 시간
- number DayOfMonth(InstantInTime instant): 주어진 순간의 날짜(해당하는 날짜의 월, 일 중 일), 날짜가 5월 6일이면 숫자 6을 반환
- number Duration(InstantInTime start, InstantInTime end): 주어진 두 순간 (start, end) 사이의 밀리세컨드 단위의 시간

- text FormatDate(InstantInTime instant, text pattern): 주어진 순간의 날짜를 명시된 패턴 방식으로 표현한 텍스트
- text FormatDateTime(InstantInTime instant, text pattern): 주어진 순간의 날짜와 시간을 명시된 패턴 방식으로 표현한 텍스트

- text FormatTime(InstantInTime instant): 주어진 순간의 텍스트 형으로 표현된 시간
- number GetMillis(InstantInTime instant): 1970년 이후부터 주어진 순간까지의 밀리세컨드 단위로 측정된 시간
- number Hour(InstantInTime instant): 주어진 순간의 시간 중시
- InstantInTime MakeInstant(text from): MM/DD/YYYY hh:mm:ss, 또는 MM/DD/YYYY나 hh:mm 형태로 표현된 텍스트를 InstantInTime형으로 바꿈

- InstantInTime MakeInstantFromMillis(number millis): 1970년 이후부터 주어진 밀리세컨드 후의 순간
- number Minute(InstantInTime instant): 주어진 순간의 시간 중 시
- number Month(InstantInTime instant): 주어진 순간의 날짜 중 월, 숫자 1~12로 표현된다. 주어진 순간의 날짜가 5월 6일이면 5를 반환
- text MonthName(InstantInTime instant): 주어진 순간의 날짜 중 월의 이름, 주어진 순간의 날짜가 5월 6일이면 may를 반환

- InstantInTime Now(): 폰의 시계로부터 얻은 현재 순간의 시간
- number Second(InstantInTime instant): 주어진 순간의 시간 중 초

- number SystemTime(): 폰의 내부 시간
- number Weekday(InstantInTime instant): 주어진 순간의 숫자 1(일요일) – 7(토요일)로 표현된 요일
- text WeekdayName(InstantInTime instant): 주어진 순간의 요일 이름(Sunday-Saturday)
- number Year(InstantInTime instant): 주어진 순간의 년도

아래는 현재에서 100일 후 날짜의 요일 이름을 알려주는 블록이다.

4. 위치 센서(LocationSensor)

(디바이스에서 지원하는) 위도, 경도, 고도 및 주소를 포함하는 위치 정보를 제공하는 보이지 않는 컴포넌트이다. 이 컴포넌트는 주어진 주소(현재 주소가 아니어도 됨)를 위도(LatitudeFromAddress 메서드를 사용)와 경도(LongitudeFromAddress 메서드를 사용)로 바꾸어 줌으로써 "geocoding"(지리 코딩)이 가능하게 한다.

이 같은 기능이 가능하려면 이 컴포넌트의 Enabled 속성이 참으로 설정되어 있어야 하며 디바이스는 무선 네트워크나 야외의 경우 GPS 위성을 통하여 위치 센싱(인식)이 가능해야 한다.

위치 정보는 앱이 시작할 때 바로 주어지지 않을 수도 있다. 위치 제공자가 발견되고 사용될 때까지 잠깐 기다려야 하거나 OnLocationChanged 이벤트를 기다려야 한다.

속성(Properties)

- Accuracy(정확도)
- Altitude(고도)
- AvailableProviders(가능한 공급자)
- CurrentAddress(현재 주소)
- DistanceInterval(거리 간격): 센서가 최신 위치 정보를 보내기 위한 최소 거리 간격(미터 단위)을 결정한다. 예를 들어 만약 5로 설정되었으면 센서는 5미터를 움직인 후에만 LocationChanged 이벤트를 발생시킨다. 하지만 센서는 정확하게 이 거리 간격에서 정보가 갱신되는 것을 보장하지는 않는다. 5미터 경과 후에 이벤트가 발생하는 경우도 있다.
- Enabled
- HasAccuracy
- HasAltitude
- HasLongitudeLatitude
- Latitude(위도)
- Longitude(경도)
- ProviderLocked
- ProviderName
- TimeInterval(시간 간격): 센서가 최신 위치 정보를 보내기 위한 최소 시간 간격(밀리세컨드 단위)을 결정한다. 그러나 위치의 갱신은 실제로 폰이 위치가 변화했을 때만 일어나므로 정해진 시간 간격의 사용은 보장되지 않는다. 예를 들어 10000이 시간 간격으로 사용되었다면 1000ms 전에는 위치 갱신이 절대로 발생되지 않고 1000ms 후에는 언제든지 발생할 수 있다.

- LocationChanged(number latitude, number longitude, number altitude): 새로운 위치가 감지되었음을 나타낸다.

- StatusChanged(text provider, text status): 위치 제공자를 잃어버렸거나 새로운 제공자의 사용과 같이 위치 제공 서비스 상태가 변화되었음을 나타낸다.

- number LatitudeFromAddress(text locationName): 주어진 주소에서 위도를 도출한다.

- number LongitudeFromAddress(text locationName): 주어진 주소에서 경도를 도출한다.

5. NearField

NFC 기능을 제공하는 컴포넌트이다. 지금은 텍스트 태그를 읽고 쓰는 것만 지원한다.(디바이스에서 지원되는 경우)

텍스트 태그를 읽고 쓰기 위해서는 이 컴포넌트의 ReadMode 속성이 각각 참이거나 거짓으로 설정되어 있어야 한다.

 속성(Properties)

- LastMessage
- ReadMode
- TextToWrite
- WriteType

이벤트(Events)

- TagRead(text message): 새로운 태그가 감지되었는지를 나타낸다. 현재로는 식별자에 명시된 대로 일반 텍스트 태그이다. Compiler.java를 보라.

- TagWritten(): TagWritten를 위한 이벤트

6. 방향 센서(OrientationSensor)

휴대폰의 공간적 방향을 결정하는 방향 센서 컴포넌트. 방향 센서는 각도로, 다음의 세 가지 값을 보고하는 화면에 보이지 않는 컴포넌트이다.

- 롤(Roll): 디바이스가 수평일 때 0도이다. 디바이스가 왼쪽 측면으로 기울어지는 정도에 따라 90도까지 증가하고 오른쪽 측면으로 기울어질 때 −90도까지 감소된다.
- 피치(Pitch): 디바이스가 수평일 경우 0도이다. 디바이스의 상단이 아래를 향하도록 기울어지는 정도에 따라 90도까지 증가하고 반대로 하면 0도까지 감소한다. 비슷한 원리로 디바이스의 하단이 아래를 향하도록 기울이는 정도에 따라 −90도까지 감소하고 반대로 하면 0도까지 증가한다.
- 방위각(Azimuth): 디바이스의 상단이 북쪽을 향하고 있으면 0도이다. 동쪽을 향하면 90도, 남쪽을 향하면 180도, 서쪽을 향하면 270도이다. 이 측정은 디바이스 자체는 움직이지 않는다고 가정한다.

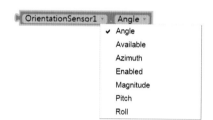

◉ 속성(Properties)

- Available: 방향 센서가 사용할 안드로이드 디바이스에 존재하는지 여부를 나타낸다.
- Enabled: 이 속성이 설정되어 있으면 방향 센서를 사용할 수 있다.
- Azimuth: 디바이스의 방위각을 반환한다.
- Pitch: 디바이스의 피치 각도를 반환한다.
- Roll: 디바이스의 롤 값을 반환한다.
- Magnitude: 디바이스가 얼마나 기울어진가를 나타내는 0에서 1 사이 숫자를 반환한다. 이것은 힘의 크기 디바이스 표면에서 구르는 공이 느끼는 힘의 크기를 말한다.
- Angle: 디바이스가 기울어진 방향의 각도를 반환한다. 즉 디바이스 표면에서 굴러다니는 공이 느끼는 힘의 방향을 말해준다.

Enabled 속성만 디자이너 에디터에서 설정할 수 있다.

◉ 이벤트(Events)

- OrientationChanged(number azimuth, number pitch, number roll): 방향이 바뀌었을 때 불려진다.

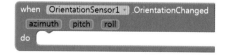

7. 근접 센서(ProximitySensor)

사물과 디바이스의 뷰어 스크린과의 상대적인 근접도 (센치미터 단위)를 측정하는 센서 컴포넌트이다. 이 센서는 휴대폰이 사람의 귀에 가까이 있는지를 결정하기 위해 통상적으로 사용된다. 즉, 사물이 디바이스에 얼마나 멀리 떨어져 있는지를 알 수 있게 한다. 많은 디바이스들이 cm 단위의 절대 거리를 반환하지만 근거리 상태인지 원거리 상태인지를 반환하는 디바이스들도 있다. 이 경우 센서는 일반적으로 원거리 상태의 경우 최대 범위 값을 반환하고 근거리 상태의 경우 더 작은 값을 보고한다. 센서는 다음 값을 보고한다.

• Distance: 사물과 디바이스 사이의 거리

속성(Properties)

• Available: 디바이스에 근접 센서가 존재하는지를 보고한다.
• Enabled: 활성화(enabled) 되어 있으면, 디바이스는 근접 거리의 변화를 수신한다.
• KeepRunningWhenOnPause: 이 값을 참으로 설정하면 앱이 보이지 않는 경우에도, 근접 거리의 변화를 계속 감지한다.
• Distance: 객체와 디바이스와의 거리를 반환한다.
• MaximumRange: 디바이스의 근접 센서의 최대 범위를 보고한다.

이벤트(Events)

• ProximityChanged(number distance): 객체와 디바이스 사이의 거리가 센치미터 단위로 변화가 있을 때 호출된다.

앱 인벤터 2에서 소셜 컴포넌트에 해당하는 컴포넌트들은 다음과 같다.

- 연락처 선택기(ContactPicker)
- 이메일 선택기(EmailPicker)
- 전화 걸기(PhoneCall)
- 전화번호 선택기(PhoneNumberPicker)
- 공유(Sharing)
- 텍스팅(Texting)
- 트위터(Twitter)

1. 연락처 선택기(ContactPicker)

버튼이 클릭되면 연락처의 리스트가 화면에 보이고 그중에서 연락할 사람을 선택할 수 있다. 사용자가 선택한 후에 선택된 연락처의 정보가 다음의 속성에 설정된다.

- ContactName: 연락할 사람의 이름
- EmailAddress: 연락할 사람의 이메일 주소
- Picture: 연락할 사람의 이미지를 담고 있는 파일 이름으로 Image나 imageSprite 컴포 넌트의 Picture 속성으로 사용될 수 있다.

다른 속성들은 TextAlignment, BackgroundColor 등과 같이 버튼의 모양에 영향을 주는 것들과 버튼이 클릭될 수 있는지를 나타내는 것(Enabled)이 있다.

Picking(피킹)은 모든 폰에 지원되는 것은 아니다. 만약 실패하면 알림이 보인다. 디폴트 오류 동작은 Screen.ErrorOccurred 이벤트 처리기로 재정의할 수 있다.

- BackgroundColor: 버튼의 배경색
- ContactName: 연락할 사람의 이름
- EmailAddress: 이메일 주소
- Enabled: 클릭이 될 수 있는지 여부
- FontBold(designer only)
- FontItalic(designer only)
- FontSize(designer only)
- FontTypeface(designer only)
- Height: 높이
- Image: 버튼 이미지 파일의 경로를 지정한다. 만약 이미지와 BackgroundColor 두 가지 값이 다 있으면 이미지만 보일 것이다.
- Picture: 위에서 설명한 내용과 동일하다.
- Shape(designer only): 버튼의 모양을 지정한다(디폴트, 둥근 사각형, 사각형, 타원형). 이미지가 디스플레이되면 모양은 보이지 않는다.
- ShowFeedback: 시각적 피드백이 이미지가 배경인 버튼에 보여줘야 하는지를 지정한다.
- Text
- TextAlignment(designer only)
- TextColor
- Visible: 컴포넌트가 화면에 보일지를 지정한다. 값이 참이면 보이고 거짓이면 숨겨진다.
- Width

빨간 사각형으로 표시한 것은 디자이너 에디터에서만 설정할 수 있는 속성들이다.

- AfterPicking(): 피커 활동이 결과를 반환하고 속성(ContactName, EmailAddress, Picture)들이 채워진 후에 발생되는 간단한 이벤트이다.

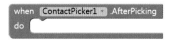

- BeforePicking(): 피커 활동 시작 전에 컴포넌트를 클릭하면 발생되는 간단한 이벤트이다.

· GotFocus(): 버튼 위로 움직이는 커서를 클릭하는 것이 가능하다는 것을 나타낸다.

· LostFocus(): 버튼 밖으로 움직이는 커서는 더 이상 클릭하는 것이 가능하지 않다는 것을 나타낸다.

아래 그림은 피킹이 끝난 후 이벤트 AfterPicking이 발생했을 때 선택된 연락처의 그림과 이름을 버튼의 이미지와 텍스트에 지정하게 하는 블록이다.

🔵▶ 메서드(Methods)

· Open(): 사용자가 클릭했을 때 contactpicker를 연다.

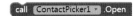

2. 이메일 선택기(E-mailPicker)

이메일 선택기는 텍스트 상자와 같다. 만약 사용자가 연락할 사람의 이름이나 이메일 주소를 입력하면 폰은 입력을 완료하는 선택의 드롭다운 메뉴를 보여준다. 연락처가 많으면 드롭다운이 나타나는 데 몇 초가 걸리고 매치가 계산되는 동안 중간 결과를 볼 수 있다.

텍스트 상자의 최초 내용과 사용자의 입력 후 내용은 텍스트 속성에 있다. 만약 텍스트 속성이 처음에 비어 있는 경우에는 힌트 속성에 있는 내용이 사용자에게 힌트를 주기 위해 희미하게 텍스트 상자에 보일 것이다.

다른 속성들은 TextAlignment, BackgroundColor 등과 같이 버튼의 모양에 영향을 주는 것들과 버튼이 클릭될 수 있는지를 나타내는 것(Enabled)이 있다.

이와 같은 텍스트 상자는 주로 텍스트 입력이 완료되었을 때 버튼을 사용자가 클릭함으로 버튼 컴포넌트와 함께 쓰인다.

◉ 속성(Properties)

- BackgroundColor: 입력 상자의 배경색이다. 디자이너 에디터에서 색의 이름을 사용하여 고르거나 블록 에디터에서 고를 수 있다. 디폴트 배경색 이름은 'default'이고 이것은 음영이 있는 3차원 모양이다.
- Enabled: 사용자가 입력 상자에 텍스트를 입력할 수 있는지 여부를 나타낸다. 디폴트는 참이다.
- FontBold(designer only): 텍스트가 굵게 보일지 여부를 나타낸다. 디폴트는 굵게 보이지 않는 것이다.
- FontItalic(designer only): 텍스트가 이탤릭체로 표시되어야 하는지를 나타낸다. 디폴트는 이탤릭체로 보이지 않는 것이다.
- FontSize: 텍스트의 폰트 크기이다. 디폴트는 14.0 포인트이다.
- FontTypeface(designer only): 텍스트의 폰트이다. 이 값은 디자이너 에디터에서만 변경할 수 있다.
- Height: 높이
- Hint: 사용자가 무엇을 입력해야 하는지 힌트를 입력 상자에 희미하게 보여주는 텍스트이다. 이것은 텍스트 속성이 비어 있을 때만 보인다.
- Text: 입력 상자에 있는 텍스트인데 프로그래머에 의해 디자이너 에디터나 블록 에디터에서 설정할 수 있거나 Enabled 속성이 거짓으로 되어있지 않으면 사용자에 의해 입력된다.

- TextAlignment(designer only): 텍스트가 왼쪽 정렬, 가운데 정렬 또는 오른쪽 정렬인지를 나타낸다. 디폴트는 왼쪽 정렬이다.
- TextColor: 텍스트의 색상이다. 디자이너 에디터에서 이름으로 선택하거나 블록 에디터에서 설정할 수 있다. 디폴트는 검정색이다.
- Visible: 컴포넌트가 화면에 보일지를 지정한다. 참이면 보이고 거짓이면 숨겨진다.
- Width: 너비

◎ 이벤트(Events)

- GotFocus(): 입력을 위해 이 컴포넌트가 사용자가 터치하는 등의 행동으로 선택되었을 때 발생하는 이벤트이다.

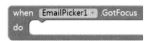

- LostFocus(): 사용자가 다른 박스를 터치하는 등 사용자가 입력을 위해서 더 이상 이 컴포넌트를 사용하지 않을 때 발생하는 이벤트이다.

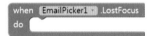

◎ 메서드(Methods)

- RequestFocus(): EmailPicker를 active하게 설정한다.

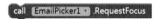

3. 전화 걸기(PhoneCall)

전화를 걸어 통화를 하려고 할 때 이 컴포넌트를 사용한다. PhoneCall은 화면에 보이지 않는 컴포넌트인데 전화번호(PhoneNumber) 속성에 명시된 번호로 전화를 건다. 전화번호 속성은 디자이너나 블록 에디터에서 설정할 수 있다. 앱에서 프로그램 방식으로 전화를 걸기 위해서는 MakePhoneCall 메서드를 사용한다.

이 컴포넌트는 종종 ContactPicker 컴포넌트와 함께 사용하는데, 사용자가 폰에 저장된 연락처에서 선택하여 전화번호 속성을 연락할 사람의 전화번호로 설정한다.

직접 전화번호를 명시하기 위해서는 지정된 숫자로 이루어진 텍스트를(예를 들어 "6505551212") 전화번호 속성에 설정한다. 번호는 하이픈, 마침표, 괄호로 포맷할 수 있는데 하이픈, 마침표, 괄호는 무시된다. 번호의 공백은 포함하지 않는다.

● 속성(Properties)

· PhoneNumber(전화번호): 전화를 걸 번호

● 이벤트(Events)

· IncomingCallAnswered(text phoneNumber): 걸려 오는 전화에 응답했음을 알리는 이벤트. phoneNumber는 수신 전화번호
· PhoneCallEnded(number status, text phoneNumber): 전화 걸기가 끝났음을 알리는 이벤트. status가 1이면 걸려 오는 전화가 부재중이거나 거절됨을 알리고 status가 2이면 걸려 오는 전화가 끊기기 전에 응답되었음을 알리고 3이면 발신 통화가 끊겨졌음을 알린다. phoneNumber는 통화가 끝난 전화번호임.
· PhoneCallStarted(number status, text phoneNumber): 전화 걸기가 시작됨을 알린다. status가 1이면 수신 전화가 울리는 경우이고 2이면 전화를 거는 경우이다. phoneNumber는 수신/발신 통화의 전화번호임.

 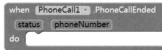 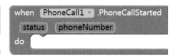

● 메서드(Methods)

· MakePhoneCall(): 컴포넌트의 전화번호 속성에 명시된 번호로 전화한다.

4. 전화번호 선택기(PhoneNumberPicker)

버튼이 클릭되면 연락처의 전화번호 리스트가 화면에 보이고 그중에서 연락할 사람을 선택할 수 있다. 사용자가 선택한 후에 다음의 속성에 선택된 연락처의 정보가 설정된다.

- ContactName: 연락할 사람의 이름
- PhoneNumber: 연락할 사림의 진화번호
- EmailAddress: 연락할 사람의 이메일 주소
- Picture: 연락할 사람의 이미지를 담고 있는 파일 이름으로 Image나 imageSprite 컴포넌트의 Picture 속성으로 사용될 수 있다.

다른 속성들은 TextAlignment, BackgroundColor 등과 같이 버튼의 모양에 영향을 주는 것들과 버튼이 클릭될 수 있는지를 나타내는 것(Enabled)이 있다.

Picking(피킹)은 모든 폰에 지원되는 것은 아니다. 만약 실패하면 알림이 보인다. 디폴트 오류 동작은 Screen.ErrorOccurred 이벤트 처리기로 재정의할 수 있다.

속성(Properties)

- BackgroundColor: 버튼의 배경색
- ContactName
- EmailAddress
- Enabled
- FontBold(designer only)
- FontItalic(designer only)
- FontSize(designer only)
- FontTypeface(designer only)
- Height
- Image
- PhoneNumber
- Picture
- Shape(designer only): 버튼의 모양을 지정한다(디폴트, 둥근 사각형, 사각형, 타원형). 이미지가 디스플레이되면 shapes는 보이지 않는다.
- ShowFeedback: 시각적 피드백이 이미지가 배경인 버튼에 보여줘야 하는지를 지정한다.
- Text

- TextAlignment(designer only)
- TextColor
- Visible: 컴포넌트가 화면에 보일 지를 지정한다. 값이 참이면 보이고 거짓이면 숨겨진다.
- Width

이벤트(Events)

- AfterPicking(): 피커 활동이 결과를 반환하고 속성들이 채워진 후에 발생되는 간단한 이벤트이다.
- BeforePicking(): 피커 활동 시작 전에 컴포넌트가 클릭되면 발생하는 간단한 이벤트이다.
- GotFocus(): 버튼 위로 움직이는 커서를 클릭하는 것이 가능하다는 것을 나타낸다.
- LostFocus(): 버튼 밖으로 움직이는 커서는 더 이상 클릭하는 것이 가능하지 않다는 것을 나타낸다.

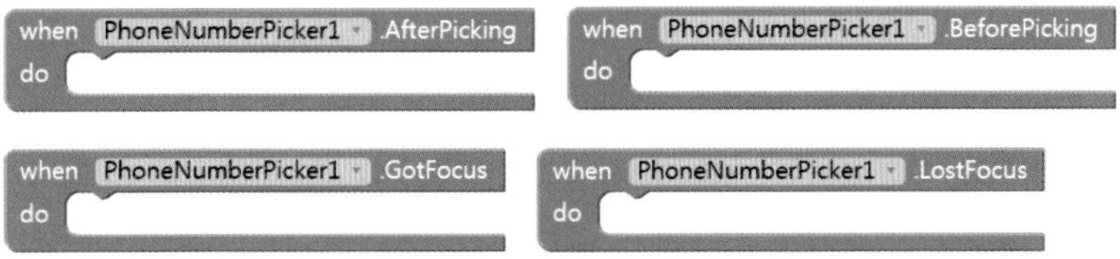

메서드(Methods)

- Open(): 사용자가 클릭했을 때 피커를 연다.

아래 그림은 AfterPicking 이벤트가 일어났을 때 PhoneNumberPicker에 의해 선택된 전화번호를 PhoneCall 컴포넌트의 번호로 지정하여 그 번호로 전화를 걸게 하는 블록이다.

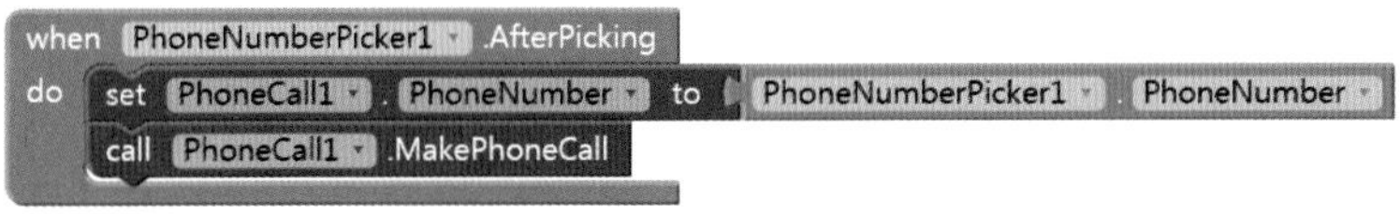

5. 공유(Sharing)

공유 컴포넌트는 화면에 나타나지 않는 컴포넌트인데 앱과 디바이스에 설치된 다른 앱 사이에 파일이나 메시지를 공유할 수 있게 한다.

이 컴포넌트는 제공된 정보를 처리할 수 있는 설치된 앱(메일 앱, 소셜 네트워크 앱, 문자 앱 등)의 리스트를 보여주고 사용자가 공유할 내용을 선택하게 한다.

 메서드(Methods)

· ShareFile(text file): 파일을 폰에 설치된 가능한 앱들과 공유한다. 가능한 앱의 리스트를 보여주고 사용자가 그 중에서 하나를 선택하게 할 수 있다. 삽입된 파일과 함께 선택된 앱이 열린다.

· ShareFileWithMessage(text file, text message): 파일과 메시지를 폰에 설치된 가능한 앱들과 공유한다. 가능한 앱의 리스트를 보여주고 사용자가 그중에서 하나를 선택하게 할 수 있다. 삽입된 파일과 메시지와 함께 선택된 앱이 열린다.

· ShareMessage(text message): 메시지를 폰에 설치된 가능한 앱들과 공유한다. 가능한 앱의 리스트를 보여주고 사용자가 그중에서 하나를 선택하게 할 수 있다. 삽입된 메시지와 함께 선택된 앱이 열린다.

6. 텍스팅(Texting)

SendMessage 메서드가 호출되었을 때 이 컴포넌트는 메시지 속성에 명시된 텍스트 메시지를 전화번호 속성에 명시된 전화번호로 보낸다. 만약 ReceivingEnabled 속성이 1로 설정되었으면 메시지는 수신되지 않는다. ReceivingEnabled 속성이 2로 설정되었으면 메시지는 앱이 실행되고 있을 때만 수신된다. 마지막으로 ReceivingEnabled 속성이 3으로 설정되었다면 앱이 실행되고 있을 경우 수신되고 앱이 실행되지 않을 시 대기상태가 되며 사용자에게 통지한다.

메시지가 도착했을 때 MessageReceived 이벤트가 발생하고 송신번호와 메시지가 메시지를 제공한다.

이 컴포넌트를 포함하는 앱은 비록 이 컴포넌트가 백그라운드 상태에 있는 경우와 심지어 앱이 실행하지 않는 경우에도 앱이 폰에 설치만 되어 있으면 메시지를 수신할 수 있다. 앱이 포그라운드 상태에 있지 않을 때 문자 메시지를 수신하면 폰은 알림바에서 알림을 보여준다. 이 알림을 선택하면 앱을 불러올 것이다. 앱 개발자로서 사용자에게 ReceivingEnabled을 제어할 수 있는 기능을 제공함으로써 사용자가 폰에서 문자 메시지를 무시할 수 있게 할 수 있다.

만약 GoogleVoiceEnabled 속성이 참이면 메시지들은 구글 보이스를 사용하여 Wi-Fi를 통해 전송될 수 있다. 이 옵션은 사용자가 구글 보이스 계정과 모바일 보이스 앱이 폰에 설치되어 있어야 함을 요구한다. 구글 보이스 옵션은 안드로이드 2.0(Eclair) 이상을 지원하는 휴대전화에서만 작동한다.

전화번호(예를 들어 650-555-1212)를 명시하려고 하면 지정된 자리 숫자로 된 텍스트 문자열(예를 들어 6505551212)을 PhoneNumber 속성에 설정한다. 대시(-), 점, 괄호는 포함될 수 있지만(예를 들어 (650)-555-1212) 무시된다. 공백은 포함되지 않을 수 있다.

앱에서 전화번호를 명시하는 또 다른 방법은 사용자가 폰의 연락처에 저장된 전화번호를 선택하게 하는 PhoneNumberPicker 컴포넌트를 포함하는 것이다.

- GoogleVoiceEnabled: 참이면
SendMessage가 구글 보이스를 사용
하여 Wi-Fi를 통해 메시지를 전송하
려고 할 것이다. 구글 보이스 앱이 설
치되어 있어야 하며, 구글 보이스 계
정으로 폰이나 테블릿에서 설정되어
있어야 한다. 만약 이 속성 값이 거짓
이면 디바이스는 이 컴포넌트로 메시
지를 보내거나 받기 위하여 전화와
문자 서비스를 가져야 한다.

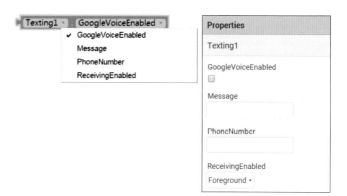

- Message: SendMessage 메서드가 호출되어졌을 때 보내질 메시지이다.
- PhoneNumber: SendMessage 메서드가 호출되어졌을 때 메시지가 보내질 번호. 번호는 지정된 자리 숫자
로 이루어진 텍스트 문자열(예를 들어 6505551212)이다. 대시(-), 점, 괄호는 포함될 수 있지만(예를 들어 (650)-
555-1212) 무시된다. 공백은 포함되지 않을 수 있다.
- ReceivingEnabled: 만약 1(OFF)로 설정되면 메시지가 수신될 수 없다. 2(FOREGROUND)나 3(ALWAYS)으로
설정되면, 컴포넌트는 앱이 실행되고 있는 중이라면 메시지에 응답할 수 있다. 앱이 실행되고 있지 않는 경우 만
약 2(FOREGROUND)로 설정되었으면 메시지가 삭제된다. 3(ALWAYS)으로 설정되었고 앱이 실행되고 있지 않은
경우에 휴대폰에 알림이 보인다. 알림을 선택하면 앱을 불러와 MessageReceived 이벤트를 신호한다. 앱이 휴면
상태인 경우 수신된 메시지는 대기하고 있을 것이다. 앱이 깨어날 때 여러 개의 MessageReceived 이벤트가 나
타날 것이다. 앱 개발자로서 사용자가 이 속성을 통해 제어할 수 있는 것은 좋은 생각이다. 그러므로 앱이 설치되
었을 때 사용자가 휴대폰이 텍스트 메시지를 무시할 수 있게 한다.

이벤트(Events)

- MessageReceived(text number, text messageText): 문자 메시지가 휴대폰에 수신될 때 발생하는 이벤트
이다.

메서드(Methods)

- SendMessage(): 문자 메시지를 보낸다.

call Texting1 ▾ .SendMessage

7. 트위터(Twitter)

트위터를 통해 통신이 가능하게 하는 화면에 보이지 않는 컴포넌트이다. 사용자가 트위터 계정으로 로그인하면(인증은 IsAuthorized 이벤트에 의해 확인된다) 다음과 같은 많은 오퍼레이션들이 가능하다.

- SearchTwitter: 트윗 또는 레이블을 위한 트위터 검색
- Tweet: 트윗을 보낸다.
- TweetWithImage: 이미지와 함께 트윗을 보낸다.
- DirectMessage: 특정 사용자에게 메시지를 바로 보낸다.
- RequestDirectMessages: 로그인한 사용자로부터 보내진 최근의 메시지를 수신한다.
- Follow: 특정 사용자를 팔로우한다.
- StopFollowing: 특정 사용자를 팔로우하던 것을 그만 둔다.
- RequestFollowers: 로그인한 사용자를 따르는 사용자의 리스트
- RequestFriendTimeline: 로그인한 사용자가 따르는 사용자의 가장 최근의 메시지를 얻는다.
- RequestMentions: 로그인한 사용자의 가장 최근의 멘션을 얻는다.

앱의 트위터 인증을 위한 Comsumer Key와 Consumer Secret은 http://twitter.com/oauth에서 얻을 수 있다.

속성(Properties)

- ConsumerKey: OAuth를 통한 트위터 인증을 위해 사용되는 고객 키
- ConsumerSecret: OAuth를 통한 트위터 인증을 위해 사용되는 고객 비밀
- DirectMessages: 이 속성은 로그인한 사용자를 언급한 가장 최근의 메시지들의 리스트를 가지고 있다. 처음에는 빈 리스트이

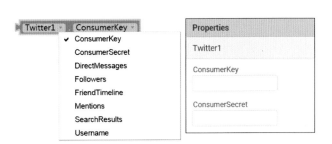

다. 이 리스트를 얻으려면 프로그램의 다음 과정을 따라야 한다.

- Authorize() 메서드들을 호출한다.
- Authorized 이벤트를 기다린다.
- RequestDirectMessages 메서드를 호출한다.
- DirectMessagesReceived 이벤트를 기다린다.
- 이 속성 값이 검색된 메시지들을 리스트로 직접 설정된다. 이 값은 RequestDirectMessages의 다음 호출 때까지 유지된다.

- Followers: 이 속성은 로그인한 사용자의 팔로워들의 리스트를 가진다. 처음에는 빈 리스트이고 이 리스트를 보려면 프로그램의 다음 과정을 따라야 한다.
  - Authorize() 메서드들을 호출한다.
  - IsAuthorized 이벤트를 기다린다.
  - RequestFollowers() 메서드를 호출한다.
  - FollowersReceived 이벤트를 기다린다.
  - 이 속성의 값이 팔로위들이 리스트로 설정된다. 이 값은 RequestFollowcrs()의 다음 호출 때까지 유지된다.

- FriendTimeline: 이 속성은 팔로우되는 사용자들의 가장 최근 20개의 메시지를 포함하는 리스트를 가진다. 이 리스트는 초기에는 비어 있다. 다음 과정을 거쳐야만 볼 수 있다.
  - Authorize() 메서드들을 호출한다.
  - IsAuthorized 이벤트를 기다린다.
  - Follow() 메서드를 하나 또는 그 이상을 호출함으로써 팔로우하는 사용자들을 지정한다.
  - RequestFriendTimeline() 메서드들을 호출한다.
  - FriendTimelineReceived 이벤트를 기다린다.
  - 이 속성 값은 메시지들의 리스트로 설정될 것이며 다음 RequestFriendTimeline()이 불릴 때까지 유지된다.

- Mentions: 이 속성은 로그인한 사용자 멘션들의 리스트를 포함한다. 이 리스트는 초기에 비어 있고 다음 과정을 거쳐야만 얻을 수 있다.
  - Authorize() 메서드들을 호출한다.
  - IsAuthorized 이벤트를 기다린다.
  - RequestMentions 메서드들을 호출한다.
  - MentionsReceived 이벤트를 기다린다.
  - 이 속성 값은 멘션들의 리스트로 설정될 것이며 다음 RequestMentions이 수행될 때까지 유지된다.

- SearchResults: 초기에 빈 리스트였던 이 속성은 다음 프로그램 후 검색 결과 리스트로 설정된다.
  - SearchTwitter 메서드들을 호출한다.
  - SearchSuccessful 이벤트를 기다린다.
  - 이 속성 값은 SearchSuccessful의 매개변수와 같다. 이 속성은 SearchTwitter()를 부르기 전에 Authorize()를 후출할 필요가 없음을 주의하자.

- TwitPic_API_Key: TwitPic에 의해 제공된 이미지 업로드를 위한 API 키
- Username: 인증된 사용자의 계정 이름. 인증된 사용자가 없으면 빈 상태이다.

( ) 이벤트(Events)

- DirectMessagesReceived(list messages): RequestDirectMessages를 통해 요청된 최근 메시지들이 검색되었을 때 발생하는 이벤트이다. 메시지의 리스트는 매개변수 messages 또는 Messages 속성에서 찾을 수 있다.

- FollowersReceived(list followers2): RequestFollowers를 통해 요청된 로그인한 사용자의 팔로우 리스트가 검색되었을 때 발생하는 이벤트이다. 팔로우들의 리스트는 매개변수 followers 또는 Followers 속성에서 찾을 수 있다.
- FriendTimelineReceived(list timeline): RequestFriendTimeline를 통해 요청된 메시지가 검색되었을 때 발생하는 이벤트이다. timeline 매개변수와 Timeline 속성은 각 서브리스트가 폼(username 메시지) 상태의 업데이트를 포함하는 리스트들의 리스트를 가진다.
- IsAuthorized(): Authorize() 부른 후에 인증이 성공적으로 이루어졌을 때 발생하는 이벤트이다. 이미 유효한 접근 토큰이 있다면 CheckAuthorized() 후에 실행될 수도 있다. 이 이벤트가 발생한 뒤에 트위터 컴포넌트의 다른 메서드들이 호출될 수 있다.
- MentionsReceived(list mentions): RequestMentions()을 통해 요청된 로그인한 사용자의 멘션들이 검색되었을 때 발생하는 이벤트이다. 멘션들의 리스트는 매개변수 mentions나 Mentions 속성에서 찾을 수 있다.
- SearchSuccessful(list searchResults): SearchSuccessful()을 통해 요청해서 찾은 결과가 검색되었을 때 발생하는 이벤트이다. 결과들의 리스트는 매개변수 searchResults나 SearchResults 속성에서 찾을 수 있다.

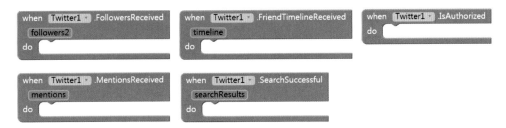

메서드(Methods)

- Authorize(): 아직 인증되지 않았을 때 사용자가 OAuth 프로토콜을 사용하는 웹 브라우저를 통해서 트위터에 로그인하게 한다.
- CheckAuthorized(): 유효한 접근이 이미 있는지 검사한다. 만약 있다면 IsAuthorized 이벤트 처리기가 호출되는 원인이 된다.
- DeAuthorize(): 실행 중인 앱의 트위터 인증을 제거한다.
- DirectMessage(text user, text message): 특정 사용자에게 직접적인(사적인) 메시지를 보낸다. 160자 이상이면 메시지는 잘린다.
  - 요구사항: 사용자가 트위터에 성공적으로 로그인되었음을 가리키는 IsAuthorized 이벤트가 발생한 후에만 호출될 수 있다.
- Follow(text user): 사용자의 팔로잉을 시작한다.

- RequestDirectMessages(): 로그인한 사용자에게 보낸 가장 최근 20개의 직접 메시지를 요청한다. 이 메시지가 검색되었을 때 시스템은 DirectMessagesReceived 이벤트를 발생시키고 DirectMessages 속성을 이 메시지의 리스트로 설정한다.
  - 요구사항: 사용자가 트위터에 성공적으로 로그인되었음을 가리키는 IsAuthorized 이벤트가 발생한 후에만 호출될 수 있다.

- RequestFollowers(): 누가 팔로우하는지를 얻는다.
- RequestFriendTimeline(): 사용자의 타임라인에서 가장 최근 20개의 메시지를 얻는다.
- RequestMentions(): 로그인한 사용자의 가장 최근 20개의 멘션을 요청한다. 이 멘션들이 검색되었을 때 시스템이 MentionsReceived 이벤트가 발생하고 Mentions 속성이 이 멘션의 리스트로 설정된다.
  - 요구사항: 사용자가 트위터에 성공적으로 로그인되었음을 가리키는 IsAuthorized 이벤트가 발생한 후에만 호출될 수 있다.

- SearchTwitter(text query): 주어진 문자열 query를 트위터에서 찾는다.
  - 요구사항: 사용자가 트위터에 성공적으로 로그인되었음을 가리키는 IsAuthorized 이벤트가 발생한 후에만 호출될 수 있다.

- StopFollowing(text user): user에 대한 팔로잉을 멈춘다.
- Tweet(text status): 로그인한 사용자로 160자가 넘지 않는 특정 텍스트를 트윗으로 보낸다.
  - 요구사항: 사용자가 트위터에 성공적으로 로그인됨을 가리키는 IsAuthorized 이벤트가 발생한 후에만 호출될 수 있다.

- TweetWithImage(text status, text ImagePath): 로그인한 사용자로 특정 텍스트와 TwitPic에 업로드된 이미지의 URL을 트윗으로 보낸다. 트윗은 160자 이하여야 하고 이미지가 없거나 유효하지 않으면 텍스트만 트윗된다.
  - 요구사항: 사용자가 트위터에 성공적으로 로그인되었음을 가리키는 IsAuthorized 이벤트가 발생한 후에만 호출될 수 있다.

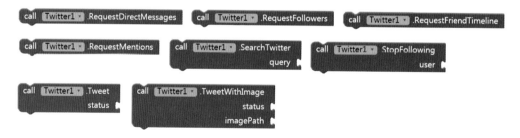

15 | 저장 컴포넌트

저장 컴포넌트에 해당하는 컴포넌트들은 다음과 같다.

- 파일(File)
- 퓨전테이블 제어(FusiontablesControl)
- TinyDB
- TinyWebDB

1. 파일(File)

파일을 검색하거나 저장하기 위해 사용하는 컴포넌트이다. 디바이스에 있는 파일을 읽거나 쓸 때 사용한다. 기본 동작은 앱과 관련된 개인 데이터 디렉토리에 파일을 작성하는 것이다. 쉽게 디버깅하기 위해서 AI(App Inventor) companion은 /sdcard/Appinventor/data 디렉토리에 파일을 작성한다. 파일의 패스가 /로 시작한다면, 파일은 /sdcard 안에 만들어진다. 예를 들어 /myFile.txt 파일은 /sdcard/myFile.txt로 작성되어 진다.

· GotText(text text): 파일의 내용을 읽었을 때 발생하는 이벤트이다.

```
when  File1  .GotText
    text
do
```

• AppendToFile(text text, text fileName): 텍스트를 파일의 끝 부분에 확장한다. 파일이 존재하지 않는다면 파일을 새로 만든다. 파일이 만들어지는 장소에 대해서는 아래 SaveFile 메서드의 설명을 참조하라.

• Delete(text fileName): 저장 장소로부터 파일을 삭제한다. 파일 이름에 /를 가지고 있다면 SD 카드에서 삭제되어 진다. /myFile.txt 파일을 명시하면 /sdcard/myFile.txt가 삭제된다. 파일 이름에 /가 없으면 프로그램의 개인 저장소에 있는 파일이 삭제된다. 애셋 파일은 삭제될 수 없으므로 //로 시작하는 파일의 삭제는 오류이다.

• ReadFrom(text fileName): 저장소에 있는 파일을 읽는다. /로 시작하는 파일은 SD 카드에 있는 파일이다. 예를 들어 /myFile.txt 는/sdcard/myFile.txt 파일을 읽을 것이다. 어플리케이션의 패키지 애셋 파일을 읽기 위해서는 (Companion도 마찬가지) 파일 이름을 //로 시작해야 한다. 파일 이름에 /가 없으면 패키지된 앱은 어플리케이션의 개인 저장소에 있는 파일을 읽고, Companion에서 실행되는 앱은 /sdcard/AppInventor/data에 있는 파일을 읽는다.

• SaveFile(text text, text fileName): 텍스트를 파일에 저장한다. 파일 이름이 /로 시작하면 파일은 SD 카드에 저장된다. 예를 들어 /myFile.txt은 /sdcard/myFile.txt에 저장된다. 파일 이름이 /로 시작하지 않으면 폰의 다른 프로그램이 접근할 수 없는 프로그램의 개인 데이터 디렉토리에 저장된다. AI Companion은 편리한 디버깅을 위해 예외적으로 /sdcard/AppInventor/data에 저장된다. 이 블록은 파일이 이미 존재하는 경우에는 덮어 쓰기 때문에 기존 파일에 내용을 첨가하려면 AppendToFile 블록을 써야 한다.

```
call File1 ▾ .SaveFile
              text ◖
          fileName ◖
```

2. 퓨전테이블 제어(FusiontablesControl)

구글 Fusion Tables와 정보를 주고받는 스크린에 보이지 않는 컴포넌트이다. Fusion Tables은 데이터 테이블을 저장, 공유, 조회, 시각화할 때 사용된다. 이 컴포넌트는 Fusion Tables API V1.0을 사용하여 테이블을 조회, 생성, 수정할 수 있게 한다.

Fusion Tables를 사용하는 어플리케이션은 반드시 구글의 서버에 인증 받아야 하는데 두 가지 방법이 있다. 첫 번째는 개발자에게 주어진 API Key를 사용하는 방법으로 사용자(end-users)는 Fusion Table에 접근하기 위해서 로그인해야 한다.

또 다른 방법은 서비스 인증을 사용하는 것인데, 사용자(end-users)가 로그인 없이 Fusion Tables을 사용할 수 있게 자격증과 "Service Account Email Address" 를 만든다. 이 서비스 계정이 모든 접근을 인증한다.

FusiontablesControl 컴포넌트를 사용하기 위해서는 먼저 구글 드라이브에서 Fusion Table을 만든 후, Table ID와 Table URL을 얻는다. 또한 구글의 Google Applications Programming Interface(API) key를 얻어야 한다.

Fusion Tables 만들기

1. 웹에서 gmail이나 유튜브 같은 구글 서비스에 로그인한다.

2. 구글(https://drive.google.com/)로 가서 빨간색의 new 버튼을 누른 다음 선택 리스트에서 Fusion Table 서비스를 클릭한다. 만약 Fusion Table이 Google Drive Create menu 에 보이지 않으면 "Connect more apps"을 클릭한다. Fusion Table 이 보일 때까지 아래로 스크롤한다. Fusion Table을 클릭하고 + Connect 버튼을 클릭한 다음 OK 를 클릭한다. 다시 new 버튼을 누르면 Fusion Table이 보일 것이다.

3. 새로운 테이블을 위한 여러 가지 선택 사항이 주어지는데, 여기서 "Create empty table"을 선택한다.

4. 4개의 열을 가진 새로운 테이블이 자동으로 만들어진다. 열의 이름은 메뉴 Edit 〉 Change Columns에서 바꿀 수 있다. Edit 〉 Change Columns에서 열을 추가하거나 제거할 수 있다.

5. 오른쪽 위에 있는 Share 버튼을 누르고 테이블의 사용 권한을 수정한다. 사용 권한을 부여받은 사람들만 이 테이블 값을 수정할 수 있다.

6. 다시 테이블로 돌아와 메뉴에서 Tools 〉 Publish를 선택하면 "This table is private and will not be visible"이라는 주의(notice)가 보이는데 "Change Visibility"라는 파란색 글씨를 클릭한다. Sharing 설정 윈도우에서 "Who has access" 리스트의 "Private-Only you can access" 오른쪽 옆에 있는 "Change…"의 파란색 글씨를 클릭한다.

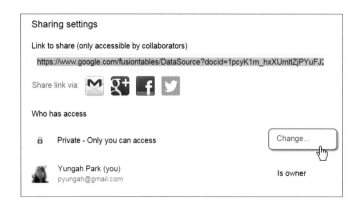

7. "Public on the Web" 또는 "Anyone with the link"를 선택하여 웹이나 링크를 사용하는 모든 사용자가 데이터 값에 접근하도록 한다. 이를 저장하고 완료한다.

8. Fusion Table 페이지의 메뉴에서 다시 Tools 〉 Publish을 선택해서 "Send a link in email or IM" 텍스트 박스의 URL을 복사해둔다. 이것은 TABLE_URL로 쓰인다.

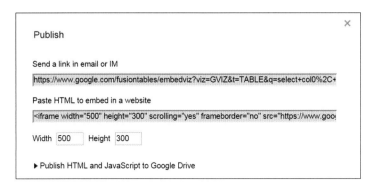

9. Fusion Table 페이지의 메뉴에서 File 〉 "About this table"을 선택하면 테이블 ID를 얻을 수 있다.

Fusion Tables 앱 만들기

Fusion Table을 만든 후 이 테이블을 사용하는 앱을 만들 경우, FusiontablesControl 컴포넌트를 디자이너 에디터에 드래그하고 ApiKey 속성에 Google APIs Console에서 얻은 API Key 값을 넣는다.

■ Google API key를 얻는 방법

1. Google APIs Console(https://code.google.com/apis/console)에 가서 로그인 한다.

2. 왼쪽에 있는 메뉴에서 APIs & auch 선택한 후 APIs를 선택한다.

3. 제공된 리스트에서 Fusion Tables API를 선택한다.

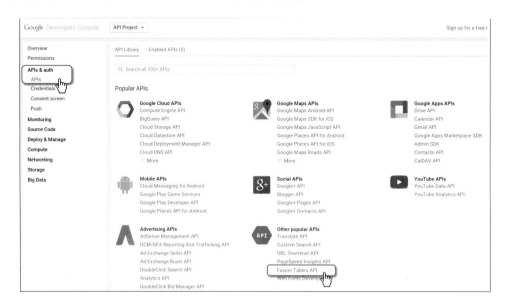

4. "Enable API" 버튼을 눌러서 Fusion Tables API를 사용 가능하게 한다.

5. API key를 생성하기 위해서는 메인 메뉴에서 왼쪽 바에 있는 Credentials을 선택
한다.

6. "Add credentials" 체크 버튼을 클릭한 후 API key를 선택한다. Android key로 선
택하고 Create를 누르면 API key가 만들어진다. 이 값을 FusiontablesControl의
ApiKey 속성에 사용한다.

이 컴포넌트를 사용하기 위해서는 query 속성을 유효한 Fusiontables SQL query로 설정하고 그 query를 실행하기 위해 SendQuery 메서드를 부른다. 앱 인벤터에서는 query를 Fusion Tables 서버에 보내고 서버로부터 결과가 반환되었을 때 GotResult 이벤트 블록이 실행된다. query의 결과는 주로 쉼표로 분리된 값, 즉 CSV 폼으로 반환된다. "list from csv table"이나 "list from csv row" 블록에 의해 리스트 형으로 변환될 수 있다.

query(질의)의 UTF-인코딩에 대해서는 걱정할 필요가 없지만 query는 참조 매뉴얼에 설명된 문법을 따라야 한다. 즉 열의 이름을 대문자화한다거나 빈칸이 있다면 열의 이름에 따옴표를 사용해야 한다.

Fusion Table을 위하여 서비스 인증을 셋업하기 위하여 다음의 추가 단계를 수행해야 한다.

1. Google API Console(https://code.google.com/apis/console)에서 왼쪽에 있는 메뉴에서 APIs & auch 선택한 후 Credentials를 선택한다.

2. "Add credentials" 버튼을 클릭한 후 Service account를 선택히고 Create를 누르면 Client ID와 서비스 계정 이메일 주소가 만들어진다.

3. KeyFile이 자동으로 사용 중인 컴퓨터로 다운로드 된다. 이 파일을 저장하고 장소를 기억해야 한다.

아래 그림처럼 서비스 계정 이메일 등을 알 수 있다. 일단 계정이 만들어졌으면 서비스 계정으로 테이블을 사용할 수 있다.

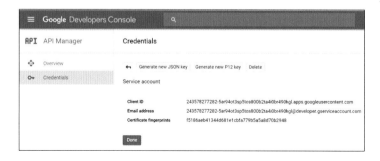

4. 앱 인벤터 디자이너 윈도우에서 FusionTablesControl을 선택한 다음 속성 틀에서 세 번의 과정에서 얻은 ServiceAccount Email 값을 넣고, KeyFile을 업로드하고 UseService Authentication 박스를 선택한다.

5. 마치 Google Doc을 이메일로 공유하듯이 ServiceAccount Email로 공유하고 수정할 수 있는 권한을 사용자에게 준다.

· ApiKey: Google API key를 복사하여 이 속성에 붙여 넣는다.(앞의 API key를 얻는 방법을 참조)

· KeyFile: 서비스 인증을 통해 FusionTables API를 접근하려고 할때 쓰이는 개인 key file의 경로이다.

· Query: Fusion Tables API에 보낼 질의이다. 질의는 참조 매뉴얼에 설명된 문법을 따라야한다.(https:// developers.google.com/fusiontables/docs/v2/reference/) 질의의 UTF-인코딩에 대해서는 걱정할 필요가 없다.

· ServiceAccountEmail: 서비스 인증을 사용하기 위한 서비스 계정 이메일 주소이다.

· UseServiceAuthentication: 인증을 위해 서비스 계정이 사용되어야 함을 알린다.

· GotResult(text result): query의 "result"를 반환하고 Fusion Tables의 query 처리가 완료되었음을 나타낸다. "result"는 주로 CSV 폼으로 반환되고 리스트 폼으로 변환될 수 있다.

· ForgetLogin(): Fusion Tables을 액세스할 때 재인증하도록 하는 절차를 생략하고자 할 때 사용한다.

· GetRows(text tableId, text columns): 지정된 Fusion Tables에서 모든 행을 리턴한다. tableid 필드는 Fusion Tables의 ID이다. 칼럼 필드는 검색할 칼럼들의 쉼표로 구분된 리스트이다.

· GetRowsWithConditions(text tableId, text columns, text conditions): Fusion Tables에서 주어진 조건에 만족하는 모든 행을 리턴한다. tableid 필드는 Fusion Tables의 ID이다. 칼럼 필드는 검색할 칼럼들의 쉼표로 구분된 리스트이다. 조건 필드는 테이블에서 어떤 행들을 검색할지를 지정한다.(예를 들어 특정 열의 값이 null이 아닌 행)

· InsertRow(text tableId, text columns, text values): 지정된 Fusion Tables에서 행을 삽입한다. 칼럼 필드는 값을 삽입할 칼럼들의 쉼표로 구분된 리스트이다. 값 필드는 각 칼럼에 삽입될 값들을 지정한다.

· SendQuery(): Fusion Tables server에 query를 보낸다.

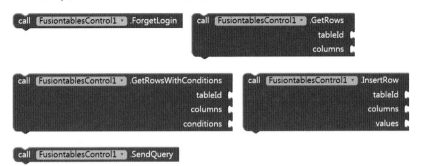

다음 그림은 API Key를 사용하여 퓨전테이블에 값을 삽입하는 query를 정의하고 SendQuery 메서드를 호출하여 서버에 query를 보낸 결과를 텍스트 박스에 입력하는 블록이다.

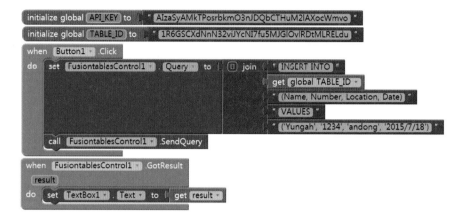

3. TinyDB

TinyDB는 데이터를 저장하기 위한 눈에 보이지 않는 컴포넌트이다. 앱 인벤터를 사용하여 만들어진 앱은 매번 실행될 때마다 초기화된다. 앱이 변수의 값을 설정하더라도 앱이 종료되면 그 변수의 값은 다음에 앱이 실행될 때 기억되지 않는다. 반대로 TinyDB는 앱을 위한 영구적인 데이터 저장소이다. 즉 여기에 저장된 데이터는 앱이 실행될 때마다 사용 가능하다. 예를 들어 게임의 최고점이 저장되고 게임이 플레이될 때마다 검색된다.

데이터 항목은 문자열인데 태그별로 저장된다. 데이터 항목을 저장하려고 하면 그것이 저장되어야 할 태그를 지정해야 한다. 후에 주어진 태그에 저장된 데이터를 검색할 수 있다.

앱마다 하나의 데이터 저장소가 있다. 여러 개의 TinyDB 컴포넌트를 가지고 있다고 해도 같은 데이터 저장소를 사용한다. 분리된 저장소와 같은 효과를 얻기 위해서 다른 키를 사용한다. 각 앱은 고유의 데이터 저장소를 가진다. 비록 멀티스크린 앱에서 다른 스크린 사이의 데이터를 공유하기 위한 TinyDB를 사용할 수 있지만 폰에 있는 두 개의 다른 앱 사이에 데이터를 전달하는 TinyDB를 사용할 수는 없다.

AI Companion을 사용하여 앱을 개발할 때 이 companion을 사용하는 모든 앱은 TinyDB를 공유한다. 이 공유는 일단 앱이 패키지화되면 없어진다. 개발하는 동안 새로운 앱을 시작할 때 매번 TinyDB를 지워야 한다. TinyDB 컴포넌트는 속성과 이벤트가 없다.

( ) 메서드(Methods)

- ClearAll(): 전체 저장된 데이터를 지운다.
- ClearTag(text tag): 주어진 태그의 항목을 지운다.
- any GetTags(): 데이터 저장소의 모든 태그 리스트를 반환한다.
- any GetValue(text tag, any valueIfTagNotThere): 주어진 태그에 저장된 값을 검색한다. 만약 그런 태그가 없다면 "valueIfTagNotThere"을 반환한다.
- StoreValue(text tag, any valueToStore): 주어진 태그에 주어진 값을 저장한다. 앱이 다시 시작되더라도 폰에 계속 저장되어 있다.

다음은 [Button1]을 클릭하면 위치 센서의 현재 주소, 위도 및 경도를 TinyDB에 저장하고 [Button2]를 클릭하면 그 저장한 값들을 화면상에 보이게 하는 블록이다.

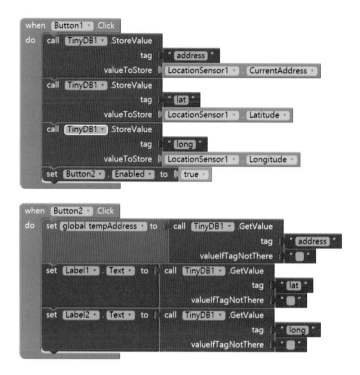

4. TinyWebDB

웹의 데이터베이스에 데이터를 영구적으로 저장하고 검색하려고 할 때 사용하는 컴포넌트로 스크린에 보이지 않는다. 폰 대신에 웹에 데이터가 저장되기 때문에 멀티 플레이어 게임과 같이 폰과 앱 사이의 통신을 용이하게 하기 위해서 TinyWebDB가 사용된다.

TinyWebDB는 앱 인벤터에 의해 제공된 시험서비스(http://appinvtinywebdb.appspot.com/)에 데이터를 저장한다.

◉ 속성(Properties)

• ServiceURL: 웹 서비스의 URL, 디폴트로 주어진 ServiceURL은 http://appinvtinywebdb.appspot.com/이다.

◉ 이벤트(Events)

• GotValue(text tagFromWebDB, any valueFromWebDB): GetValue 서버의 요청이 성공했을 때 사용한다. 주어진 태그와 그에 저장된 값을 리턴한다.
• ValueStored(): StoreValue 서버의 요청이 성공했을 때 사용한다.
• WebServiceError(text message): 웹 서비스와의 통신에 오류가 발생했을 때 사용한다.

◉ 메서드(Methods)

• GetValue(text tag): 주어진 태그에 저장된 값을 얻기 위해 웹 서비스를 요청한다. 주어진 태그에 저장된 값이 없을 경우, 무엇을 반환할지는 웹 서비스에 달려 있다. 이 컴포넌트는 리턴되는 값을 그냥 받아들인다.
• StoreValue(text tag, any valueToStore): 주어진 태그에 주어진 값을 저장하기 위해 웹 서비스를 요청한다.

다음 그림은 위치 센서의 위도 값을 "lat" tag에 web DB에 저장하고 tag "lat"에 저장된 값을 web DB에서 얻기 위한 블록이다. 값을 성공적으로 얻으면 스크린 안의 라벨에 리턴된 tag와 저장된 값을 적어 넣는다.

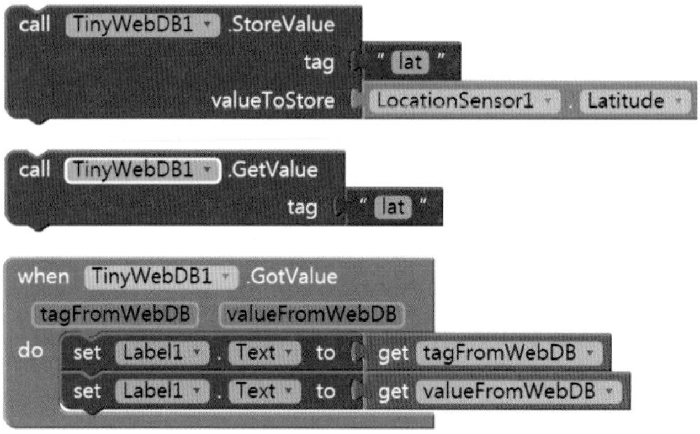

16 | 연결 컴포넌트

연결 컴포넌트에 해당하는 컴포넌트들은 다음과 같다.

- 액티비티 스타터(ActivityStarter)
- 블루투스 클라이언트(BluetoothClient)
- 블루투스 서버(BluetoothServer)
- 웹(Web)

1. 액티비티 스타터(ActivityStarter)

StartActivity 메서드를 사용하여 액티비티를 시작할 수 있는 컴포넌트이다. 액티비티는 아래와 같을 때 시작된다.

- 안드로이드 앱을 위한 앱 인벤터를 시작할 때, 우선적으로 소스 코드를 다운로딩하고 파일 탐색기나 unzip 유틸리티를 사용하여 "youngandroidproject/project.properties" 이름의 파일을 찾음으로써 다른 어플리케이션의 클래스를 찾는다. 그 파일의 첫째 줄은 "main="으로 시작하는데, = 뒤에는 클래스 이름이 뒤 따른다. 예를 들면 main=com.gmail.Bitdiddle.Ben.HelloPurr.Screen1과 같다. 이것은 첫 번째 컴포넌트가 Ben.Bitdiddle@gmail.com에 의해 만들어졌다는 것을 의미한다. ActivityStarter가 이 어플리케이션을 실행하게 하려면 다음과 같은 속성들을 설정하라.
  - ActivityPackage를 클래스 이름에서 마지막 컴포넌트를 뺀 것으로 설정(예를 들어, com.gmail.Bitdiddle.Ben.HelloPurr)
  - ActivityClass를 전체 클래스 이름으로 설정(예를 들어, com.gmail.Bitdiddle.Ben. HelloPurr.Screen1)

- 카메라 어플리케이션은 다음 속성을 아래와 같이 설정하여야만 시작될 수 있다.
  - _ Action: android.intent.action.MAIN
  - _ ActivityPackage: com.android.camera
  - _ ActivityClass: com.android.camera.Camera

- 웹 검색을 수행할 때, 예컨대 찾고자 하는 용어가 "vampire"라면(원하는 대로 바꿀 수 있다) 다음과 같이 속성들을 설정한다.
  - _ Action: android.intent.action.WEB_SEARCH
  - _ ExtraKey: query
  - _ ExtraValue: vampire
  - _ ActivityPackage: com.google.android.providers.enhancedgooglesearch
  - _ ActivityClass: com.google.android.providers.enhancedgooglesearch.Launcher

- 원하는 특정 웹페이지(예컨대, www.facebook.com)를 열려고 한다면(원하는 것으로 바꿀 수 있다) 속성들을 다음과 같이 설정한다.
  - _ Action: android.intent.action.VIEW
  - _ DataUri: http://www.facebook.com

⊛ 속성(Properties)

- Action
- ActivityClass
- ActivityPackage
- DataType
- DataUri
- ExtraKey
- ExtraValue
- Result
- ResultName
- ResultType
- ResultUri

· ActivityCanceled(): 액티비티가 취소되어 ActivityStarter가 리턴 되었을 때 발생하는 이벤트이다.

```
when ActivityStarter1 .ActivityCanceled
do
```

· AfterActivity(text result): ActivityStarter가 리턴 후에 발생할 이벤트이다.

```
when ActivityStarter1 .AfterActivity
result
do
```

· text ResolveActivity(): ActivityStarter에 해당하는 액티비티의 이름을 반환하거나 해당하는 액티비티를 찾을
수 없는 경우 문자열을 반환한다.

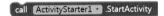

· StartActivity(): ActivityStarter에 해당하는 액티비티를 시작한다.

```
call ActivityStarter1 .StartActivity
```

2. 블루투스 클라이언트(BluetoothClient)

블루투스 클라이언트를 위한 컴포넌트이다.

속성(Properties)

- AddressesAndNames: 쌍으로 된 블루투스 장치의 주소와 이름들을 니디낸다.
- Available: 블루투스를 이 장치에서 사용할 수 있는지 여부를 나타낸다.
- CharacterEncoding
- DelimiterByte
- Enabled: 블루투스가 활성화되었는지 여부를 나타낸다.
- HighByteFirst
- IsConnected
- Secure: 블루투스 2.1 이상인 장치에서 지원하는 SSP(Simple Secure Pairing)를 호출할 수 있는지 여부를 나타낸다. 내장된 블루투스 장치들로 작업할 경우 이 속성은 "False"로 설정해야 할 수도 있다. 안드로이드 2.0~2.2 경우에는 이 속성의 설정은 무시된다.

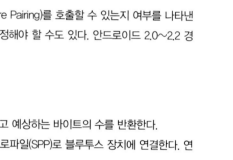

메서드(Methods)

- number BytesAvailableToReceive(): 차단 없이 수신될 수 있다고 예상하는 바이트의 수를 반환한다.
- boolean Connect(text address): 지정된 주소와 시리얼 포트 프로파일(SPP)로 블루투스 장치에 연결한다. 연결이 성공이면 참을 반환한다.
- boolean ConnectWithUUID(text address, text uuid): 지정된 주소와 UUID를 가지고 블루투스 장치에 연결한다. 연결이 성공이면 참을 반환한다.
- Disconnect(): 블루투스 장치의 연결을 끊는다.
- boolean IsDevicePaired(text address): 블루투스 장치가 지정된 주소와 쌍을 이루는지를 체크한다.
- number ReceiveSigned1ByteNumber(): 연결된 블루투스 장치로부터 부호가 있는 1바이트 숫자를 수신한다.
- number ReceiveSigned2ByteNumber(): 연결된 블루투스 장치로부터 부호가 있는 2바이트 숫자를 수신한다.
- number ReceiveSigned4ByteNumber(): 연결된 블루투스 장치로부터 부호가 있는 4바이트 숫자를 수신한다.

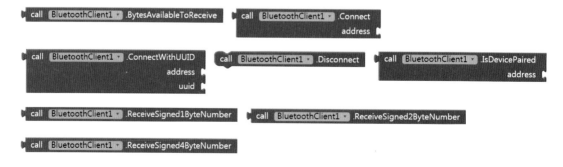

- list ReceiveSignedBytes(number numberOfBytes): 연결된 블루투스 장치로부터 다수의 부호가 있는 바이트 값을 수신한다. 만약 numberOfBytes가 0보다 작다면 구분 문자의 바이트 값이 수신될 때까지 읽는다.
- text ReceiveText(number numberOfBytes): 연결된 블루투스 장치로부터 텍스트를 수신한다. 만약 numberOfBytes가 0보다 작다면 구분 문자의 바이트 값이 수신될 때 까지 읽어라.
- number ReceiveUnsigned1ByteNumber(): 연결된 블루투스 장치로부터 부호가 없는 1바이트 숫자를 수신한다.
- number ReceiveUnsigned2ByteNumber(): 연결된 블루투스 장치로부터 부호가 없는 2바이트 숫자를 수신한다.
- number ReceiveUnsigned4ByteNumber(): 연결된 블루투스 장치로부터 부호가 없는 4바이트 숫자를 수신한다.
- list ReceiveUnsignedBytes(number numberOfBytes): 연결된 블루투스 장치로부터 다수의 부호가 없는 바이트 값을 수신한다. 만약 numberOfBytes가 0보다 적다면 구분 문자 바이트 값이 수신될 때까지 읽어라.

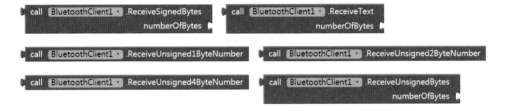

- Send1ByteNumber(text number): 연결된 블루투스 장치에 1바이트 숫자를 보낸다.
- Send2ByteNumber(text number): 연결된 블루투스 장치에 2바이트 숫자를 보낸다.
- Send4ByteNumber(text number): 연결된 블루투스 장치에 4바이트 숫자를 보낸다.
- SendBytes(list list): 연결된 블루투스 장치에 바이트 값들의 목록을 보낸다.
- SendText(text text): 연결된 블루투스 장치에 텍스트를 보낸다.

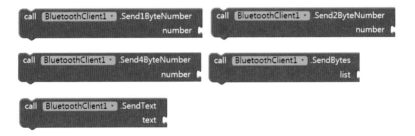

3. 블루투스 서버(BluetoothServer)

블루투스 서버 컴포넌트이다.

속성(Properties)

- Available: 블루투스를 이 안드로이드 디바이스에서 사용할 수 있는지 여부를 알려준다.
- CharacterEncoding: 텍스트를 보내거나 받을 때 사용하는 문자 인코딩이다.
- DelimiterByte: ReceiveText, ReceiveSignedBytes 또는 ReceiveUnsignedBytes 등을 부를 때 매개변수 numberOfBytes 에 음수를 전달할 때 사용하는 분리 바이트이다.
- Enabled: 블루투스가 활성화되었는지 여부를 알려준다.
- HighByteFirst: 높거나 가장 중요한 바이트의 2나 4바이트 숫자를 보내거나 받아야만 할지 여부를 알려준다. 앱 이 통신할 디바이스의 적절한 세팅에 대해서는 설명서를 참조하라. 이 방법은 빅 엔디언(Big endian)으로 알려져 있다.
- IsAccepting: 블루투스 서버 컴포넌트가 들어오는 연결을 받아들일 지 여부를 알려준다.
- IsConnected: 블루투스 연결이 되었는지 여부를 알려준다.

이벤트(Events)

- ConnectionAccepted(): 블루투스 연결이 수락되었을 때 발생하는 이벤트이다.

메서드(Methods)

- AcceptConnection(text serviceName): 시리얼 포트 프로파일(SPP)을 사용하여 들어오는 연결을 수락한다.
- AcceptConnectionWithUUID(text serviceName, text uuid): 특정 UUID를 사용하여 들어오는 연결을 수락한다.
- number BytesAvailableToReceive(): 중단되지 않고 받을 수 있는 바이트들의 추정치를 반환한다.
- Disconnect(): 블루투스 디바이스에서 연결을 끊는다.

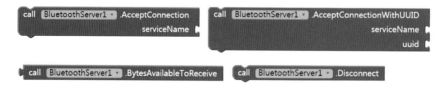

- number ReceiveSigned1ByteNumber(): 연결된 블루투스 장치로부터 부호가 있는 1바이트 숫자를 수신한다.
- number ReceiveSigned2ByteNumber(): 연결된 블루투스 장치로부터 부호가 있는 2바이트 숫자를 수신한다.
- number ReceiveSigned4ByteNumber(): 연결된 블루투스 장치로부터 부호가 있는 4바이트 숫자를 수신한다.
- list ReceiveSignedBytes(number numberOfBytes): 연결된 블루투스 장치로부터 다수의 부호가 있는 바이트 값을 수신한다. 만약 numberOfBytes가 0보다 작다면 구분 문자의 바이트 값이 수신될 때까지 읽는다.

- text ReceiveText(number numberOfBytes): 연결된 블루투스 장치로부터 텍스트를 수신한다. 만약 numberOfBytes가 0보다 작다면 구분 문자의 바이트 값이 수신될 때까지 읽는다.
- number ReceiveUnsigned1ByteNumber(): 연결된 블루투스 장치로부터 부호가 없는 1바이트 숫자를 수신한다.
- number ReceiveUnsigned2ByteNumber(): 연결된 블루투스 장치로부터 부호가 없는 2바이트 숫자를 수신한다.
- number ReceiveUnsigned4ByteNumber(): 연결된 블루투스 장치로부터 부호가 없는 4바이트 숫자를 수신한다.

- list ReceiveUnsignedBytes(number numberOfBytes): 연결된 블루투스 장치로부터 다수의 부호가 없는 바이트 값을 수신한다. 만약 numberOfBytes가 0보다 작다면 구분 문자의 바이트 값이 수신될 때까지 읽어라.
- Send1ByteNumber(text number): 연결된 블루투스 장치에 1바이트 숫자를 보낸다.
- Send2ByteNumber(text number): 연결된 블루투스 장치에 2바이트 숫자를 보낸다.
- Send4ByteNumber(text number): 연결된 블루투스 장치에 4바이트 숫자를 보낸다.

- SendBytes(list list): 연결된 블루투스 장치에 바이트 값들의 목록을 보낸다.
- SendText(text text): 연결된 블루투스 장치에 텍스트를 보낸다.
- StopAccepting(): 데이터 수신을 거부한다.

4. 웹(Web)

HTTP GET, POST, PUT, 및 DELETE 요청을 위한 기능들을 제공하는 보이지 않는
컴포넌트이다.

- AllowCookies: 응답으로부터의 쿠키를 저장하고 다음 요청에 사용해야
  하는지 여부를 나타낸다. 쿠키는 안드로이드 버전 2.3 이상에서 지원된다.
- RequestHeaders: 요청 헤더. 두 가지 요소의 서브리스트로 이루어진
  목록이다. 첫 번째 요소는 요청 헤더의 필드 이름이고 두 번째 요소는 요
  청 헤더의 필드 값인데 이것은 단일 값이거나 여러 값들을 포함하는 리스
  트가 될 수 있다.
- ResponseFileName: 응답이 저장될 파일 이름이다. 만약 SaveResponse 속성이 참이고 ResponseFileName이
  없으면 새로운 파일 이름이 만들어진다.
- SaveResponse: 응답이 파일에 저장될지 여부를 나타낸다.
- Url: Web 요청을 위한 URL

- GotFile(text url, number responseCode, text responseType, text fileName): 요청이 완료되었음을 가
  리키는 이벤트이다.(응답이 파일에 저장되었을 때 실행된다)
- GotText(text url, number responseCode, text responseType, text responseContent): 요청이 완료되
  었음을 가리키는 이벤트이다.(SaveResponse 속성이 거짓일 때 실행된다)

- text BuildRequestData(list list): 이름과 값의 쌍을 나타내는 두 개의 요소 서브리스트로 이루어진 리스트를
  PostText 메서드에 전달하기에 적합한 application/x-www-form-urlencoded 미디어 형으로 포맷된 문자열로 바
  꾼다.
- ClearCookies(): 웹 컴포넌트의 모든 쿠키들을 삭제한다.
- Delete(): Url 속성을 사용하여 HTTP DELETE 요청을 수행하고 응답을 검색한다. 만약 SaveResponse 속성이
  참이면 응답은 파일에 저장되고 GotFile 이벤트가 실행된다. ResponseFileName 속성은 파일의 이름을 지정하는
  데 사용된다. 만약 SaveResponse 속성이 거짓이면 GotText 이벤트가 실행된다.

- Get(): Url 속성을 사용하여 HTTP GET 요청을 수행하고 응답을 검색한다. 만약 SaveResponse 속성이 참이면 응답은 파일에 저장되고 GotFile 이벤트가 실행된다. ResponseFileName 속성은 파일의 이름을 지정하는 데 사용된다. 만약 SaveResponse 속성이 거짓이면 응답은 GotText 이벤트가 실행된다.
- text HtmlTextDecode(text htmlText): 주어진 HTML text 값을 디코드한다. &, <, >, ', &quot와 같은 HTML 문자 개체는 &, 〈, 〉, ', "로 바뀐다. &#xhhhh와 &#nnnn 같은 개체는 해당 문자로 바뀐다.
- any JsonTextDecode(text jsonText): 주어진 JSON으로 인코드된 값을 디코드한다. 이것은 상응하는 앱 인벤터 값을 만들기 위해서이다. JSON 리스트 [x, y, z]는 리스트 (x y z)로 디코드된다. (A:B)로 표시되는 이름 A와 값 B를 가진 JSON 객체는 ((A B)) 리스트로 디코드되는데, 두 개의 요소 리스트 (A B)를 포함하는 리스트이다.
- PostFile(text path): Url 속성과 지정된 파일의 자료를 사용하여 HTTP POST 요청을 수행한다. 만약 SaveResponse 속성이 참이면 응답은 파일에 저장되고 GotFile 이벤트가 실행된다. ResponseFileName 속성은 파일의 이름을 지정하는데 사용된다. 만약 SaveResponse 속성이 거짓이면 응답은 GotText 이벤트가 실행된다.

- PostText(text text): Url 속성과 지정된 텍스트를 사용하여 HTTP POST 요청을 수행한다. 텍스트의 문자는 UTF-8 encoding을 사용하여 인코딩된다. 만약 SaveResponse 속성이 참이면 응답은 파일에 저장되고, GotFile 이벤트가 실행된다. ResponseFileName 속성은 파일의 이름을 지정하는 데 사용된다. 만약 SaveResponse 속성이 거짓이면 응답은 GotText 이벤트가 실행된다.
- PostTextWithEncoding(text text, text encoding): Url 속성과 지정된 텍스트를 사용하여 HTTP POST 요청을 수행한다. 텍스트의 문자는 주어진 인코딩 방법을 사용하여 인코딩된다. 만약 SaveResponse 속성이 참이면 응답은 파일에 저장되고 GotFile 이벤트가 실행된다. ResponseFileName 속성은 파일의 이름을 지정하는 데 사용된다. 만약 SaveResponse 속성이 거짓이면 응답은 GotText 이벤트가 실행된다.
- PutFile(text path): Url 속성과 지정된 파일의 자료를 사용하여 HTTP PUT 요청을 수행한다. 만약 SaveResponse 속성이 참이면 응답은 파일에 저장되고 GotFile 이벤트가 실행된다. ResponseFileName 속성은 파일의 이름을 지정하는데 사용된다. 만약 SaveResponse 속성이 거짓이면 응답은 GotText 이벤트가 실행된다.
- PutText(text text): Url 속성과 지정된 텍스트를 사용하여 HTTP PUT 요청을 수행한다. 텍스트의 문자는 UTF-8 encoding을 사용하여 인코딩된다. 만약 SaveResponse 속성이 참이면 응답은 파일에 저장되고 GotFile 이벤트가 실행된다. ResponseFileName 속성은 파일의 이름을 지정하는 데 사용된다. 만약 SaveResponse 속성이 거짓이면 응답은 GotText 이벤트가 실행된다.

• PutTextWithEncoding(text text, text encoding): Url 속성과 지정된 텍스트를 사용하여 HTTP PUT 요청을 수행한다. 텍스트의 문자는 주어진 인코딩 방법을 사용하여 인코딩된다. 만약 SaveResponse 속성이 참이면 응답은 파일에 저장되고 GotFile 이벤트가 실행된다. ResponseFileName 속성은 파일의 이름을 지정하는 데 사용된다. 만약 SaveResponse 속성이 거짓이면 응답은 GotText 이벤트가 실행된다.

• text UriEncode(text text): URL에 사용될 수 있도록 주어진 텍스트 값을 인코드한다.(부호화한다)

• any XMLTextDecode(text XmlText): 주어진 XML 문자열을 디코드하여 리스트 구조를 만든다.

03

**기본 앱
만들기**

17 | 음성을 인식하여 문자로 출력하기

폰으로 말하면 음성을 인식해서 글자를 화면에 적어 주는 앱을 만들자.

학습내용

• 음성 인식 [SpeechRecognizer] 컴포넌트 활용

학습목표

• 이 앱을 마치면 할 수 있는 것
• 버튼을 누르면 마이크가 음성을 듣고, 인식하여 문자를 출력할 수 있다.
• 버튼 컴포넌트의 사용자 인터페이스 UI 중 버튼의 가로 폭을 변경할 수 있다.
• 음성 인식 [SpeechRecognizer] 컴포넌트를 활용하고 응용할 수 있다.

1. 새 프로젝트 "voiceTalk" 만들기

• 크롬 브라우저 http://appinventor.mit.edu에 접속하여 로그인하고 [Create]를 선택한다.

• 안내를 따라 구글의 ID와 PW로 접속한다.
• 이메일과 비밀번호를 적고 로그인 버튼을 누른다. 만약 계정이 없거나 처음 접속하면 아래 부분의 [가입하기]의 안내를 따라 gmail에 가입한다.

 주의
이메일 적는 부분에는 @를 포함한 전체를 적어야 한다.

- 화면 중간 부분의 [Project]에서 [Start new project...]를 선택한다. [My Projects]에는 내가 만든 앱을 웹 클라우드에 보관하고 인터넷을 통해 어디서든지 사용할 수 있게 한다.

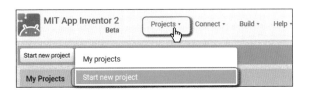

- 앱 프로젝트 이름에 "voiceTalk"을 입력하고 [OK]를 선택한다.

2. 디자이너[Designer]에서 컴포넌트[Component] 준비하기

음성 인식 컴포넌트의 추가

음성 인식 컴포넌트는 [Palette]의 [Media] 그룹에 있다. [SpeechRecognizer]를 마우스로 누르고 끌어서 오른쪽의 [Viewer]− [Screen1]에 놓는다.

버튼의 추가 및 가로 폭을 화면 크기에 맞추기

버튼 컴포넌트를 끌어서 [Viewer]에 넣자. 버튼의 폭을 화면 가로 폭과 같게 한다. 화면의 오른쪽 아래 부분에 폭을 설정하는 [Width]를 누르자. [Fill parent] 앞에 체크를 하고 [OK]를 선택한다.

문장을 화면에 출력하기 위한 [Label] 추가

문장을 화면에 나타내기에 적합한 것은 [Label] 컴포넌트이다. [User Interface]의 [Label]을 마우스로 끌어서 [Screen1]에 놓는다.

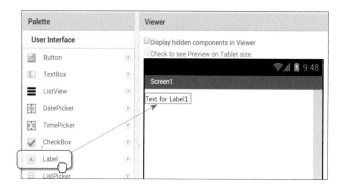

3. 블록[Blocks] 에디터에서 기능 설정하기

버튼을 누르면 음성 인식이 시작되고, 인식된 결과를 화면에 글씨로 출력하는 블록들의 기능을 설정한다. 먼저 화면 오른쪽의 [Blocks]를 선택하여 블록 기능 설정 화면으로 옮긴다.

버튼을 누르면 반응하기

버튼을 누르면 버튼 클릭 이벤트가 발생된다. 이때 사용자 인터페이스를 화면에 출력하고 음성 인식의 결과를 출력한다. 버튼 하나를 추가한다. 버튼[Button1]을 선택하고 [when Button1.Click]을 끌어가 [Viewer] 오른쪽 빈 공간에 넣는다.

음성 인식 모듈 끼워 넣기

버튼을 누르면 음성 인식기가 작동되도록 [callSpeechRecognizer1.GetText] 블록을 [whenButton1.Click] 속에 끼워 넣자. 이 블록은 폰에 녹음하도록 사용자 화면이 출력되는데, 말하는 동안은 녹음하고 일정 기간 쉬면 녹음을 마친다.

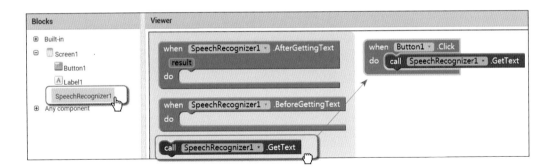

인식된 문장을 출력하기

녹음된 음성을 말로 바꾼 결과를 출력하려면, [Blocks]의 [SpeechRecognizer] 중에 [When SpeechRecognizer1.AfterGettingText] 블록을 끌어다 놓는다. 이 블록은 음성 인식이 끝나면 자동으로 실행된다. 문장을 폰에 출력하기 제일 적합한 블록은 Label이다.

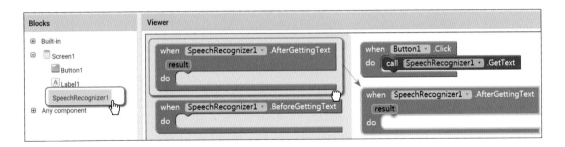

[Blocks]의 [Label1] 블록을 선택하고 [setlabel1.Textto]를 끌어다 [AfterGettingText] 블록 사이에 끼워 넣자.

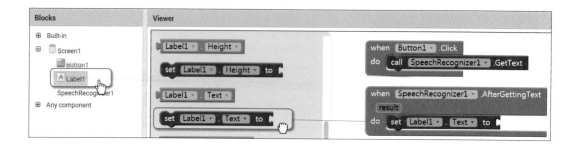

[ScreenRecognizer]를 선택하고 [SpeechRecognizer1.Result]를 끌어다 [set label.Textto]에 끼워 넣자.

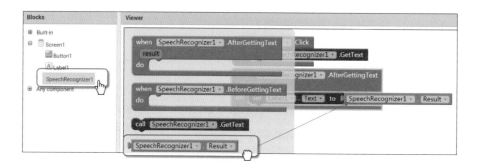

디자인 결과

버튼을 누르면 음성 인식을 시작하고, 말을 멈추면 음성 인식을 정지한다. 음성 인식된 결과 문자를 화면에 출력해주는 디자인 결과이다.

4. 스마트폰으로 테스트하기

QR 코드를 생성하고, 스마트폰 [MIT AI2 Companion]을 실행한 후, QR 코드를 인식한다. 그 후 결과를 테스트해본다.

• 음성 인식을 사용해본다.

문제 음성을 인식해 주는 블록의 이름은 무엇인가?
문제 음성 인식의 종료는 언제 될까요?

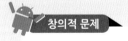

• 음성 인식과 문장 읽기 두 블록을 활용하여 폰에게 말하면 인식하여 출력하는 앱을 작성해보자.

18 | 화면에 버튼 정렬하기

한 줄에 두 개의 버튼 넣기

한 줄에 옆으로 두 개의 버튼을 넣으려면 어떻게 해야 할까? 버튼 두 개를 넣으면 상하로 세로 정렬이 된다. 좌우로 나란히 놓으려면 어떻게 해야 할까?

학습내용

- 두 개의 버튼을 옆으로 배열 할 수 있다.
- 컴포넌트를 폰 화면의 가운데 정렬할 수 있다.
- 블록을 가로 또는 세로로 정렬할 수 있다.

학습목표

- 컴포넌트 옆으로 나열하기
- 화면 중앙에 컴포넌트 나타내기
- 블록의 정렬

1. 새 프로젝트 "horizontal" 만들기

- 크롬 브라우저 http://appinventor.mit.edu에 접속하여 로그인하고 [Create]를 선택한다.
- [Start new project]를 선택한다.
- 앱 프로젝트 이름에 "horizontal"을 입력하고 [OK]를 선택한다.

2. 디자이너[Designer]에서 컴포넌트[Component] 준비하기

스크린의 중간 맞추기

[Properties] 〉 [Screen1] 〉 [AlignHorizontal]에서 ▼을 선택하고 [Center]를 선택한다.
지금부터 모든 컴포넌트는 중간에 온다.

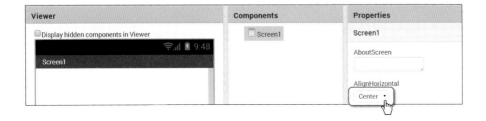

[Layout]에 있는 수평 배열 컴포넌트 추가하기

[Palette] 〉 [Layout] 〉 수평 배열[HorizontalArrangement] 컴포넌트 추가하기

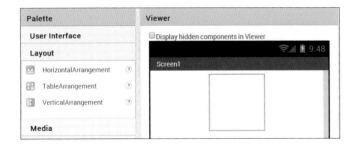

버튼 컴포넌트 두 개 추가하기

팔레트의 [Palette] 〉 [User Interface]에서 버튼[Button] 컴포넌트를 마우스로 끌어
[Viewer]의 [Screen1]에 있는 초록색 박스의 [HorizontalArrangement] 블록 속에 넣
는다.

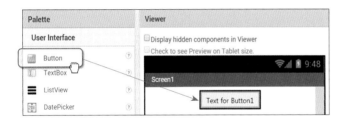

또 다른 버튼을 [Text for Button1] 옆에 넣는다.

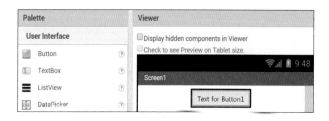

레이블 컴포넌트 추가하기

[Palette] 〉 [User Interface] 〉 레이블[Label] 컴포넌트를 마우스로 끌어서 [Viewer]의
[Screen1]에 올리자.

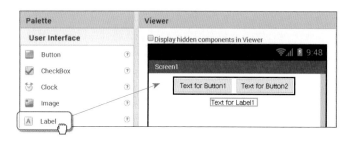

완성된 컴포넌트

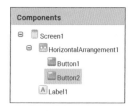

3. 블록[Blocks] 에디터에서 기능 설정하기

버튼을 누르면 진동이 울리도록 블록의 기능을 설정한다. 먼저 화면 오
른쪽의 [Blocks]를 선택하여 블록 기능 설정 화면으로 옮긴다.

첫 버튼에 클릭 이벤트 추가

첫 버튼을 클릭하면 "Hi"가 출력되도록 [Blocks] 〉 [Screen1] 〉 [Button1]을 클릭하고 [when button.Click]을 마우스로 끌어 당겨 Viewer에 놓자.

버튼을 눌러 Hi 출력하기

[Blocks] 〉 [Screen1] 〉 [Label1]을 선택하고 [set Label1.Text to] 블록을 [when button1. Click] 블록 사이에 끼워 넣자.

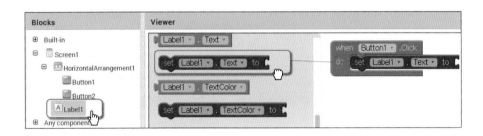

문자열 "Hi" 넣기

[Blocks] 〉 [Built-in] 〉 [Text]를 선택하고, 가장 위에 있는 빈 문자열을 [set Label1.Text to] 옆에 끼워 넣는다.

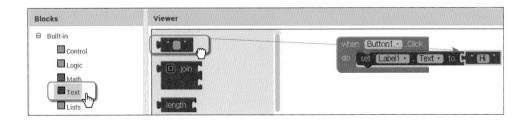

블록 복사와 내용 수정하기

[do] 문자 위에 마우스 커서를 올리고 오른쪽 버튼을 클릭한다. 팝업 메뉴가 나오면 [Duplicate]를 선택한다.

붉은 삼각형 속의 느낌표는 [Button1]이 중복되어서 나온 것인데, 새로 복사된 블록을 아래로 옮겨 [Button1▼]의 역삼각형 ▼을 누르고 [Button2]를 선택한다. 그리고 "Hi"를 "Hello"로 바꾼다.

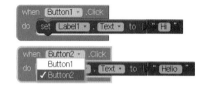

블록 정렬하기

Viewer의 빈칸에 마우스 오른쪽 버튼을 누르면 정렬방법에 적힌 창이 나타난다. [Arrange Blocks Vertically]를 선택한다. 블록들이 세로로 정렬된다.

완성된 블록은 다음과 같다.

4. 테스트하기

에뮬레이터에서 테스트

aiStarter가 실행되어 있다면, 메뉴에서 [Connect]를 누르고 [Emulator]를 선택하고 잠시 기다린다. [왼쪽 버튼]을 누르면 "Hi"가 나오고 [오른쪽 버튼]을 누르면 "Hello"가 나온다.

스마트폰에서 실시간 테스트하기

블록이 완성되면 메뉴에서 [Connect]를 누르고 [AI Companion]을 클릭하여 QR 코드를 만든다. 스마트폰에서 [MIT AI2 Companion]을 실행시켜 실시간으로 테스트한다.

내 폰에 앱 다운받기

메뉴의 [Build]에서 [APP(provide QR code for .apk)]를 클릭하고 QR 코드가 나오면 [QR Droid]를 실행시켜 내 폰에 다운로드하여 설치한다.

- 버튼의 가로 및 세로 정렬은 [Layout]을 활용한다.
- 컴포넌트 블록을 복사하려면 Ctrl+c, 붙여넣기를 하려면 Ctrl+v를 누른다.

문제 가로로 버튼을 정렬할 때 필요한 컴포넌트는 무엇인가?

문제 스크린에 컴포넌트를 중앙 정렬하려면 어떻게 해야 할까?

문제 작성된 블록을 가로로 정렬하려면 어떻게 해야 하나?

- 버튼을 가로는 세 개, 가운데 부분은 세로로 세 개를 배치해 보자.

19 | 덧셈 함수 만들기

두 수를 입력받아 [+] 버튼을 누르면 결과를 출력하는 앱을 만들자.

학습내용

• Procedure 모듈을 활용하여 함수를 만들 수 있다.

• 함수에 대해서 설명할 수 있다.

학습목표

• 함수 만들고 호출하기

1. 새 프로젝트 "functionAdd" 만들기

• 크롬 브라우저 http://appinventor.mit.edu에 접속하여 로그인하고 [Create]를 선택한다.

• [Start new project]를 선택한다.

• 앱 프로젝트 이름에 "functionAdd"을 입력하고 [OK]를 선택한다.

2. 디자이너[Designer]에서 컴포넌트[Component] 준비하기

• [Components]의 [Screen1]을 선택하고 [Properties]에서 [AlignHorizontal] [Center]를 선택한다.

• TextBox 두 개를 넣는다.

- 버튼을 넣는다. 속성의 [Text]에 "+"를 입력한다.
- TextBox 한 개를 넣는다.

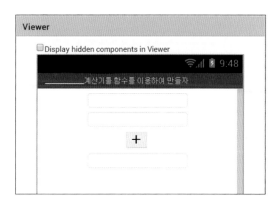

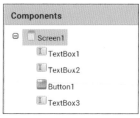

3. 블록[Blocks] 에디터에서 기능 설정하기

- 버튼을 누르면 진동이 울리도록 블록의 기능을 설정한다.
- 먼저 화면 오른쪽의 [Blocks]를 선택하여 블록 기능 설정 화면으로 옮긴다.

함수 만들기

[Blocks] 〉 [Built-in] 〉 [Procedures]를 선택한다. 함수를 만들 수 있는 두 가지 형태가 있다. [result]가 있는 경우는 리턴 값이 있는 경우이다. 함수 이름은 [procedure]를 수정하면 된다. 매개변수는 파란색 사각형을 누르면 추가할 수 있다. 함수를 만들면 자동으로 [Call 함수명]이 생성된다.

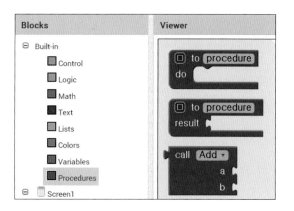

함수 이름을 Add로 하고 푸른색 사각형을 눌러 매개변수를 두 개 추가한 다음 이름을 각각 a, b로 변경한다.

버튼 [when Button1.Click]에 프로그램 연결하기

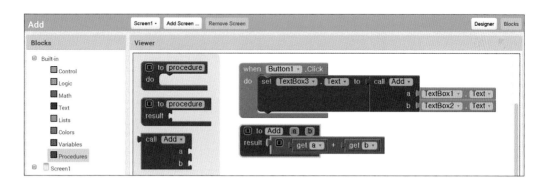

전체 블록은 다음과 같다.

4. 테스트하기

에뮬레이터에서 테스트

aiStarter가 실행되어 있다면, 메뉴에서 [Connect]를 누르고 [Emulator]를 선택하여 잠시 기다린다. 두 수를 입력하고 [+] 버튼을 누르면 계산된다.

스마트폰에서 실시간 테스트하기

블록이 완성되면 메뉴에서 [Connect]를 누르고 [AI Companion]을 클릭하여 QR 코드를 만든다. 스마트폰에서 [MIT AI2 Companion]을 실행시켜 실시간으로 테스트한다.

내 폰에 다운받기

메뉴의 [Build]에서 [APP(provide QR code for .apk)]를 클릭하고 QR 코드가 나오면 [QR Droid]를 실행시켜 내 폰에 다운로드하여 설치한다.

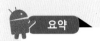
요약

- Procedure 블록으로 함수를 만들 수 있다.
- 함수의 매개변수는 푸른색 사각형을 눌러서 추기할 수 있다.

퀴즈

문제 함수를 작성하거나 작성된 함수가 포함되는 블록은?

문제 함수의 매개변수는 어떻게 추가를 하는가?

문제 리턴 값이 있는 함수의 블록에는 결과가 있는가 없는가?

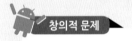
창의적 문제

- 계산한 결과 값을 폰에 저장해 보자.

20 │ 수신 문자에 자동으로 회신하기

운전 중이거나 수업 중에 문자가 오면 자동으로 응답해 주는 앱을 만들어보자.

학습내용

• 문자가 도착하면 자동으로 회신하게 할 수 있다.

학습목표

• Texting 블록으로 문자가 도착하면, 회신 문자를 처리하기

1. 새 프로젝트 "texting" 만들기

• 크롬 브라우저 http://appinventor.mit.edu에 접속하여 로그인하고 [Create]를 선택한다.
• [Start new project]를 선택한다.
• 앱 프로젝트 이름에 "texting"을 입력하고 [OK]를 선택한다.

2. 디자이너[Designer]에서 컴포넌트[Component] 준비하기

버튼 컴포넌트 추가하기

팔레트[Palette]-[Social]의 문자 컴포넌트 [Texting]을 마우스로 끌어 [Viewer]의 [Screen1]에 올린다. Texting은 화면에 나오지 않는 컴포넌트여서 아래 부분으로 들어간다.

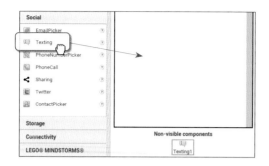

완성된 컴퍼넌트

완성된 컴퍼넌트는 다음과 같다.

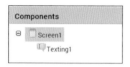

3. 블록[Blocks] 에디터에서 기능 설정하기

화면 오른쪽의 [Blocks]를 선택하여 블록 기능 설정 화면으로 옮긴다.

문자 도착을 인식하는 메서드 추가

[Blocks]의 [Screen1]에 있는 [Texting1]을 클릭하고 [when Texting1.MessageReceived]를 마우스로 끌어 당겨 Viewer에 놓는다.

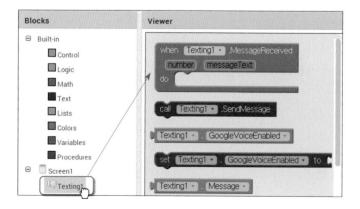

- Texting1에서 [set Texting1.PhoneNumber to]을 do 블록에 끼워 넣는다.
- 마우스를 [number] 위에 잠시 올려 두었다가 나오는 팝업에서 [get number]를 마우스로 이동하여 [set Texting1.PhoneNumber to] 다음에 끼워 넣는다.
- Texting1에서 [set Texting1.Message to] 블록에 [Built-in]의 [Text]에서 [" "] 블록을 끼워 넣는다.
- [" "] 블록의 쌍따옴표 사이에 버튼을 누르고 "지금은 운전 중입니다."를 입력한다.

완성된 블록

4. 스마트폰에서 테스트

실시간 테스트

블록이 완성되면 메뉴에서 [Connect]를 누르고 [AI Companion]을 클릭하여 QR 코드를 만든다. 스마트폰에서 [MIT AI2 Companion]을 실행하고 QR 코드를 찍어 실시간으로 테스트한다. 다른 폰으로 내 폰에 전화를 걸면, 바로 "지금은 운전 중입니다."가 회신된다.

내 폰에 앱 다운받기

메뉴의 [Build]에서 [APP(provide QR code for .apk)]를 클릭하고 QR 코드를 생성한다. 내 폰에서 [QR Droid]를 실행시키고 QR 코드를 찍어 앱을 다운로드하여 테스트한다.

- Texting 블록으로 문자를 보내거나 받을 수 있다.

문제 문자를 보내거나 받는 데 필요한 컴포넌트는 무엇인가?

문제 문자를 보내려면 반드시 [Texting] 블록에서 세 가지 블록이 필요한데 어떤 것일까?

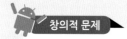

- 문자가 오면 내 폰 번호를 포함하여 회신하도록 해 보자.

Chapter 21

기 본 앱 만 들 기

메시지 박스 꾸미기

Notifier를 이용하여 메시지 박스를 출력하는데, 폰트 크기와 색상 속성을 변경한다.

학습내용

• 메시지 박스를 출력할 수 있다.
• 메시지의 글자 속성을 변경할 수 있다.

학습목표

• 메시지 박스를 출력하는 Notifier의 활용

1. 새 프로젝트 "msgBox" 만들기

• 크롬 브라우저 http://appinventor.mit.edu에 접속하여 로그인하고 [Create]를 선택한다.
• [Start new project]를 선택하고한다.
• 앱 프로젝트 이름에 "msgBox"를 입력하고 [OK]를 선택한다.

2. 디자이너[Designer]에서 컴포넌트[Component] 준비하기

버튼 넣기 및 [Notifier] 컴포넌트 추가한다.

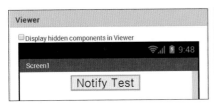

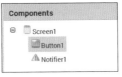

3. 블록[Blocks] 에디터에서 기능 설정하기

화면 오른쪽의 [Blocks]를 선택하여 블록 기능 설정 화면으로 옮긴다.

버튼이 클릭되면 메시지 출력하기를 한다.

```
when  Button1 .Click
do    call  Notifier1 .ShowMessageDialog
              message  ⊙ join  " 안녕<br> <big>큰 글씨</big> "
                              " 또는<br> <small>작은 글씨</small> "
                              " 또는<font color = green>Green</font> "
                 title  " 메시지 박스 "
            buttonText  " OK "
```

4. 테스트하기

스마트폰에서 실시간 테스트하기

메뉴에서 [Connect]를 누르고 [AI Companion]을 클릭하여 QR 코드를 만든다. 스마트폰에서 [MIT AI2 Companion]을 실행시켜 실시간으로 테스트한다.

에뮬레이터에서 테스트

aiStarter가 실행되어 있다면, 메뉴에서 [Connect]를 누르고 [Emulator]를 선택하고 잠시 기다린다.

내 폰에 다운받기

메뉴의 [Build]에서 [APP(provide QR code for .apk)]를 클릭하고 QR 코드가 나오면 [MIT AI2 Companion]를 실행시켜 내 폰에 다운로드하고 앱을 설치한다.

• Notifier로 메시지 박스 출력하기

문제 Notifier에는 일부 HTML 문법을 적용하여 문자를 다양하게 만들 수 있는 가?

정답 적용할 수 있다.

문제 메시지 박스를 출력해 주는 블록의 이름은?

정답 Notifier

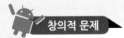

메시지 박스에 글자의 색상은 초록색이고 굵은 글자〈b〉가 나타나게 만들어 보자.

HTML 태그:

〈b〉, 〈big〉, 〈blockquote〉, 〈br〉, 〈cite〉, 〈dfn〉, 〈div〉, 〈em〉, 〈small〉, 〈strong〉, 〈sub〉, 〈sup〉, 〈tt〉, 〈u〉.

색상 바꾸기 예: 〈font color="blue"〉

색상 예: aqua, black, blue, fuchsia, green, grey, lime, maroon, navy, olive, purple, red, silver, teal, white, and yellow.

참고

Notifier와 함께 문자 포맷의 형식을 바꿀 수 있다.

Chapter **22** 기본앱만들기

폰으로 사진 찍어 SNS로 전송하기

카메라로 사진을 찍고, 카카오톡, 밴드, 페이스 북, 이메일 등 소셜 네트워크로 내보내는 어플을 작성해보자.

학습내용

• 폰의 카메라를 활용할 수 있다.
• 촬영한 영상을 소셜 네트워크로 내보낼 수 있다.

학습목표

• Sharing을 통한 소셜 네트워크로 사진 보내기

1. 새 프로젝트 "camSocial" 만들기

• 크롬 브라우저 http://appinventor.mit.edu에 접속하여 로그인하고 [Create]를 선택한다.
• [Start new project]를 선택한다.
• 앱 프로젝트 이름에 "camSocial"을 입력하고 [OK]를 선택한다.

2. 디자이너[Designer]에서 컴포넌트[Component] 준비하기

컴포넌트 선택하기

Button, Camera, Sharing을 선택한다.

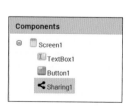

완료된 화면

작성이 완료된 화면은 다음과 같다.

3. 블록[Blocks] 에디터에서 기능 설정하기

화면 오른쪽의 [Blocks]를 선택하여 블록 기능 설정 화면으로 옮긴다.

4. 테스트하기

스마트폰에서 실시간 테스트하기

메뉴에서 [Connect]를 누르고 [AI Companion]을 클릭하여 QR 코드를 만든다. 스마트폰에서 [MIT AI2 Companion]을 실행시켜 실시간으로 테스트한다.

에뮬레이터에서 테스트

aiStarter가 실행되어 있다면, 메뉴에서 [Connect]를 누르고 [Emulator]를 선택하고 잠시 기다린다.

내 폰에 다운받기

메뉴의 [Build]에서 [APP(provide QR code for .apk)]를 클릭하고 QR 코드가 나오면 [MIT AI2 Companion]를 실행시켜 내 폰에 다운로드하고 앱을 설치한다.

• Button, Sharing 및 Camera 컴포넌트를 활용한다.

문제 소셜 네트워크를 작동시키려면 어떤 컴포넌트가 필요할까?

버튼을 누르면 1초간 폰이 '드르륵' 하고 진동하게 한다.

학습내용

• Sound 컴포넌트로 진동을 작동할 수 있다.
• 숫자 값을 활용하여 진동하는 시간을 조절할 수 있다.

학습목표

• 폰 진동시키기
• 버튼 클릭에 진동 동작 연결하기
• 진동 시간을 숫자로 넣기

1. 새 프로젝트 "vibrate" 만들기

• 크롬 브라우저 http://appinventor.mit.edu에 접속하여 로그인하고 [Create]를 선택한다.
• [Start new project]를 선택한다.
• 앱 프로젝트 이름에 "vibrate"을 입력하고 [OK]를 선택한다.

2. 디자이너[Designer]에서 컴포넌트[Component] 준비하기

버튼 컴포넌트 추가하기

팔레트[Palette]-[User Interface]의 버튼[Button] 컴포넌트를 마우스로 끌어서 [Viewer]의 [Screen1]에 옮긴다.

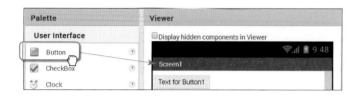

[Media]의 사운드 컴포넌트[Sound] 추가하기

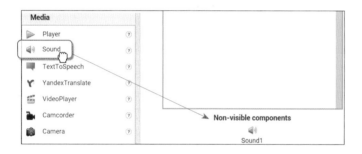

완성된 컴포넌트

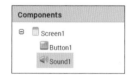

3. 블록[Blocks] 에디터에서 기능 설정하기

버튼을 누르면 진동이 울리도록 블록의 기능을 설정한다. 먼저 화면 오른쪽의 [Blocks]를 선택하여 블록 기능 설정 화면으로 옮긴다.

버튼 클릭 이벤트 추가

버튼을 클릭하면 진동이 작동되도록 [Blocks]의 [Screen1]에 있는 [when Button1.Click]을 마우스로 끌어 당겨 Viewer에 놓는다.

진동 호출하기

[Blocks]에서 전화 걸기 [Sound1] 블록을 선택하고, [call Sound1.Vibrate] 블록을 [when Button1.Click] 블록 사이에 끼워 넣는다.

진동 시간 정하기

[Blocks]에서 [Built-in] 블록의 [Math]를 선택하고, 가장 위에 나오는 [0] 블록을 [call Sound1.Vibrate]의 [millsecs] 옆에 끼워 넣는다.

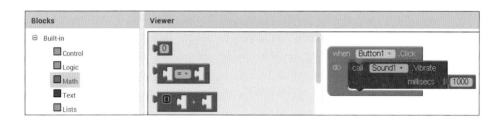

완성된 블록

4. 스마트폰에서 실시간 테스트하기

블록이 완성되면 메뉴에서 [Connect]를 누르고 [AI Companion]을 클릭하여 QR 코드를 만든다. 스마트폰에서 [MIT AI2 Companion]을 실행시켜 실시간으로 테스트한다. 버튼을 누르면 1초 동안 진동을 한다.

5. 내 폰에 다운받기

메뉴의 [Build]에서 [APP (provide QR code for .apk)]를 클릭하고 QR 코드가 나오면 [QR Droid]를 실행시켜 내 폰에 다운로드하여 설치한다. 마지막 스크린의 끝에 앱이 설치된다.

- Sound 컴포넌트는 진동으로도 활용이 가능하다

문제 폰을 진동하려면 필요한 컴포넌트는 무엇인가?

문제 [Control, Logic, Math, Text, Lists, Colors, Variables, Procedures] 중에 숫자를 설정하기에 적합한 컴포넌트는 무엇인가?

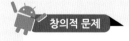

- 폰을 흔들면 진동하도록 변경해보자.

24 | 나침반을 만들어 활용하기

방향 센서의 방위각을 읽어 북쪽을 구분할 수 있도록 나침반의 방향을 화면에 나타내 보자.

학습내용

• 방향 센서의 방위각을 활용하여 나침반을 만들 수 있다.
• 방향 센서에서 방위각, 전후 기울어짐, 좌우 흔들림을 활용할 수 있다.

학습목표

• 방향 센서 활용
• 스크린 제목에 값 나타내기

1. 새 프로젝트 "compass" 만들기

• 크롬 브라우저 http://appinventor.mit.edu에 접속하여 로그인하고 [Create]를 선택한다.
• [Start new project]를 선택한다.
• 앱 프로젝트 이름에 "compass"를 입력하고 [OK]를 선택한다.

2. 디자이너[Designer]에서 컴포넌트[Component] 준비하기

Viewer

나침반 영상을 [Media]에 업로드한다.

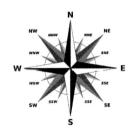

- windrose.png는 나침반 영상의 파일 이름이다. 구글에서 검색하여 다운받자.
- [Drawing and Animation] 〉 [ImageSprite]를 추가한다. [Properties] 〉 [Picture] 〉 "windrose.png" 속성에 이미지를 넣는다.
- [Sensor] 〉 [OrientationSensor] 방향 센서를 추가한다.

완성된 Viewer는 다음과 같다.

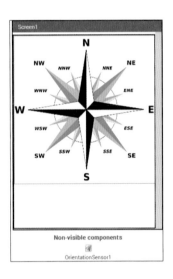

컴포넌트의 구성은 다음과 같다.

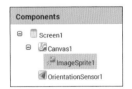

3. 블록[Blocks] 에디터에서 기능 설정하기

화면 오른쪽의 [Blocks]를 선택하여 블록 기능 설정 화면으로 옮긴다.

ImageSprite1을 중심에 놓기

나침반 영상을 화면의 가운데에 놓는다.

화면의 중심

when Screen1 .Initialize
do set ImageSprite1 . X to Canvas1 . Width - ImageSprite1 . Width / 2
   set ImageSprite1 . Y to Canvas1 . Height - ImageSprite1 . Height / 2

방향 바꾸기 및 스크린 제목에 방위각(azimuth) 출력

방위각 쪽으로 나침반 영상의 머리 부분이 향하도록 한다. 방위각은 북쪽과 내 폰의 방향을 나타낸다.

when OrientationSensor1 .OrientationChanged
azimuth pitch roll
do set ImageSprite1 . Heading to get azimuth
   set Screen1 . Title to join "azimuth=" round get azimuth

4. 테스트하기

스마트폰에서 실시간 테스트하기

메뉴에서 [Connect]를 누르고 [AI Companion]을 클릭하여 QR 코드를 만든다. 스마트폰에서 [MIT AI2 Companion]을 실행시켜 실시간으로 테스트한다.

에뮬레이터에서 테스트

aiStarter를 실행하고, 메뉴에서 [Connect]를 누른 다음 [Emulator]를 선택하여 잠시 기다린다. 스마트폰 화면이 뜨면 마우스로 열기를 한다.

내 폰에 다운받기

메뉴의 [Build]에서 [APP(provide QR code for .apk)]를 클릭하고 QR 코드가 나오면, [MIT AI2 Companion]를 실행시켜 내 폰에 다운로드하고 앱을 설치한다.

요약

- 방향 센서(OrientationSensor)로 방위각을 활용하여 나침반 만들기
- 스크린 제목에 방위각 출력하기

퀴즈

문제　방향 센서(OrientationSensor)는 어떤 값을 측정하는가?

문제　방향 센서에서 방위각(북쪽에 대한 폰의 방향)은 어떤 변수로 전달되는가?

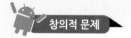

창의적 문제

- 방위각, 기울어짐, 흔들림을 스크린 제목에 출력해보자.

25 | 화면을 긁으면 사진이 나오게 하기

화면을 터치하거나 긁으면 화면 뒤에 숨어 있는 사진이 보이게 하는 앱을 만들어보자.

학습내용

• 캔버스 배경 사진을 넣을 수 있다.
• 함수를 작성할 수 있다.
• 색상에서 투명도를 조절할 수 있다.

학습목표

• 캔버스 배경 사진 넣기
• 색상의 투명도
• 함수 만들기

1. 새 프로젝트 "TouchImage" 만들기

• 크롬 브라우저 http://appinventor.mit.edu에 접속하여 로그인하고 [Create]를 선택
한다.
• [Start new project]를 선택한다.
• 앱 프로젝트 이름에 "TouchImage"를 입력하고 [OK]를 선택한다.

2. 디자이너[Designer]에서 컴포넌트[Component] 준비하기

캔버스를 하나 넣고 영상을 캔버스의 배경으로 올리기

http://jcshim.com/img/je.jpg을 다운로드한다.

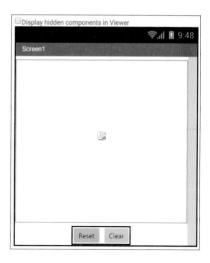

리셋 버튼, 클리어 버튼을 아래 부분에 가로로 넣기

[Layout] 〉 [HorizontalArrangement]를 추가하고 안쪽
에 버튼을 나란히 놓는다.

컴포넌트의 구성은 다음과 같다.

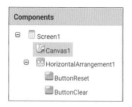

3. 블록[Blocks] 에디터에서 기능 설정하기

사진 위를 흰색으로 모두 덮고, 터치하거나 긁는 부분만 사진이 보이도
록 블록의 기능을 설정한다. 먼저 화면 오른쪽의 [Blocks]를 선택하여
블록 기능 설정 화면으로 옮긴다.

캔버스를 흰색으로 모두 덮고 투명도를 255,255,255,0으로 변경하기

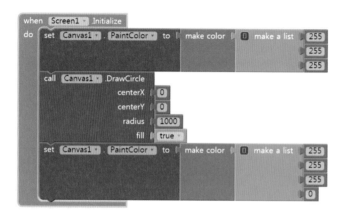

캔버스가 터치되는 지점에 반지름 50픽셀의 원 그리기

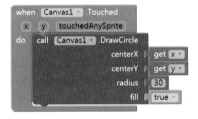

드래그되는 현재 지점에 반지름 50픽셀의 원 그리기

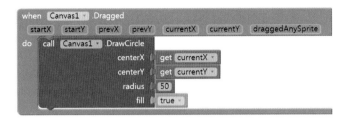

프로시저 만들기

[Canvas]에 흰색으로 채우는 블록은 프로시저로 만들어 반복 사용한다. [Procedures]에서 {to do} 블록을 가져온 다음 이름을 [fill]로 정한다. [when{Screen1}.Initialize]에 있는 블록을 모두 꺼내어 fill 프로시저에 끼운다.

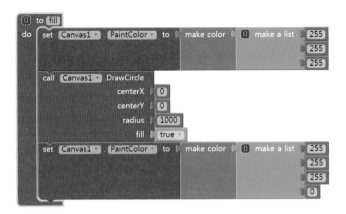

리셋 버튼과 클리어 버튼

[Reset] 버튼을 누르면 다시 흰색으로 채워진다. [Clear] 버튼을 클릭하면 [Canvas1]의 그림이 나타난다.

스크린 초기화

[fill] 프로시저를 만들었으므로 [when {Screen1}. Initialize] 블록에 [call{fill}]을 끼워 넣는다.

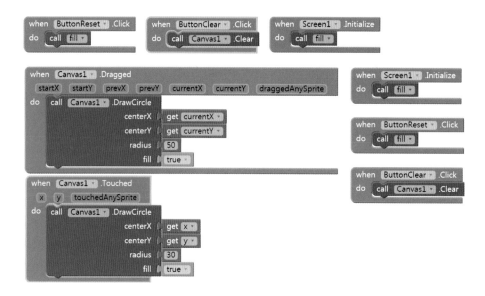

4. 테스트하기

에뮬레이터에서 테스트

aiStarter가 실행되어 있다면, 메뉴에서 [Connect]를 누르고 [Emulator]를 선택하고 잠시 기다린다. 몇 곳을 터치하면 그 부분만 사진이 맑게 나온다. 드래그하면 줄을 따라 사진이 선명하게 나온다.

스마트폰에서 실시간 테스트하기

블록이 완성되면 메뉴에서 [Connect]를 누르고 [AI Companion]을 클릭하여 QR 코드를 만든다. 스마트폰에서 [MIT AI2 Companion]을 실행시켜 실시간으로 테스트한다.

5. 내 폰에 다운받기

메뉴의 [Build]에서 [APP(provide QR code for .apk)]를 클릭하고 QR 코드가 나오면 [QR Droid]를 실행시켜 내 폰에 다운로드하여 설치한다.

• 투명도를 활용하면 커튼을 열어서 창밖의 풍경을 보는 것처럼 만들 수 있다.

문제 색상의 네 번째 값은 무엇을 나타내는가?
정답 투명도

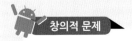

• 내가 원하는 사진을 활용할 수 있도록 한다.

• 웹에 있는 사진을 활용할 수 있도록 한다.

• 사진을 감추는 커튼을 흰색이 아닌 진짜 커튼으로 만든다.

• 사진 위를 흰색으로 덮어두고, 10개만 터치해서 그림이 무엇인지 알아 맞히기 게임을 만들어보자.

스마트폰으로 웹 사이트를 볼 수 있는 앱을 만들어 보자.

학습내용

• 폰에서 홈페이지 웹을 접속할 수 있다.

학습목표

• WebViewer 컴포넌트

[TextBox]에 웹 주소(URL)를 입력하고 [Go] 버튼을 누르면 해당 웹 사이트를 볼 수 있다. [이전으로]와 [다음으로] 버튼을 누르면 바로 전에 접속했던 웹 사이트를 열어볼 수 있도록 한다.

앱 인벤터는 [WebViewer]라고 하는 컴포넌트가 있다. [WebViewer]를 사용하여 웹 페이지나 웹 사이트를 볼 수 있다. 웹을 보려면 Screen1 윈도우에 있는 [Webviewer]를 드래그하고 열어보려고 하는 웹 페이지 주소를 [WebViewer]의 HomeUrl 속성에 설정하면 된다.

1. 새 프로젝트 "web" 만들기

• 크롬 브라우저 http://appinventor.mit.edu에 접속하여 로그인하고 [Create]를 선택한다.
• [Start new project]를 선택한다.
• 앱 프로젝트 이름에 "web"를 입력하고 [OK]를 선택한다.

2. 디자이너[Designer]에서 컴포넌트[Component] 준비하기

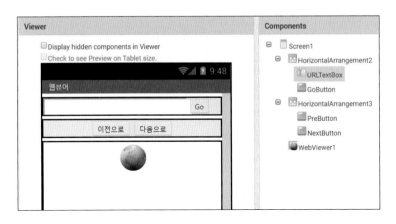

컴포넌트 종류	팔레트	이름 변경	컴포넌트 역할	컴포넌트 설정
HorizontalArrangement1	Layout		URLTextBox와 GoButton을 포함	Width는 Fill Parent
TextBox	User Interface	URLTextBox	검색할 웹 표시	비워 둠
Button	User Interface	GoButton	TextBox에 입력된 웹을 검색	
HorizontalArrangement2	Layout		PreButton과 NextButton을 포함	Width는 Fill Parent
Button	User Interface	PreButton	이전 페이지를 나타냄	
Button	User Interface	NextButton	다음 페이지를 나타냄	
Webviewer1	User Interface		text박스에서 검색된 웹을 표시	

블록 에디터에서 뷰어 윈도우에 HomeURL을 설 정할 수 있다. 그리고 [이전으로]와 [다음으로] 버튼은 [Enabled] 속성의 체크를 해제한다. [Go] 버튼을 누르 면 일단 텍스트 박스에 있는 내용, 즉 URL이 http:// 나 https://를 포함하는지 확인한다. 포함하면 간단히

 주의

웹 주소는 http나 https와 같은 네트워크 프로 토콜을 포함한다. http나 https가 없으면 웹 페 이지를 열 수 없다. http://google.com을 입력 하지 않고 www.google.com을 입력하면 웹 페이지를 열 수 없다. 이 예제 앱에서는 특정 URL을 [Textbox]에 입력하고 [Go] 버튼을 누 르면 웹 페이지가 나타나도록 하였다.

웹 페이지를 불러 올 수 있다. 그렇지 않으면 특정 URL의 시작 부분에 http://를 붙여 준다. 웹 페이지가 나타날 동안 [pervious] 버튼의 Enabled 속성은 true로 설정한다.

3. 블록[Blocks] 에디터에서 기능 설정하기

화면 오른쪽의 [Blocks]를 선택하여 블록 기능 설정 화면으로 옮긴다.

[이전으로] 버튼을 누르면 앞으로 넘어가는 페이지가 되므로 [다음으로]
버튼을 활성화시킨다. 또한 다른 페이지가 [WebViewer] 콤포넌트의 [CanGoBack] 블록
을 사용하여 다시 앞으로 갈 수 있는지 확인한다. [다음으로] 버튼을 누르면 반대로 실
행한다.

```
when  Screen1 .Initialize
do    call  WebViewer1 .GoToUrl
                      url    " http://appinventor.mit.edu/explore/ "
```

```
when  GoButton .Click
do    if    contains text  URLTextBox . Text     or    contains text  URLTextBox . Text
                   piece    " http:// "                        piece    " https:// "
      then  call  WebViewer1 .GoToUrl
                        url    URLTextBox . Text
      else  call  WebViewer1 .GoToUrl
                        url    join  " http:// "
                                     URLTextBox . Text
      set  PreButton . Enabled . to    true
```

```
when  NextButton .Click
do    set  PreButton . Enabled . to    true
      call  WebViewer1 .GoForward
      if    not  call  WebViewer1 .CanGoForward
      then  set  NextButton . Enabled . to    false
```

```
when  PreButton .Click
do    set  NextButton . Enabled . to    true
      call  WebViewer1 .GoBack
      if    not  call  WebViewer1 .CanGoBack
      then  set  PreButton . Enabled . to    false
```

4. 테스트하기

스마트폰에서 실시간 테스트하기

메뉴에서 [Connect]를 누르고 [AI Companion]을 클릭하여 QR 코드를 만든다. 스마트
폰에서 [MIT AI2 Companion]을 실행시켜 실시간으로 테스트한다.

에뮬레이터에서 테스트

aiStarter가 실행되어 있다면, 메뉴에서 [Connect]를 누르고 [Emulator]를 선택하고 잠시 기다린다.

내 폰에 다운받기

메뉴의 [Build]에서 [APP(provide QR code for .apk)]를 클릭하고 QR 코드가 나오면 [MIT AI2 Companion]를 실행시켜 내 폰에 다운로드하고 앱을 설치한다.

· 웹 뷰어 컴포넌트로 쉽게 웹에 접속할 수 있다.

문제   홈페이지에 접속하기 위한 컴포넌트의 이름은 무엇인가?

http://www.appinventorblocks.com/appinventor-tutorials-tips/appinventor-websiteloader-webviewer

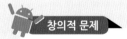

· 버튼을 만들어 그 버튼을 누르면 원하는 웹 페이지가 나타나게 해보자.

27 | 파서 프로시저 이용하기

파서는 문장을 해석하는 것으로 이 앱은 특정한 부분의 문자열을 추출한다. 문자열에서 시작 문장과 끝 문장 사이의 문자열을 찾아 준다.

학습내용

• 문자열에서 필요한 부분을 추출할 수 있다.
• 프로시저를 작성하여 프로그램을 모듈화 할 수 있다.

학습목표

• 함수에 대한 학습
• 문자열의 파싱
• if—else 블록의 활용

1. 새 프로젝트 "parser" 만들기

• 크롬 브라우저 http://appinventor.mit.edu에 접속하여 로그인하고 [Create]를 선택한다.
• [Start new project]를 선택한다.
• 앱 프로젝트 이름에 "parser"를 입력하고 [OK]를 선택한다.

2. 디자이너[Designer]에서 컴포넌트[Component] 준비하기

뷰어

두 개의 Label 컴포넌트를 추가하고 다음처럼 Properties를 변경한다. Screen은 중앙에 맞추고 제목에 "파서 프로시저 예제(start와 end 사이 문장 추출)"를 입력한다.

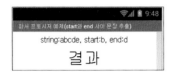 

3. 블록[Blocks] 에디터에서 기능 설정하기

화면 오른쪽의 [Blocks]를 선택하여 블록 기능 설정 화면으로 옮긴다.

스크린 초기화

파서 프로시저를 호출하는데, 변수 3개를 가지고 간다. 결과를 Label에 출력한다.

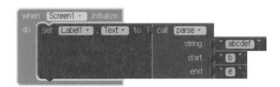

파서(parse) 함수 만들기

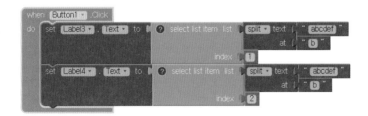

if-then-else는 만약 문자열에 start와 end 문장이 포함되어 있으면 그 가운데 문자열을 추출하여 프로시저가 리턴을 한다.

[{split} text at]은 문자열을 중심으로 두 부분으로 나눈다. 'abcdef'에서 'b'를 중심으로 a와 cdef가 각각 index[1], index[2]에 저장된다. [2]를 선택하면 'cdef'가 되고 'e'를 중심으로 나누면 'cd'와 'f'가 각각 index[1], index[2]에 저장된다. 그 중에 [1]을 선택하면 cd가 선택된다.

4. 테스트하기

스마트폰에서 실시간 테스트하기

메뉴에서 [Connect]를 누르고 [AI Companion]을 클릭하여 QR 코드를 만든다. 스마트폰에서 [MIT AI2 Companion]을 실행시켜 실시간으로 테스트한다.

에뮬레이터에서 테스트

aiStarter가 실행되어 있다면, 메뉴에서 [Connect]를 누르고 [Emulator]를 선택하고 잠시 기다린다.

내 폰에 다운받기

메뉴의 [Build]에서 [APP(provide QR code for .apk)]를 클릭하고 QR 코드가 나오면 [MIT AI2 Companion]를 실행시켜 내 폰에 다운로드하고 앱을 설치한다.

요약

• 문자열의 특정 부분을 분리하는 파서에 대한 학습

• if−else 블록의 활용

퀴즈

문제 다음 블록에서 Label3와 Label4의 출력 결과는 무엇인가?

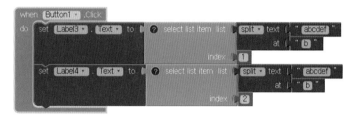

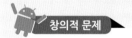

창의적 문제

• 문자열 "goodmorning"을 저장하고 'm'을 기준으로 글자를 분리하여 index[1]
과 index[2]의 문자열을 나타내보자.

28 | 블루투스를 이용해 채팅하기

두 대의 블루투스 기기로 채팅하는 앱을 구현해 보자. 앱을 실행하기 전에 스마트폰의 블루투스를 활성화하고, 두 기기 간에 페어링을 해야 한다. 그 다음 앱을 구동시켜 두 대의 스마트폰으로 채팅을 한다.

학습내용

• 블루투스 서버 및 클라이언트 컴포넌트의 활용

학습목표

• 두 대의 블루투스 기기 간에 채팅을 구현할 수 있다.

1. 새 프로젝트 "BTchat" 만들기

• 크롬 브라우저 http://appinventor.mit.edu에 접속하여 로그인하고 [Create]를 선택한다.

• [Start new project]를 선택한다.

• 앱 프로젝트 이름에 "BTchat"를 입력하고 [OK]를 선택한다.

2. 디자이너[Designer]에서 컴포넌트[Component] 준비하기

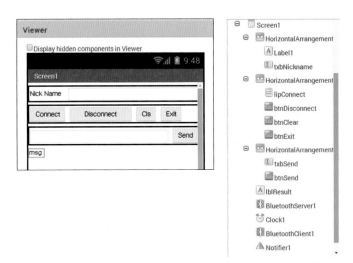

3. 블록[Blocks] 에디터에서 기능 설정하기

화면 오른쪽의 [Blocks]를 선택하여 블록 기능 설정 화면으로 옮긴다.

초기화 작업

전역변수 boolServer의 값에 따라 서버와 클라이언트
중에 하나로 작동하도록 한다. true는 서버, false는
클라이언트로 설정한다.

랜덤번호를 발생하여 명칭을 BT:####로 표시한다.

init 프로시저이다.

메시지를 출력하기 위한 프로시저이다.

리스트에서 블루투스를 선택하기 전에 블루투스를 활성화하는 메시지이다.

기기 선택하고 연결하기

블루투스 리스트 중에 하나를 선택한다.

서버와 연결한다.

```
when  BluetoothServer1 ▼  .ConnectionAccepted
do    call  print ▼
           textToPrint    "  connection accecpted  "
      set  global boolServer ▼  to    true ▼
      set  Screen1 ▼   Title ▼  to    "  Bluetooth chat, Role=Server  "
      call  connected ▼
           trueOrFalse    true ▼
```

타이머를 통해서 데이터가 도착하는지 확인한다.

```
when  Clock1 ▼  .Timer
do    if    get  global boolServer ▼
      then  if    call  BluetoothServer1 ▼  .BytesAvailableToReceive  > ▼  0
            then  call  print ▼
                       textToPrint    call  BluetoothServer1 ▼  .ReceiveText
                                     numberOfBytes    call  BluetoothServer1 ▼  .BytesAvailableToReceive
      else  if    call  BluetoothClient1 ▼  .BytesAvailableToReceive  > ▼  0
            then  call  print ▼
                       textToPrint    call  BluetoothClient1 ▼  .ReceiveText
                                     numberOfBytes    call  BluetoothClient1 ▼  .BytesAvailableToReceive
```

오류 메시지를 출력해 준다.

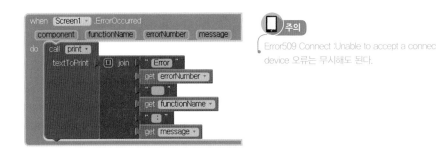

```
when  Screen1 ▼  .ErrorOccurred
      component   functionName   errorNumber   message
do    call  print ▼
           textToPrint    join    "  Error  "
                                 get  errorNumber ▼
                                 "    "
                                 get  functionName ▼
                                 "  :  "
                                 get  message ▼
```

📱 주의

Error509 Connect :Unable to accept a connection form a bluetooth device 오류는 무시해도 된다.

메시지 보내기

```
when  btnSend ▼  .Click
do    call  send ▼
           message    txbSend ▼   Text ▼
```

메시지 지우기 버튼이다.

```
when btnClear .Click
do  set lblResult . Text . to   " msg "
```

연결 끊기 버튼이다.

```
when btnDisconnect .Click
do  call disconnect
```

종료 버튼이다.

```
when btnExit .Click
do  call disconnect
    close application
```

연결 끊기 프로시저이다.

```
to disconnect
do  call print
        textToPrint   join txbNickname . Text .
                           " Disconnected "
    if   get global boolServer .
    then call BluetoothServer1 . .Disconnect
    else call BluetoothClient1 . .Disconnect
    call connected .
        trueOrFalse   false .
    call init .
```

전체 블록들이다.

4. 테스트하기

스마트폰에서 실시간 테스트하기

메뉴에서 [Connect]를 누르고 [AI Companion]을 클릭하여 QR 코드를 만든다. 스마트
폰에서 [MIT AI2 Companion]을 실행시켜 실시간으로 테스트한다.

에뮬레이터에서 테스트

aiStarter가 실행되어 있다면, 메뉴에서 [Connect]를 누르고 [Emulator]를 선택하고 잠
시 기다린다.

내 폰에 다운받기

메뉴의 [Build]에서 [APP(provide QR code for .apk)]를 클릭
하고 QR 코드가 나오면 [MIT AI2 Companion]를 실행시켜
내 폰에 다운로드하고 앱을 설치한다.

주의

Error509 Connect :Unable to accept
a connection form a bluetooth
device 오류는 무시해도 된다.

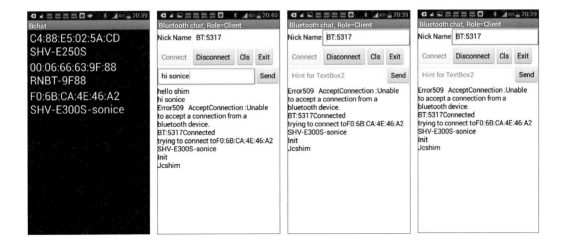

- 블루투스 채팅 앱의 구현
- 블루투스 컴포넌트는 블루투스 서비 컴포넌트와 블루투스 클라이언트 킴포넌트가 있다.
- 블루투스 앱을 작동시킬 때는 스마트폰의 블루투스를 켠다.

문제 블루투스 기기간의 통신을 위해 서로 연결하는 과정을 무엇이라고 하는가?

29 | 이메일 전송 앱 만들기

이메일을 보내는 앱을 만들어 보자. 수신자, 제목, 내용을 적고 [보내기] 버튼을 누르면 이메일이 보내진다. 액티비티 스타터를 활용하지 않아도 이메일 보내기를 쉽게 할 수 있지만, 여기서는 액티비티 스타터 활용 방법을 학습한다.

학습내용

• ActivityStarter를 이용하여 이메일을 보낼 수 있다.

학습목표

• ActivityStarter를 이용한 이메일 보내기

1. 새 프로젝트 "sendEmail" 만들기

• 크롬 브라우저 http://appinventor.mit.edu에 접속하여 로그인하고 [Create]를 선택한다.
• [Start new project]를 선택한다.
• 앱 프로젝트 이름에 "sendEmail"을 입력하고 [OK]를 선택한다.

2. 디자이너[Designer]에서 컴포넌트[Component] 준비하기

텍스트 박스 넣기

문자를 입력할 수 있는 텍스트 박스[TextBox] 3개를 넣고 크기를 조절한다. 텍스트 박

스의 이름은 [address], [subject], [Text]로 변경한다. 버튼을 하나 넣고 이름을 [Send]로 바꾸고 Text도 [Send]로 표시한다.

3. 블록[Blocks] 에디터에서 기능 설정하기

버튼을 누르면 진동이 울리도록 블록의 기능을 설정한다. 먼저 화면 오른쪽의 [Blocks]를 선택하여 블록 기능 설정 화면으로 옮긴다.

[when {Screen1}.Initialize]에 기본적인 주소와 제목과 내용을 넣자.

```
when Screen1 .Initialize
do   set address . Text  to  " jcshim@andong.ac.kr "
     set subject . Text  to  " Hi "
     set text . Text  to  " How are you doing? "
```

[when {send}.Click]에 ActivityStarter1의 Action과 DataUri를 연결하고, ActivityStarter1의 StartActivity를 호출한다. [set {ActivityStarter1}.{Action} to]에 텍스트 상자를 넣고 "android.intent.action.VIEW"를 입력한다. [set {ActivityStarter1}.{DataUri} to]에 텍스트에서 [join]을 연결하고 다음과 같이 블록을 완성한다.

```
when send .Click
do   set ActivityStarter1 . Action  to  " android.intent.action.VIEW "
     set ActivityStarter1 . DataUri  to  join  " mailto: "
                                               address . Text
                                               " ?subject= "
                                               subject . Text
                                               " &body= "
                                               text . Text
                                               " ₩n₩nsend by the Jaechang as test "
     call ActivityStarter1 . StartActivity
```

4. 테스트하기

에뮬레이터에서 테스트

aiStarter가 실행되어 있다면, 메뉴에서 [Connect]를 누르고 [Emulator]를 선택하고 잠시 기다린다. [Send] 버튼을 누르면 내 폰의 이메일 보내기 화면에 내용이 나온다. 내 폰의 [메일 보내기] 버튼을 누른다.

스마트폰에서 실시간 테스트하기

블록이 완성되면 메뉴에서 [Connect]를 누르고 [AI Companion]을 클릭하여 QR 코드를 만든다. 스마트폰에서 [MIT AI2 Companion]을 실행시켜 실시간으로 테스트한다.

내 폰에 다운받기

메뉴의 [Build]에서 [APP(provide QR code for .apk)]를 클릭하고 QR 코드가 나오면 [QR Droid]를 실행시켜 내 폰에 다운로드하여 설치한다.

 • ActivityStarter를 이용하여 이메일을 보낸다.

문제 이 메일을 보내려면 필요한 컴포넌트는 무엇인가?

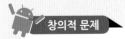

 • 사진 또는 첨부 파일이 있는 경우 첨부 파일을 이메일을 통해 보내보자.

30 | 사진을 선택하여 출력하기

버튼을 누르면 사진을 선택하고, 선택된 사진을 불러오며 폴더도 출력해주는 액티비티 스타터를 활용하여 실습해 보자.

학습내용

• ActivityStarter의 활용

학습목표

• ActivityStarter로 사진을 불러 올 수 있다.

1. 새 프로젝트 "FindImage" 만들기

• 크롬 브라우저 http://appinventor.mit.edu에 접속하여 로그인하고 [Create]를 선택한다.
• [Start new project]를 선택한다.
• 앱 프로젝트 이름에 "FindImage"를 입력하고 [OK]를 선택한다.

2. 디자이너[Designer]에서 컴포넌트[Component] 준비하기

• 사진 가져오기 버튼, 사진이 위치한 폴더를 출력할 Label을 추가한다.
• ActivityStarter를 추가한다.

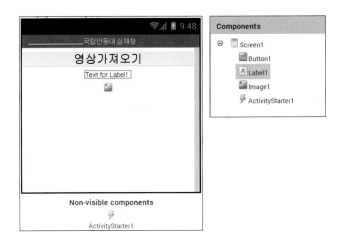

3. 블록[Blocks] 에디터에서 기능 설정하기

먼저 화면 오른쪽의 [Blocks]를 선택하여 블록 기능 설정 화면으로 옮긴다.

Button1 클릭

블록에서 [Button1]을 클릭하여 다음 그림과 같이 블록을 만든다. [set {ActivityStarter1}. {Action} to]를 끌어와서 [Button1] 블록에 끼우고 [Text]에서 [text] 입력 블록을 가져와 서 "android.intent.action.PICK"을 입력한다. [set {ActivityStarter1}.{Action} to]를 끌어 와 끼우고 [text] 블록에 "image/*"를 입력한다.

```
when  Button1 ▼  .Click
do    set  ActivityStarter1 ▼ . Action ▼  to (  " android.intent.action.PICK "
      set  ActivityStarter1 ▼ . DataType ▼  to (  " image/* "
      call ActivityStarter1 ▼ .StartActivity
```

AfterActivity 설정

[when {ActivityStarter1}.AfterActivity]를 끌어온다. [set {Label1}.{Text} to]와 [set {Image1}.{Picture} to]를 그림과 같이 끼운다. [Text] 블록에서 [join]을 가져와 [text] 에 "path to image="를 끼우고 [ActivityStarter1. ResultUri]를 연결한다. [set {Image1}.

{Picture} to]에 [ActivityStarter1. ResultUri]를 연결한다.

4. 테스트하기

에뮬레이터에서 테스트

aiStarter가 실행되어 있다면, 메뉴에서 [Connect]를 누르고 [Emulator]를 선택하고 잠시 기다린다. 버튼을 누르고 사진을 선택하면, 선택된 사진의 폴더와 사진이 폰에 출력된다.

스마트폰에서 실시간 테스트하기

블록이 완성되면 메뉴에서 [Connect]를 누르고 [AI Companion]을 클릭하여 QR 코드를 만든다. 스마트폰에서 [MIT AI2 Companion]을 실행시켜 실시간으로 테스트한다.

내 폰에 다운받기

메뉴의 [Build]에서 [APP(provide QR code for .apk)]를 클릭하고 QR 코드가 나오면 [QR Droid]를 실행시켜 내 폰에 다운로드하여 설치한다.

요약

• ActivityStater로 사진 불러 오기

퀴즈

문제 (　　　　　)로 사진을 불러 올 수 있다?

정답 ActivityStarter

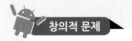

창의적 문제

• [메일 보내기] 버튼을 추가해서 불러 온 사진을 이메일로 보낸다.

04

고급 앱 만들기

학습내용

- 리스트 변수 선언과 활용
- ListPicker의 사용
- TinyDB를 통한 자료 저장

학습목표

- 리스트 형태의 전역변수를 선언하고 활용할 수 있다.
- ListPicker를 사용하여 삭제할 항목을 선택할 수 있다.
- TinyDB를 사용하여 앱을 종료한 후에도 목록을 계속 저장하도록 할 수 있다.

1. 메모 노트 앱 만들기

여러 개의 메모를 입력하고, 입력된 순서대로 메모 내용을 읽을 수 있는 간단한 앱을 만들어 보자. 쇼핑 리스트, 오늘의 할 일, 통화 중 건네받은 전화번호 등을 스마트폰에 쉽고 편리하게 메모하여 저장해두었다가 앱을 실행할 때마다 이 항목들을 확인할 수 있고, 또 새로운 내용을 추가로 입력하고 필요 없는 내용은 삭제할 수 있도록 한다. 지금부터 http://appinventor.mit.edu에 접속하여 새 프로젝트 "MemoNote"를 만들어 보자.

2. 화면 디자인하기

메모 노트 앱을 만들기 위하여 다음 그림과 같이 화면을 디자인한다. 이 앱에서 반드시 필요한 컴포넌트들은 Text Box, Button, Label, ListPicker, TinyDB, Clock이다.

[NoteTextBox]라는 이름을 가진 TextBox는 메모할 내용을 입력하는 곳으로 너비는 'Fill Parent'로, 높이는 원하는 만큼 적당히(여기에서는 50픽셀) 설정한다. 단, 메모할 내용이 다소 길 경우에 대비하여 MultiLine 속성에 체크를 표시하고, 사용자의 편의성을 위하여 '여기에 메모할 내용을 입력하세요.'라는 힌트를 출력하도록 한다. [NoteTextBox]에 메모할 내용을 입력한 후 [SubmitButton]을

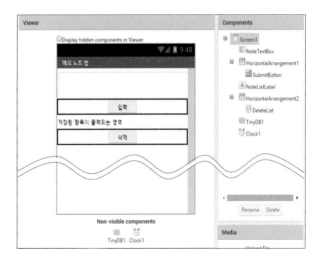

누르면 입력된 내용이 데이터베이스에 저장된다. 이 앱이 효과적으로 작동하려면 입력한 메모 내용은 반드시 데이터베이스에 저장되어야 하며, 그렇지 않을 경우 앱이 종료되면 입력한 내용을 모두 잃게 된다. 이를 위하여 팔레트의 [Storage] 그룹에서 [TinyDB]를 선택하여 스크린 안으로 끌어넣는다.

[NoteListLabel]이라는 이름을 가진 Label에는 [TinyDB]에 저장된 메모 내용들이 최근에 저장된 순서대로 출력되며, [DeleteListPicker]를 클릭하면 저장된 내용 중에서 삭제할 항목을 선택할 수 있도록 한다.

컴포넌트 종류	팔레트	이름 변경	역할	컴포넌트 설정
TextBox	User Interface	NoteTextBox	메모할 내용을 입력하는 곳	Height: 50 pixels Width: Fill Parent hint: 여기에 메모할 내용을 입력하세요. MultiLine: 체크
Horizontal Arrangement	Layout	Horizontal Arrangement1	[SubmitButton]을 포함	Width: Fill Parent, AlignHorizontal: Center
Button	User Interface	SubmitButton	[입력] 버튼	Width: 70 pixels Text: 입력
Label	User Interface	NoteListLabel	데이터베이스에 저장되어 있는 메모들을 최근에 입력된 순서대로 표시하는 영역	Text: 저장된 항목이 출력되는 영역
Horizontal Arrangement	Layout	Horizontal Arrangement2	[DeleteListPicker]를 포함	Width: Fill Parent, AlignHorizontal: Center
ListPicker	User Interface	DeleteListPicker	삭제할 메모 항목을 선택	Text: 삭제
TinyDB	Storage	TinyDB1	입력된 메모 내용들을 저장	
Clock	Sensors	Clock1	메모 내용이 입력된 시간을 기록	

3. 기능 설정하기

메모를 입력하고 역순으로 출력하기

입력한 메모 내용들을 저장하려면 리스트
형태의 전역변수가 필요하다. 이를 위하여
Built-in 영역의 Variables를 클릭하고 [initialize golbal {name} to] 블록을 Viewer 영역
으로 끌어넣은 다음 {name}을 {MemoList}로 수정한다. 그리고 List에서 [create empty
list] 블록을 끌어와서 전역변수 MemoList 생성 블록의 오른쪽에 끼워 넣는다. 변수
MemoList는 사용자가 입력한 메모들을 리스트로 저장하는 데 사용할 것이다.

[SubmitButton]을 클릭하면 [NoteTextBox]
에 입력한 내용을 MemoList라는 변수에
추가 저장하도록 한다. 어떤 리스트에 새
로운 항목을 추가해 주는 기능을 가진 것
은 List 블록 중의 하나인 [add items to list]이므로 블록을 다음과 같이 구성하면 된다.

변수 MemoList에 저장된 항목들을 [NoteListLabel]에 표시하여 사용자가 메모 내용을
확인할 수 있도록 한다.

이제 휴대폰이나 에뮬레이터를 통해
지금까지 만든 블록들이 어떻게 작동
하는지 테스트한다. [NoteTextBox]에
내용을 입력하고 [SubmitButton]을 누
르면 입력된 내용들이 [NoteListLabel]
에 순차적으로 출력될 것이다. 그러나 [NoteTextBox]에 마지막으로 입력한 내용이 여
전히 남아 있으면 다음에 내용을 입력할 때 이전에 입력한 내용을 지우고 입력해야 하
므로 불편하다. [SubmitButton]을 눌러 입력한 내용을 변수 MemoList에 저장하였다면
[NoteTextBox]를 깨끗이 비우도록 한다.

[NoteListLabel]에 최근에 입력한 순서대로 메모 항목들을 표시하려면 MemoList에 메모 내용뿐만 아니라 메모가 입력된 시간 정보도 함께 저장되어야 한다. 그러기 위해서는 [add items to list] 블록의 item에 들어 있던 [NoteTextBox.Text] 블록을 떼어내고 여러 개의 내용을 묶어서 한 번에 넣을 수 있는 join 블록을 이용해서 메모 내용과 메모가 입력된 시간 정보를 함께 저장한다.

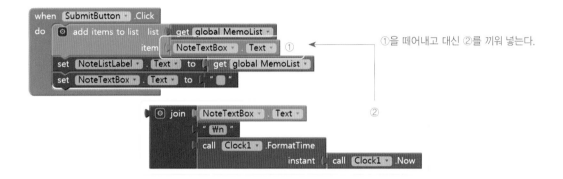

①을 떼어내고 대신 ②를 끼워 넣는다.

위 그림에서 '₩n'(한글의 경우 '₩n')은 줄을 바꾸라는 신호를 의미한다. 위의 그림의 ②와 같이 블록을 구성하면 변수 MemoList에 데이터를 저장할 때 [NoteTextBox]에 입력한 메모 내용 다음 줄에 메모를 입력한 시간이 "몇 월 며 칠 몇 시"의 형태로 한꺼번에 저장된다. 참고로 join 블록 안에 현재 시간을 기록하는 [call {Clock1}.FormatDateTime…instant] 블록을 끼울 공

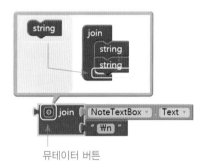

뮤테이터 버튼

간을 만들기 위해서는 다음 그림과 같이 파란색의 뮤테이터 버튼을 이용한다.

지금까지 만든 [when {SubmitButton}.Click … do] 이벤트 핸들러는 다음과 같다.

앞에서 우리는 [NoteListLabel]에 변수 MemoList에 있는 데이터를 출력할 때 최근에 입력된 순서대로 출력되기를 원했다. 이를 위하여 displayPro라는 프로시저를 하나 만들자. 이 프로시저의 결과 값을 NoteListLabel에 옮겨 출력할 것이기 때문에 결과 값(result)이 있는 프로시저([to {displayPro}...result])를 가져와야 한다. 그리고 변수 MemoList에 있는 내용을 역순으로 출력하기 위

해서는 MemoList의 내용을 잠시 담아둘 새로운 변수가 필요하다. 따라서 tempText라는 local 변수를 하나 선언하고, 빈 칸으로 초기화한다.

이제 MemoList에 저장된 내용을 역순으로 tempText에 넣는 과정을 만들어 보자.

for each는 MemoList의 item '하나하나 마다'라는 것을 의미한다. 새로 입력한 item을 가장 위에 배치하고 빈 칸을 넣는다. 그 아래에 기존 tempText를 추가한다. 새로운 item을 계속해서 기존의 리스트보다 위에 배치시키므로, tempText의 내용을 출력을 하면 가장 최근에 입력한 내용이 제일 위에 출력될 수 있다는 것이다.

프로시저 블록을 보면 result 값으로 사용된 어떤 특정 값이 필요하기 때문에 튀어나온 블록이 필요하다. do-result 블록에 [for each {item} in list] 블록을 끼워 넣는다.

이제 MemoList의 내용을 역순으로 정리해둔 tempText를 만들었다. 이제 프로시저가 실행되면 이 블록이 실행되도록 displayPro 블록에 만들어진 블록을 삽입한다. 이 프

로시저는 호출될 때마다 MomoList의 내용을 역순으로 정리한 tempText를 결과값으로 내놓을 것이다.

displayPro 프로시저의 결과값. 이 프로시저는 역순으로 정리된 tempText를 출력하는 것이 목표

[when {SubmitButton}.Click] 핸들러로 돌아가 NoteListLabel에 displayPro를 호출하는 블록을 끼우면 입력된 내용들이 역순으로 출력될 것이다.

데이터 저장하기와 시작 할 때 불러오기

TinyDB의 이벤트 핸들러 중 StoreValue를 이용해 데이터를 저장할 것이다. tag는 데이터를 저장할 때 제목을 붙여주는 기능을 하고, 그

'메모'라는 tag를 사용하여 MemoList를 TinyDB에 저장

아래 저장할 데이터를 끼워 넣으면 데이터를 TinyDB에 저장하는 블록이 완성된다.

Submit 버튼을 누르면 MemoList의 변경된 내용이 TinyDB에 저장되도록 [call {TinyDB1}.StoreValue] 블록을 [when {SubmitButton}.Click] 블록의 가장 아래에 끼운다.

이제 [when {Screen1}.Initailize] 블록을 사용하여 앱을 실행
시킬 때마다 기존에 저장되었던 내용이 화면에 출력되도록
한다.

이 블록에는 어떤 블록이 삽입될까? 일단 TinyDB를 찾아서 그 안에 내용이 있다면, 그
내용을 가져와서 MemoList에 추가시켜야 한다. if−then 블록을 준비한다.

[is a list? thing] 블록을 이용해서 TinyDB 안에 리스트가 존재하는지를 먼저 체크한다.
만약 리스트가 없다면 빈 칸을 불러오게 될 것이다. 이 과정은 TinyDB 안에 유효하지
않은 데이터가 들어 있는 경우 "!!%@#$*&" 등과 같은 의미 없는 내용이 출력되는 것
을 방지하기 위하여 꼭 필요하다.

TinyDB 안에 '메모'라는 tag가 붙은 유효한 데이터가 있다면, 그 데이터를 MemoList에
옮기고 displayPro 프로시저를 호출하여 화면에 출력한다.

[if...then] 블록을 [when {Screen1}.Initailize] 블록에 끼워서 앱이 실행될 때마다 데이터
베이스에서 기존에 저장된 메모 리스트를 가져와서 화면에 출력하는 기능을 완성한다.

새로운 메모를 입력한 후 앱을 종료시켰다가 다시 실행한다. 이전에 입력했던 메모 내용이 그대로 남아 있는지 확인한다.

항목 삭제하기

DeleteListPicker에서 사용할 두 가지 이벤트 핸들러를 준비한다.

[when {DeleteListPicker}.BeforPicking] 이벤트 핸들러는 사용자가 [Delete] 버튼을 누르고 난 뒤 아직 삭제할 항목을 선택하지 않았을 때 작동되는 블록이다. 사용자가 [Delete] 버튼을 누르면 현재 MemoList에 있는 내용이 나와야 그중에서 삭제할 것을 고를 수 있지 않을까? RemoveListPicker의 Elements를 MemoList로 채우는 방법을 통해 저장된 항목을 화면에 출력할 수 있다.

이제 화면에 출력된 메모 항목들 중에서 삭제할 항목을 선택한 이후에 작동하는 [when {DeleteListPicker}.AfterPicking] 이벤트 핸들러를 만들어 보자. [remove list item]은 특정 리스트에서 원하는 인덱스를 가진 항목을 삭제시킬 수 있는 기능을 가진 블록이다. 아래 그림처럼 MemoList의 항목들 중에서 선택한 항목의 인덱스를 알려주어 그 항목을 삭제한다.

이제 Delete 버튼을 누르고 표시된 항목 중에서 하나를 선택하면 MemoList에서 성공적으로 삭제된다. 이제 그 변경 사항을 저장하기 위해 MemoList를 TinyDB에 저장하고 변경된 내용을 화면에 출력하면 된다.

위 그림은 선택한 항목을 삭제하고 변경된 데이터를 TinyDB에 저장한 후, 다시 화면에 변경된 내용을 출력하는 [displayPro] 프로시저를 호출한 블록을 추가한 모습이다. 이제 삭제 기능을 성공적으로 만들었다.

꾸미기

지금부터 사용자에게 만족감을 주기 위해서는 앱을 보기 좋게 꾸며보자. Screen1의 Properties에서 Title을 '메모 노트 앱'으로 바꾸면 앱 실행화면 가장 위쪽에 'Screen1'이라고 표시되어 있던 부분이 '메모 노트 앱'으로 바뀌어 보기 좋게 된다.

NoteListLabel에 '저장된 항목이 출력되는 영역'이라고 표시되어 있다가 메모를 입력하면 그 부분이 사라진다. 그렇다면 '메모 리스트'라는 글자를 유지할 수 있도록 한다. 먼저 NoteListLabel의 Properties에서 Text 속성을 공백으로 설정하고, NoteListLabel 위에 새로운 Label(Label1)을 하나 더 추가하여 Text 속성을 '메모 리스트'로 설정한다. [입력], [삭제], [메모 리스트]의 글자를 굵게 유지하기 위해 [SubmitButton], [DeleteListPicker], [Label1]의 FontBold 속성을 체크한다.

'메모 리스트'라고 표시되는 Label1은 보기 편하게 FontSize를 18로 조정한다.

SubmitButton과 NoteListPicker의 Properties에서 Shape 속성을 rounded로 설정하면 버튼의 모양이 모서리가 둥근 사각형으로 변한다.

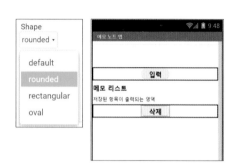

메모 리스트 아래에 출력되는 메모 항목들이 왼쪽에 너무 붙어 있어서 읽기가 힘들다면, 다음 과정을 따라해 보자.

먼저, '메모 리스트'라고 적힌 Label1 아래에 새로 HorizontalArrangement 컴포넌트를 하나 추가하고, 그 안에 빈 Label(Label2)을 하나 만들어 넣는다. Label2의 Text 속성은 공백이며, Width 속성은 '20 Pixels'로 설정한다. Label2의 오른쪽에 NoteListLabel을 두면, 메모 리스트의 내용들이 왼쪽 모서리에서 살짝 띄워진 상태로 출력될 것이다.

모서리가 둥근 사각형 모양의 [입력] 버튼이나 [삭제] 버튼을 예쁜 이미지 버튼으로 바꾸려면 Screen1의 아이콘 속성에서 해당 이미지를 업로드한 후 사용할 수 있다.

이제 앱이 모두 완성되었다. 지금까지 만든 앱이 잘 작동하는지 테스트해 보자.

- TinyDB와 Clock을 이용하여 간단한 메모의 입력과 출력 방법
- 입력된 메모 리스트를 역순으로 출력하는 방법
- List_Picker를 사용하여 저장된 리스트 중에서 선택한 항목을 삭제하는 방법

문제   [to {procedure} do] 블록과 [to {procedure} result] 블록의 차이점은 무엇인 가?

문제   사용자가 DeleteListPicker를 사용하여 삭제할 항목을 선택하기 직전에 작 동하는 블록은 무엇인가?

문제   리스트의 항목들 중에서 선택한 항목의 인덱스를 알려주어 그 항목이 삭 제되게 만드는 블록은 무엇인가?

- [입력]과 [삭제] 버튼 대신에 적당한 이미지 아이콘을 만들어 이 앱을 더 예쁘 게 꾸며보라.

32 | 컬러 도트 (다중 화면 사용하는 앱)

학습목표

- 여러 개의 화면을 만들 수 있다.
- TinyDB를 이용하여 스크린 간에 값을 전달할 수 있다.
- ListPicker를 사용할 수 있다.

1. 컬러 도트 프로그램 만들기

이 장에서는 다중 스크린으로 구성된 앱을 만들어 보자. 두 개의 스크린을 가진 경우, 첫 번째 스크린에서 두 번째 스크린을 열고, 두 번째 스크린에서 첫 번째 스크린으로 되돌아올 수 있다. 원하는 만큼 더 많은 스크린을 만들 수도 있는데, 각각의 스크린은 자신을 열었던 스크린으로 되돌아오면서 닫히게 된다. 스크린이 열리고 닫힐 때 값을 전달하거나 되돌려 주면서 스크린들 간에 정보를 공유할 수 있다. 또한 스크린들은 같은 TinyDB 데이터를 공유하는데, TinyDB는 값들을 저장하고 공유하기 위하여 사용할 수 있다.

다중 스크린으로 구성된 앱을 만드는 것은 하나의 스크린을 가진 앱을 여러 개 만드는 것과 비슷하다. 모든 스크린들은 디자이너 창(Designer window)에서 각 스크린에만 속하는 컴포넌트들을 만들고, 블록 에디터창(Blocks Editor)에는 현재 디자이너 창에서 선택된 스크린에 속하는 컴포넌트들만 볼 수 있다. 또한 어떤 한 스크린에 관련된 코드 블록들은 다른 스크린에 있는 코드 블록들을 참조할 수 없다.

지금부터 만드는 "ColoredDots" 프로그램은 두 개의 스크린을 가지고 있다. 첫 번째 스크린의 이름은 Screen1이고 두 번째 스크린의 이름은 Brush_Picker이다. 참고로 첫 번째 스크린의 이름(Screen1)은 변경할 수 없다.

두 번째 스크린인 Brush_Picker 스크린에서 RGB 값과 브러시의 굵기를 선택한 후 첫 번째 스크린으로 돌아오면, 그 값은 첫 번째 스크린으로 전달되어 그림을 그릴 수 있다. Brush_Picker 스크린에서 선택된 색에 이름을 지정하여 저장해두면 나중에 다시 사용할 수 있다. 새로 만든 색을 저장할 때 ListPicker를 사용하면, 저장된 색상의 이름을 기억하고 나중에 다시 선택해야 하는 번거로움을 피할 수 있고 저장된 색 데이터베이스에 좀 더 쉽게 접근할 수 있게 하고 다른 사람들과 앱을 좀 더 쉽게 공유하게 할 수 있다.

지금부터 두 개의 스크린으로 구성된 ColoredDots 앱을 만들어 보자.

2. 화면 디자인하기

메인 화면 Screen1 만들기

새로운 프로젝트를 만들면 Screen1이 자동으로 생성되어 메인 스크린이 만들어진다.

컴포넌트 종류	팔레트	이름 변경	역할	컴포넌트 설정
Screen1				AlignHorizontal: center
Label	User Interface	TitleLabel	"그림을 그려보세요." 표시	FontBold: 체크 FontSize: 16
Horizontal Arrangement	Layout	Horizontal Arrangement1	네 개의 레벨을 포함	Width: Fill Parent, AlignHorizontal: Center
Label	User Interface	ColorLabel	"현재 색"을 표시	
Label	User Interface	ColorSample	"현재 색"을 표시	BackgroundColor: Black
Label	User Interface	DotSizeLabel	"도트 크기"를 표시	
Label	User Interface	DotSizeValue	현재 도트 크기를 표시 기본: 3	Text: 3
Canvas	Drawing and Animation	Canvas1	화면에 터치한 도트를 표시	width: Fill parent Height: 300 pixels
Horizontal Arrangement	Layout	Horizontal Arrangement2	2개의 버튼과 ListPicker를 포함	Width: Fill Parent, AlignHorizontal: Center
Button	User Interface	EraseButton	캔버스에 그린 그림을 지움	"지우기"를 입력
Button	User Interface	openBrushPicker	두 번째 스크린으로 이동	"브러시 설정"입력
ListPicker	User Interface	ListPicker1	데이터베이스에서 색상의 목록을 가져옴	"저장된 색"을 입력
TinyDB	Storage	TinyDB1	색상의 이름과 값을 저장	

두 번째 화면 만들기

[Designer] 창의 위쪽 툴바에서 [Add Screen...]을 클릭하여 새로운 스크린을 만들고, 새 스크린의 이름을 'Brush_Picker'라고 입력한다.

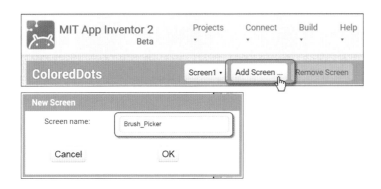

새로운 스크린을 추가하면 [Designer] 창에는 새 앱을 만들 때처럼 컴포넌트를 하나도 가지고 있지 않은 빈 스크린이 나타난다. 그러면 새로운 앱을 만들 때와 마찬가지로 팔레트에서 필요한 컴포넌트들을 끌어다가 이 스크린에 추가하면 된다. 다음 그림과 같이 두 번째 스크린인 Brush_Picker 스크린의 컴포넌트들을 만들어 보자.

컴포넌트 종류	팔레트	이름 변경	컴포넌트 역할	컴포넌트 설정
Horizontal Arrangement	Layout	Horizontal Arrangement1	VerticalArrangement와 Canvas를 포함	
Vertical Arrangement	Layout	Vertical Arrangement1		
Horizontal Arrangement	Layout	Horizontal Arrangement2	RedLabel과 RedValue를 포함	
Label	User Interface	RedLabel	"빨강"을 표시	
TextBox	User Interface	RedValue	Red 색상값을 입력(0~55)	
Horizontal Arrangement	Layout	Horizontal Arrangement3	GreenLabel과 GreenValue를 포함	
Label	User Interface	GreenLabel	"초록"을 표시	

TextBox	User Interface	GreenValue	Green 색상 값을 입력 (0~55)	
Horizontal Arrangement	Layout	Horizontal Arrangement4	BlueLabel과 BlueValue를 포함	
Label	User Interface	BlueLabel	"파랑"을 표시	
TextBox	User Interface	BlueValue	Blue 색상 값을 입력(0~55)	
Canvas	Drawing and Animation	Canvas1	텍스트 색상과 크기를 표시	Width, Height: Fill parent
Horizontal Arrangement	Layout	Horizontal Arrangement5	DotSizeLabel과 DotSize를 포함	
Label	User Interface	DotSizeLabel	"굵기"를 표시	
TextBox	User Interface	DotSize	현재 도트의 굵기 표시	
Horizontal Arrangement	Layout	Horizontal Arrangement6	TestColorButton과 TestColorSample을 포함	Width: Fill parent
Button	User Interface	TestColorButton	새로운 색을 만들어서 저장할 때 사용	"Test Color" 입력
Label	User Interface	TestColorSample	이 색상은 새로운 색상임	Width: Fill parent
Vertical Arrangement	Layout	Vertical Arrangement2	ResetColorButton과 ReturnToPainting을 포함	Width: Fill Parent AlignHorizontal: Center
Button	User Interface	ResetColorButton	기본 색상 black을 다시 설정	"다시 선택"을 입력
Button	User Interface	ReturnToPainting	새 색상과 도트 크기를 가지고 메인 스크린으로 돌아옴	"그림 그리기"를 입력하고 FontSize는 16
Notifier	User Interface	Notifier1	색상을 저장하고 색 이름을 입력할 수 있는 대화상자 표시	
TinyDB	Storage	TinyDB1	색상 이름과 값을 저장	

3. 기능 설정하기

첫 번째 스크린(Screen1)에 대한 블록 구성

Screen1은 기본적으로 그림을 그리는 프로그램이다. 사용자가 캔버스를 터치하면 현재 설정된 굵기와 색으로 점(dot)을 그릴 수 있도록 한다. 현재 색은 'ColorSample' label의 배경색으로 명시하고, [지우기] 버튼을 누르면 캔버스를 깨끗하게 지우도록 한다. 이 앱이 시작할 때 초기값으로 브러시의 굵기는 3, 색은 검정색으로 설정한다. 지금부터 블록을 만들어보자.

```
initialize global CurrentColor to ( ■ )
when Screen1 .Initialize
do  call TinyDB1 .StoreValue
                        tag ( 0 )
                valueToStore ( " Black " )
    call TinyDB1 .StoreValue
                        tag ( " Black " )
                valueToStore ( get global CurrentColor )
    set ColorSmaple . BackgroundColor to ( ■ )
    set DotSizeValue . Text to ( 3 )
```

[Screen1.{Initialize}] 블록은 프로시저 [TinyDB1.{.StoreValue}]를 불러서 사용한다. 기본적으로 스크린이 시작되면 기본 색상으로 검정색, 브러시 굵기는 3으로 설정된다.

```
when EraseButton .Click
do  call Canvas1 .Clear

when Canvas1 .Touched
    x  y  touchedAnySprite
do  set Canvas1 . PaintColor to ( get global CurrentColor )
    call Canvas1 .DrawCircle
                    centerX ( get x )
                    centerY ( get y )
                    radius ( DotSizeValue . Text )
                    fill ( true )
```

[지우기] 버튼을 클릭하여 캔버스를 깨끗하게 지우고, 캔버스를 터치하면 그 자리에 현재 설정된 색과 굵기로 둥근 점을 그릴 수 있다.

Brush picker 스크린과 통신하기

이 앱에서 다중 스크린은 새로운 색깔, 새로운 브러시 굵기와 같은 '새 브러시'에 대한 값들을 다른 스크린에서 가져오는 형식이다. Brush_Picker 스크린은 새로운 색깔과 브러시 굵기를 설정하고, 저장된 색깔의 총 개수를 알아내어 Screen1으로 넘겨주는 역할을 한다. 저장된 색깔의 개수는 ListPicker가 참조할 리스트를 만드는데 필요한 정보이다. 즉, Screen1에서 필요한 모든 값은 Brush_Picker 스크린을 열어서 그 결과를 넘겨

받아야 한다.

Screen1에서 [브러시 설정] 버튼을 누르면 [open another screen with start value] 블록을 사용하여 두 번째 스크린인 Brush_Picker 스크린을 연다. 그리고 사용자가 Brush_Picker 스크린의 사용을 끝내면 다른 스크린(Brush_Picker 스크린)이 닫혔다는 신호가 발생하여 Screen1의 이벤트 핸들러는 리스트로부터 3가지 정보(색깔, 브러시 굵기, 저장된 색깔의 개수)를 추출하여 'ColorSample' Label의 배경색과 'DotSizeValue'의 text 속성을 새로 설정한다.

블록은 다음 그림과 같다.

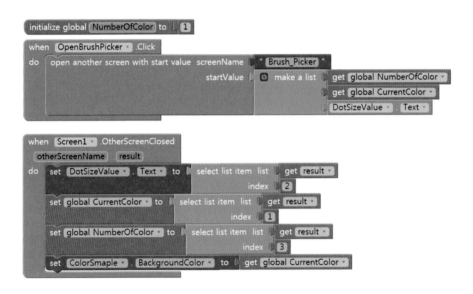

Screen1에서 Brush_Picker 스크린을 열기 위하여 [open another screen with start value] 블록을 사용한다. 시작 값(startValue)은 저장된 색깔의 수(NumberOfColor)와 현재 색(CurrentColor), 그리고 브러시의 굵기(DotSizeValue.Text)를 리스트로 만들어 사용하며, Brush_Picker 스크린은 [get start value] 블록을 사용하여 이 시작 값들에 접근한다.

일반적으로 한 스크린은 [open another screen] 블록으로 다른 스크린을 열고 [when other screen closed] 이벤트를 통하여 결과를 돌려받는다. 이 앱에서는 Screen1에서 Brush_Picker 스크린으로 값들을 전달해서 현재 몇 개의 색깔이 저장되었는지, 그리고 현재 설정된 색깔과 브러시의 굵기는 얼마인지를 계속하여 점검할 수 있다.

TinyDB를 이용하여 데이터 저장하여 사용하기

다중 스크린을 가지고 있는 앱의 스크린들은 다른 스크린을 열고 값을 돌려줄 수 있을 뿐만 아니라 TinyDB를 이용하여 스크린 간에 통신을 할 수 있다. 이를 위하여 모든 스크린에는 개개의 TinyDB 컴포넌트를 만들어야 한다. 각각 서로 다른 TinyDB 컴포넌트이지만, 실제로 그것들은 같은 태그와 값을 공유한다. 만약 한 스크린이 어떤 태그 아래에 값을 저장하면 다른 스크린이 같은 태그를 이용하여 그 값을 가져올 수 있다.

ColoredDots 앱은 사용자가 만든 색깔에 이름을 만들어주고 그것을 나중에 사용할 수 있도록 저장하기 위하여 TinyDB를 사용한다. '저장하기'와 '이름 짓기' 블록은 Brush_Picker 스크린에서 만들어 보자. 사용자가 Screen1에서 [저장된 색]이라고 적힌 ListPicker를 클릭하면 앱은 미리 저장해둔 색깔 리스트를 열고 그 중 하나를 선택하여 그리기 색으로 설정한다.

색깔 리스트에 항목을 추가하기 위하여 다음 그림과 같이 [PopulateList] 프로시저를 만들어 보자. [PopulateList] 프로시저는 데이터베이스에 저장된 항목[1]의 수 만큼 반복하면서 이 항목들을 TinyDBList에 추가한다.

[PopulateList] 프로시저를 만들었다. [Screen1.Initialize]와 [Screen1.OtherScreenClosed]를 다음과 같이 수정한다.

---

1. 데이터베이스에 저장된 항목의 수는 저장된 색깔의 수와 같다.

```
when Screen1 .Initialize
do  call TinyDB1 .StoreValue
              tag    0
      valueToStore   " Black "
    call TinyDB1 .StoreValue
              tag    " Black "
      valueToStore   get global CurrentColor
    set ColorSmaple . BackgroundColor to
    set DotSizeValue . Text to  3
    set ListPicker1 . Elements to  call PopulateList
```

```
when Screen1 .OtherScreenClosed
    otherScreenName  result
do  set DotSizeValue . Text to  select list item list  get result
                                               index  2
    set global CurrentColor to  select list item list  get result
                                               index  1
    set global NumberOfColor to  select list item list  get result
                                               index  3
    set ColorSmaple . BackgroundColor to  get global CurrentColor
    set ListPicker1 . Elements to  call PopulateList
```

[저장된 색]이라고 적힌 ListPicker를 클릭하면 만들어놓은 색상 목록을 전부 볼 수 있다. [ListPicker1.AfterPincking] 블록은 ListPicker로 선택한 항목을 새로운 그리기 색으로 설정한다.

```
when ListPicker1 . AfterPicking
do  set global CurrentColor to  call TinyDB1 .GetValue
                                          tag   ListPicker1 . Selection
                               valueIfTagNotThere  " "
    set ColorSmaple . BackgroundColor to  get global CurrentColor
```

Brush_Picker 스크린 블록

Brush_Picker 스크린의 주요 역할은 텍스트 상자에 입력된 빨강 – 녹색 – 파랑 값으로 색깔을 만들어서 Screen1에 제공하는 것이다. 여기서 한 가지 중요한 일은 색깔 값들과 브러시의 굵기 값은 사용하기 적당한 값인지 반드시 확인해야 한다는 것이다. 빨강, 녹색, 파랑의 값은 0에서 255 사이의 숫자이어야 한다. 그러나 텍스트 상자에는 아무 숫자나 입력될 수 있다. [CheckColor] 프로시저는 입력되는 RGB의 값을 0에서 255까지의 범위로 제한하는 역할을 한다. 입력되는 값이 숫자가 아니거나 혹은 0보다 작은 숫자가 입력되면 0, 255보다 큰 숫자가 입력되면 255로 바꾸어준다.

[CheckColor] 프로시저는 [LimitRange] 프로시저를 호출한다. 이것은 입력하는 숫자 범위를 제한하고 최솟값과 최댓값을 가져오는 일반적인 프로시저이다. 입력 값이 숫자가 아닌 경우는 0을 반환한다. 이 프로시저는 간단하지만 까다롭다. 입력되는 값의 범위를 제한하기 위하여 입력되는 값과 하한값(0) 중에서 더 큰 값을 선택하고, 그 값과 상한값(255) 중에서 더 작은 값을 취한다.

아래 그림은 [CheckColor]와 [LimitRange] 블록이다. 프로시저는 멤버 함수 값을 수정할 수 있는 뮤테이터(값을 변경할 수 있는, 즉 블록의 모양을 바꿀 수 있다) 블록이므로 뮤테이터 버튼을 이용하여 파라미터를 추가할 수 있다. 뮤테이터에 자세히 알고 싶으면 아래 웹페이지를 방문하여 확인해 보자.(http://appinventor.mit.edu/explore/ai2/support/concepts/mutators.html)

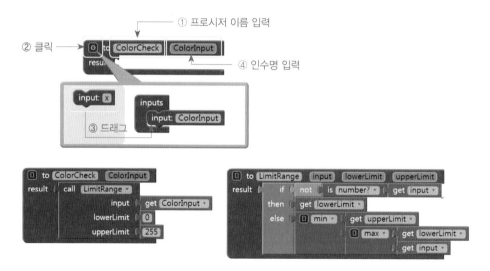

이제 Brush_Picker 스크린의 남은 블록을 완성하기 위해 두 개의 프로시저를 사용할 것이다. [확인] 버튼을 누르면 새로운 색깔과 [DotSize] 텍스트 박스에서 입력받은 새로운 브러시의 굵기와 총 색깔의 개수 등 3개의 항목을 가진 리스트를 Screen1으로 넘겨준다.

Brush_Picker 스크린이 열릴 때 Screen1은 자신이 가지고 있는 현재의 색깔 값과 색깔의 개수와 현재 브러시의 굵기를 전달하고, Brush_Picker 스크린은 이 값들을 받아서 초기화하기 위하여 [get start value]을 사용한다.

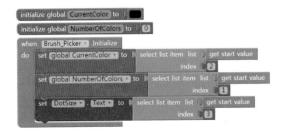

Screen1으로 리스트를 반환하기 위하여 Brush_Picker 스크린은 [close screen with value] 블록을 사용하는데, 이 블록은 반환되는 값(여기서는 리스트)을 하나의 인수로 받는다. Brush_Picker 스크린이 닫히면 이 스크린을 열었던 Screen1으로 다시 돌아가게 된다.

사용자가 [테스트] 버튼을 클릭하면 현재 설정된 색깔이 [TestColorSample]과 [Canvas1]의 배경색으로 표시되고, [Canvas1]에는 현재 설정된 브러시 굵기의 원이 나타난다. 그리고 [Notifier1.ShowChooseDialog] 함수를 호출하여 현재 설정한 색상의 저장 여부를 선택할 수 있게 한다.

다음 블록은 Brush_Picker 스크린이 Screen1에서 사용할 색깔의 이름을 만들어 저장하는 방법을 보여준다. [Notifier1.ShowChooseDialog] 블록이 [Notifier1.AfterChoosing] 이벤트를 일으키고, [Notifier1.AfterChoosing] 이벤트 블록 안에서 [if else] 블록이 색깔을 저장할지에 대한 응답을 점검한다. 만약 응답이 "Yes"이면 [Notifier1.AfterChoosing] 블록은 [Notifier1.ShowTextDialog] 블록을 호출하여 현재 설정된 색깔의 이름을 지정할 수 있도록 한다.

사용자가 재사용할 색깔의 목록을 만들면 색깔은 TinyDB에 두 개의 태그를 가지고 두 가지 방법으로 저장된다. 첫 번째는 현재 저장된 색깔의 수를 태그로 하여 색깔의 이름을 저장하는데, 이것은 Screen1에서 ListPicker가 색깔의 수만큼 반복하면서 색깔의 이름을 표시할 때 사용된다. 두 번째는 사용자가 만들어준 색깔의 이름을 태그로 하여 해당 색깔을 TinyDB에 저장한다. 그러면 Screen1에서 TinyDB 컴포넌트를 사용하여 그 색깔을 검색할 수도 있고, ListPicker에서 선택한 이름으로 그 색깔에 접근할 수도 있다.

[다시 선택] 버튼을 누르면 빨강, 초록, 파랑의 값을 모두 지우고, 브러시의 색깔은 검정, 굵기는 3으로 초기화하여 새로운 RGB값과 브러시 굵기를 입력하기 쉽도록 한다.

앱 인 벤 터 완 전 정 복

요약

- 다중 스크린을 만드는 방법
- 두 개의 스크린에서 TinyDB 데이터를 공유하는 방법
- TinyDB에 목록을 추가하는 방법
- 목록을 선택하는 List_Picker를 사용하는 방법

퀴즈

문제   한 스크린에서 다른 스크린을 열 때 사용하는 블록은 무엇입니까?

문제   Screen1에서 열었던 다른 스크린이 닫힐 때 발생하는 이벤트 핸들러는 무엇입니까?

문제   Notifier1에서 현재 입력한 RGB값으로 만든 색깔에 이름을 붙여서 저장하기로 결정하였을 때, 실제로 색깔의 이름을 입력할 수 있는 블록은 무엇입니까?

창의적 문제

- 색상 이름을 저장할 때 이미 저장된 이름과 같으면 Brush_Picker가 경고하도록 만들어 보라.
- 시작하는 색상이 항상 검은색이 아닌 사용자가 사용한 마지막 색상이 되게 만들어 보라.

주의

스마트폰에서 실행시킬 경우 다른 화면으로 넘어가지 않는 경우가 있다. 이때는 Aicopmanion2로 실행하지 말고 다운로드 해서 실행시켜 보자.

길거리를 지나다가 한 번쯤은 두더지 잡기 게임을 본 적이 있을 것이다. 두더지 게임은 게임판 여기저기에서 무작위로 튀어나오는 두더지를 다시 구멍 속으로 사라지기 전에 때려서 맞추면 점수를 얻는 게임이다. 애니메이션을 사용한 간단한 게임의 예로 두더지 잡기 게임을 만드는 방법을 배워본다.

학습내용

0.5초마다 한 번씩 움직이는 두더지를 때려서 맞추는 게임을 만든다. 만약 두더지를 맞추면 점수가 1점씩 올라가고 전화기는 진동을 한다. [다시 시작] 버튼을 누르면 점수가 0점으로 재설정된다.

이 게임을 만들면서 다음과 같은 것들을 소개한다.

- 이미지 스프라이트(image sprites) 컴포넌트 삽입하기
- 클락 컴포넌트(Clock component) 활용하기
- 프로시저(procedures) 만들어 호출하기
- 이미지 스프라이트의 Z-속성을 이용하여 어떤 스프라이트를 다른 스프라이트의 앞에 위치시키기

학습목표

- 캔버스 안의 원하는 위치에 이미지 스프라이트를 삽입할 수 있다.
- 클락 컴포넌트를 이용하여 일정한 시간마다 타이머 이벤트를 작동시킬 수 있다.
- 동일한 블록 세트를 반복적으로 사용해야 하는 경우 이를 프로시저로 만들어 호출하는 형태로 프로그램을 간단하게 만들 수 있다.
- 이미지 스프라이트의 Z-속성 값을 조절하여 어떤 이미지 스프라이트를 다른 이미지 스프라이트의 앞쪽에 위치시킬 수 있다.

1. 두더지 잡기 게임 만들기

앱 인벤터 웹 사이트(http://appinventor.mit.edu/explore/)에 접속하고 화면 오른쪽 상단의 [Create]를 눌러서 새로운 프로젝트를 만들자. 새 프로젝트의 이름을 "MoleMash"라고 한다. 이 게임을 만들기 위해서는 두더지 그림과 두더지 구멍 그림이 필요하다. 꿀잼 앱 인벤터 카페(http://cafe.naver.com/appinv)에서 mole.png와 hole.png 그림을 다운받는다.

mole.png   hole.png

2. 화면 디자인하기

기본 컴포넌트 추가하여 화면 디자인하기

다음 컴포넌트들을 이용하여 화면을 디자인한다.

컴포넌트 유형	팔레트	컴포넌트 이름	설명
Canvas	Drawing and Animation	GameCanvas	두더지가 움직이는 영역
HorizontalArrangement	Layout	HorizontalArrangement	ScoreLabel과 ScoreValue를 나란히 배치
Label	User Interface	ScoreLabel	"점수: " 표시
Label	User Interface	ScoreValue	점수 값 출력
Button	User Interface	ResetButton	점수를 0으로 재설정

컴포넌트들의 속성은 다음과 같다.

컴포넌트	속성
GameCanvas	BackgroundColor: Green, width: Fill parent, height: 320,
HorizontalArrangement	AlignHorizontal: Center, Width: Fill parent, Height: Automatic...
ScoreLabel	FontSize: 18.0, Text: "점수: "
ScoreValue	FontSize: 18.0, Text: "0"
ResetButton	Text: "다시 시작"

클락 컴포넌트와 사운드 컴포넌트 추가하기

클락 컴포넌트와 사운드 컴포넌트도 추가를 한다. 클락 컴포넌트와 사운드 컴포넌트는 스크린 영역이 아니라 눈에 보이지 않는 컴포넌트 영역(non-visible components area)에 추가된 것을 확인할 수 있다.

컴포넌트 유형	팔레트	컴포넌트 이름	설명
Clock	Sensors	MoleTimer	일정한 시간 간격으로 두더지가 튀어 나오도록 설정하는 데 사용
Sound	Media	Buzzer	두더지를 때렸을 때 전화기를 진동시키기 위해 사용

클락 컴포넌트의 기능은 타이머처럼 일정한 시간 간격으로 이벤트 신호를 발생하는 것과 시·분·초·년·월·일 등 다양한 단위로 시간을 표현하는 것이다. 두더지 잡기 게임에서는 일정한 시간(0.5초)마다 반복적으로 화면 여기저기에 있는 구멍에서 두더지가 튀어나오는 것을 구현하기 위하여 클락 컴포넌트를 사용한다. 이를 위하여 클락 컴포넌트의 TimerInterval 속성을 500밀리초(0.5초)로 정해준다.

컴포넌트	속성
MoleTimer	TimerInterval: 500 milliseconds, TimerAlwaysFires: 체크, TimerEnabled: 체크
Buzzer	MinimumInterval: 500 milliseconds

이미지 스프라이트 추가하기

이미지 스프라이트 컴포넌트는 캔버스나 캔버스 내의 다른 이미지 스프라이트와 상호 작용할 수 있는 애니메이션 객체이다. 스프라이트는 사용자의 터치나 드래그에 반응하거나, 캔버스의 가장자리에 닿았거나 캔버스 내의 다른 스프라이트들과 부딪혔을 때 등 여러 가지 요인에 의해 캔버스의 다른 위치로 옮길 수 있다.

이미지 스프라이트 컴포넌트를 사용하여 두더지 구멍과 화면 내의 여기저기에서 나타나는 두더지를 추가한다. 각각의 스프라이트는 속도(Speed)와 방향(Heading)을 가지고 있고, 스프라이트를 움직이는 주기를 결정하는 시간 간격(Interval)을 가지고 있다. 스프라이트는 또한 자신이 터치된 때를 알아낼 수 있다. MoleMash 게임에서 구멍들(hole)과 두더지(mole)의 속력은 0으로 설정하여 스스로는 움직일 수 없도록 한다. 대신 타이머에 설정된 시간이 지난 후에 두더지(mole)의 위치만을 바꿀 것이다. Drawing and Animation 팔레트에 있는 이미지 스프라이트 컴포넌트를 캔버스 영역 안으로 끌어온다.

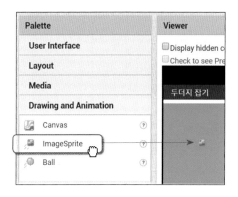

스프라이트 컴포넌트의 이름을 "Hole1"이라고 정하고, 다음 그림과 같이 이미지 스프라이트에 표시할 그림을 선택한다.

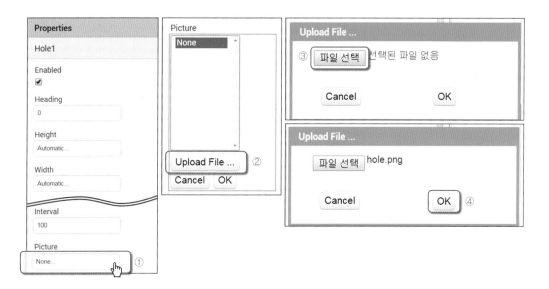

같은 방법으로 두더지 구멍 5개를 더 추가하고, 두더지 그림(mole.png)의 이미지 스프라이트도 추가한다. 두더지와 두더지 구멍 스프라이트의 위치 속성은 다음과 같다.

이미지 스프라이트	팔레트	공통 속성	위치 속성
hole1	hole.png	Enabled: 체크 Interval: 100 Heading: 0 Speed: 0.0 Visible: 체크 Width: Auto... Height: Auto...	X: 20, Y: 60
hole2	hole.png		X: 130, Y: 60
hole3	hole.png		X: 240, Y: 60
hole4	hole.png		X: 75, Y: 140
hole5	hole.png		X: 185, Y: 140
hole6	hole.png		X: 140, Y: 95
mole	mole.png		Z: 2

두더지 그림인 "mole.png"의 Z값 속성을 2로 설정하여 두더지 그림이 두더지 구멍 그림보다 앞쪽에 위치하도록 한다. 두더지 구멍 그림들의 Z–속성의 기본값은 1이다. 이제 필요한 컴포넌트들을 모두 포함시켰으며 화면 디자인은 다음 그림과 같다.

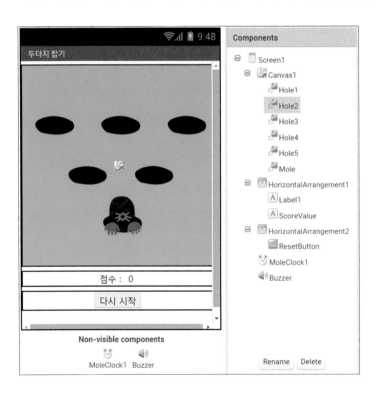

3. 기능 설정하기

지금부터 두더지들이 구멍 여기저기에서 랜덤하게 쑥쑥 튀어나오도록 만들어 보자. 만들어야 할 블록들을 간단하게 살펴보면 다음과 같다.

전역변수(global variable) holes 만들기

holes: 두더지 구멍들의 목록을 기억시키기 위한 변수

앱이 시작되었을 때

① 전역변수 holes에 두더지 구멍들의 목록을 등록시킨다.
② 각 두더지 구멍들의 그림을 "hole.png"로 설정한다.
③ 아래에 기술하는 [MoveMole] 프로시저를 호출한다.

두더지가 움직이는 [MoveMole] 프로시저 만들기

① 지역변수 currentHole에 전역변수 holes에 있는 두더지 구멍을 임의로 지정해준다.
② 두더지(mole)를 currentHole의 위치로 이동시킨다.

MoleTimer가 0.5초마다 한 번씩 [MoveMole] 프로시저를 호출하도록 한다.
게임 사용자가 두더지를 때렸을 때 다음과 같은 동작들을 하도록 한다.
① 점수를 1점씩 더한다.
② 부저를 울리며 전화기를 짧게 진동시킨다.
③ [MoveMole] 프로시저를 호출한다.

4. 앱 제작하기

변수 만들기

두더지 구멍들을 표현할 모든 이미지 스프라이트들의 리스트를 값으로 가지게 될 전역변수 holes를 만든다. 일단은 빈 리스트(empty list)를 임시 초기값으로 갖고 실제의 초기값은 앱이 스크린을 로드할 때마다 실행되는 [Screen1.Initialize] 이벤트 핸들러에서

설정한다.

[Built-in] 블록의 [Variables]를 선택하고 [Initialize global {name} to]를 뷰어 안으로 끌어넣고, 이름을 holes로 수정한다.

Block Type	Drawer	목적
initialize global holes to	Variables	두더지 구멍들의 목록을 가지고 있다.
create empty list	Lists	빈 리스트를 만들었다가 프로그램이 시작될 때 채워진다.

앱 시작하기

어떤 프로그램에서든 처음으로 실행되는 이벤트는 [Screen1. Initialize]이므로 앱이 시작할 때 실행되어야 하는 코드는 이 핸들러 안에 기술해야 한다. 먼저 [Screen1] 블록을 선택하고 [When {Screen1}.Initialize] 이벤트 핸들러를 뷰어 안으로 끌어다 놓는다.

전역변수 holes의 목록에 두더지 구멍 컴포넌트들을 등록하기

[Built-in] 블록의 [Lists]를 선택하고 [add item to list]를 [When {Screen1}.Initialize] 이벤트 핸들러 안으로 끌어넣는다. 아래 그림과 같이 전역변수 [holes] 위에 마우스를 올려서 [get {global holes}]가 나타나면 이것을 끌어다 [add item to list] 블록의 [list]에 끼워 넣는다.

두더지 구멍은 모두 6개가 필요하다. 따라서 다음 그림과 같이 [Item]의 개수를 6개로 늘리고, 각각의 [Item]에 [hole1]부터 [hole6]까지 차례로 등록한다.

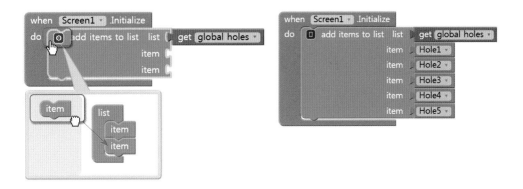

두더지 구멍의 Picture 속성 지정

각 두더지 구멍의 Picture 속성으로 "hole.png"를 지정한다. 먼저 [Built-in] 블록의 [Control]을 선택하고 [for each {item} in list]를 [When {Screen1}.Initialize] 이벤트 핸들러 안으로 끌어넣고 {item}을 {hole}로 수정한 후 [get {global holes}]를 복제하여 [for each ...] 블록에 끼운다.

그리고 나서 블록 창의 맨 아래에 있는 [Any component]를 확장하여 [Any ImageSprite]를 선택하고 [Set ImageSprite.{Picture}...] 블록을 끌어서 [for each {hole} in list] 블록의 do 옆에 끼워 넣는다.

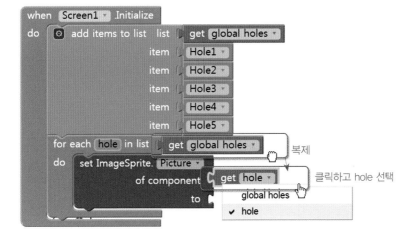

앞의 그림과 같이 [get {global holes}]를 복제하
여 이미지 스프라이트 Picture 속성에 끼워 넣고
[global holes] 대신 [hole]로 수정하고, 옆의 그림
과 같이 [Built-in]의 빈 [Text] 블록을 가지고 와서
to 옆에 끼운 후 "hole.png"로 그림 파일을 지정한다.

[MoveMole] 프로시저 호출

프로시저는 함수라고도 하며, 특정한 작업(들)을 수행하는 명령어들의 집합이다. 앱
인벤터에서 어떤 블록 세트를 한 번 이상 반복적으로 사용해야할 경우가 있다. 이 경
우 블록 세트를 필요할 때마다 중복해서 만들어 사용하면 많은 저장 공간이 필요하고
프로그램도 복잡해진다.

두더지 잡기 게임 앱에서는 다음과 같은 경우에 모두 두더지의 위치를 이동시키는 코
드 블록이 필요하다.

- 게임을 시작할 때
- 두더지 스프라이트를 터치할 때
- 일정한 시간(0.5초)이 지났을 때

그런데 이 블록 세트를 프로시저 형태로 만들어놓고 필요할 때마다 호출해서 사용하면
전체적인 코드 블록은 간결해지고, 필요한 저장 공간도 적어진다.

아직 [MoveMole] 프로시저를 작성하지 않았기 때문에 "MoveMole"이라는 이름의 빈
프로시저를 만들어서 호출하고 나중에 [MoveMole] 프로시저를 완성하면 된다.

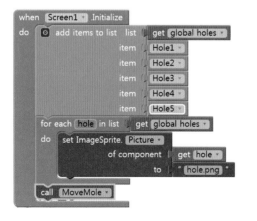

두더지가 움직이는 [MoveMole] 프로시저 만들기

프로그램이 시작할 때와 두더지를 터치하였을 때, 그리고 0.5초마다 타이머에 지정한 시간이 지나갔을 때 두더지가 이 구멍에서 저 구멍으로 랜덤하게 위치를 이동하는 [MoveMole] 프로시저를 완성한다.

[Built-in]의 [Variables] 블록을 선택하고 [initialize local {name} to] 블록을 앞에서 만들어놓은 [MoveMole] 프로시저 안에 끌어넣고 {name}을 {currentHole}로 수정한다. [Built-in]의 [List] 블록에 있는 [pick a random item list]를 가져와 [get {global holes}]를 복제하여 다음 그림과 같이 차례로 연결한다.

블록 창에서 두더지 컴포넌트를 선택하고 [Call {mole}.Move to...] 블록을 끌어다 [initialize local {currentHole} to] 블록 안에 넣고 X 속성과 Y 속성을 다음 그림과 같이 설정한다. [ImageSprite.X]와 [ImageSprite.Y] 블록은 블록 창의 맨 아래에 있는 [Any component]를 확장하여 [Any ImageSprite]를 선택하면 나타난다.

MoleTimer가 0.5초마다 한 번씩 [MoveMole] 프로시저 호출

MoleTimer에 지정된 0.5초가 지나갈 때마다 [MoveMole] 프로시저를 호출하는 것은 그림과 같이 간단하게 해결할 수 있다.

두더지를 때렸을 때

게임 사용자가 두더지를 때렸을 때 점수가 1점씩 올라가고, 전화기가 짧게 진동한 후 두더지의 위치를 다른 구멍으로 랜덤하게 이동시켜 보자. 먼저, 화면 왼쪽의 블록 창에서 두더지 컴포넌트를 선택하고 [When {mole}.Touched] 이벤트 핸들러를 뷰어 창으로 끌어넣고 다음 그림과 같이 채워서 완성한다.

[다시 시작] 버튼을 눌렀을 때

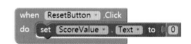

[다시 시작] 버튼을 눌러 점수가 0점으로 재설정되도록 한다.

이제 모든 프로그램이 완성되었다. 완성된 MoleMash 앱을 테스트해 보자. 화면 상단의 [Connect]를 누르고 [AI Companion]을 선택한 후 나타난 QR 코드를 전화기에 설치된 "MIT AI2 Companion" 앱을 실행시켜 스캔한다. 두더지가 0.5초에 한 번씩 랜덤하게 이 구멍 저 구멍에서 나타나고, 손으로 두더지를 터치하면 점수가 1점씩 올라가면서 스마트폰이 부저를 울리며 진동하고, 두더지가 나타나는 구멍의 위치도 다시 달라지는지 꼼꼼하게 확인한다.

앱이 완벽하게 작동되면, 화면 상단의 [Build]를 누르고 [App (provide QR code for .apk)]를 선택한다. QR 코드가 나타나면 스마트폰의 "MIT AI2 Companion" 앱으로 스캔하여 본인이 만든 재미있는 두더지 잡기 게임을 다운로드하여 즐기면 된다. 완성된 프로그램은 다음 그림과 같다.

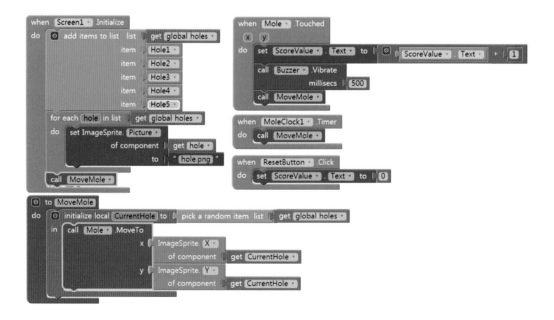

- 클락 컴포넌트의 기능은 일정한 시간 간격으로 이벤트 신호를 발생하는 것과 시·분·초·년·월·일 등 다양한 단위로 시간을 표현하는 것이다.

- 이미지 스프라이트 컴포넌트는 캔버스나 캔버스 내의 다른 이미지 스프라이트와 상호작용할 수 있는 애니메이션 객체이다. 스프라이트는 사용자의 터치나 드래그에 반응하거나, 캔버스의 가장자리에 닿았거나 캔버스 내의 다른 스프라이트들과 부딪혔을 때 등 여러 가지 요인에 의해 캔버스의 다른 위치로 옮겨질 수 있다.

- 프로시저는 함수라고도 하며, 특정한 작업(들)을 수행하는 명령어들의 집합이다. 앱 인벤터에서 어떤 블록 세트를 한 번 이상 반복적으로 사용해야 할 경우가 있다. 이 블록 세트를 프로시저 형태로 만들어놓고 필요할 때마다 호출해서 사용하면 전체적인 코드 블록은 간결해지고, 필요한 저장 공간도 적어진다.

- Z-속성값이 2인 이미지 스프라이트는 Z-속성값이 1인 이미지 스프라이트보다 앞쪽에 위치한다.

퀴즈

문제 두더지는 언제 어떤 상황에서 위치를 이동하는지 모두 적어라.

정답 앱을 처음 시작할 때, 게임 사용자가 두더지를 정확하게 터치하였을 때, 클락에 미리 지정해놓은 시간(0.5초)이 지났을 때

문제 어떤 앱 인벤터 프로그램에서든 처음으로 실행되는 이벤트 핸들러는 무엇인가?

정답 [When {Screen1}.Initialize] 이벤트 핸들러

문제 게임 사용자가 두더지를 정확히 터치하였을 때 일어나는 일들을 모두 기술하라.

정답 점수가 1점씩 올라간다. 부저가 울리며 폰이 진동을 한다.
두더지의 위치가 다른 두더지 구멍의 위치로 랜덤하게 이동한다.

창의적 문제

- 두더지를 정확하게 터치하면 점수가 1점씩 올라가고 잘못 터치하면 점수가 1점씩 감점되도록 프로그램을 수정하라.

- 사용자가 게임을 잘해서 점수가 일정 수준을 넘어서면 두더지가 나타나는 속도가 증가하도록 프로그램을 수정하라.

스마트폰으로 웹 사이트에서 주식 가격과 같은 것을 검색할 수 있는 앱을 앱 인벤터로도 제작할 수 있다. 이 앱은 주식 종목을 검색하면 Yahoo! Finance에서 주식 가격을 조회하여 스마트폰에서 볼 수 있게 한다.

학습내용

이 예제를 통해 다음과 같은 기능을 구현할 수 있다.

1. 사용자로부터 주식 종목을 명시하는 입력문자를 받아들이는 기능
2. Google Finance에 최근의 주식 가격을 물어보기 위해 웹 컴포넌트를 사용하는 기능
3. 결과(관심이 있는 종목의 최근 주식 가격)를 표시하는 기능

1. 시작하기

앱 인벤터 사이트에 접속하여 [new project]로 새 프로젝트를 시작한다. 프로젝트명을 [StockQuotes]로 입력하고 스크린의 이름을 "Stock Quotes" 로 지정한다.

컴포넌트 설정하기

컴포넌트 디자이너를 이용하여 다음 그림과 같이 사용자 인터페이스를 생성한다.

팔레트에서 뷰어로 컴포넌트를 드래그하여 생성하고 이름을 변경한다.

컴포넌트 종류	팔레트	이름 변경	컴포넌트 역할
TextBox	User Interface	StockSymbolTextBox	사용자가 주식 종목을 입력하는 곳
Button	User Interface	StokeQuoteButton	주식 시세 요청하기 버튼
Label	User Interface	ValueLabel	주식 시세 표시하는 부분
Web	Connectivity	Web1	주식 시세를 요청하고 수신하기 위해 사용

기본 속성을 다음과 같이 변경한다.

컴포넌트	컴포넌트 역할
StockSymbolTextBox	Hint 속성에 "증시 코드를 입력"이라고 입력
GetQuoteButton	Text 속성에 " 주식 시세"라고 입력
ValueLabel	Text 속성에 공백

※ 야후의 금융 API

많은 웹 서비스들은 개발자들의 프로그램이 서비스에 접근할 수 있도록 하기 위해 API(Application Programmer Interface)를 제공한다. 웹 사이트 http://programmableweb.com을 통해서 API를 찾아낼 수도 있고, 단순히 검색어로 서비스 이름과 "API"를 함께 입력하여 검색해서 찾을 수도 있다. 예를 들어 URL http://finance.yahoo.com/d/quotes.csv?f=l1&s=GOOG을 가지고 심볼 "GOOG"를 가진 종목의 최근 주식 가격을 알기 위하여 Yahoo! Finance API를 사용할 수 있다. "f=l1"은(소문자 L 그리고 숫자 1)은 "최신 가격"을 말하는 것이고, "s=GOOG"는 "GOOG"에 대한 정보를 말한다. 결과는 쉼표로 구분된 값(CSV)형식으로 반환된다. 쿼리에 대하여 오직 하나의 값이 반환되므로 결과는 511.5와 같은 기존의 숫자일 것이다.

2. 컴포넌트 역할 추가하기

데이터 요청하기

다음 그림은 웹에서 데이터를 요청하기 위한 블록이다.

블록 종류	블록 위치	수행
StockQuoteButton.Click	GetQuoteButton	"Get Stock Quote" 버튼을 클릭할 때 수행하는 이벤트 핸들러
set Web1.Url to	Web1	정보를 요청할 URL을 명시
join	Text	URL의 여러 부분들을 하나로 연결하여 합친다.
" " (http://finance.yahoo.com/d/quotes.csv?f=l1&s=)	Text	URL의 첫 번째 고정된 주소 부분
StockSymbolTextBox.Text	StockSymbolTextBox	텍스트 상자에서 주식 코드를 얻음
Call Web1.Get	Web1	웹 요청

블록의 의미는 [StockQuoteButton]을 클릭하면, 먼저 "http://finance.yahoo.com/d/quotes.csv?f=l1&s="와 사용자가 [StockSymbolTextBox]에 입력한 내용을 합쳐서 웹 URL을 만든다. 그리고 나서 URL에 명시된 페이지에게 데이터를 요청한다.

데이터 받기

웹 요청에 대한 응답이 도착하면, 네 개의 매개변수를 가진 [Web.GotText] 이벤트가 발생한다.

- URL: 만약 많은 다른 URL들을 가지고 있는 요청들이 만들어진다면 그 중에서 맨 처음 요청의 URL을 의미한다.
- responseCode(응답 코드): HTTP 상태 코드인데, 이것은 웹 요청이 성공했는지 실패했는지를 나타낸다. 예를 들면 200은 요청이 성공했다는 의미이고 404는 페이지를

찾을 수 없다는 의미이다.

- responseType: 응답의 MIME 타입이다. 예를 들면, 이 앱에서의 "text/CSV"나 "Image/JPEG" 등과 같은 것이다.
- responseContent: 이 앱에서의 "511.5"와 같이 반환되는 데이터를 의미한다.

앱을 만드는 데 필요한 블록의 그림과 표는 다음과 같다.

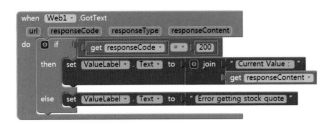

블록 종류	블록 위치	수행
Web1.GoText	Web1	웹으로부터 응답이 돌아왔을 때 수행할 일을 명시한다.
if then	Control	요청의 성공 여부에 따라 다른 동작을 제공한다. 뮤테이터(mutator)를 이용하여 else문을 추가시킬 수 있다.
get responseCode	Variables	웹에 요청하여 응답된 코드를 가져온다.
= (equals) block	Logic	=는 ...과 동일한지 확인한다.
number (200)	Math	...200, 유효한 웹 응답 코드
set ValueLabel.Text to	ValueLabel	화면에 결과를 표시
join	Text	문자열을 합침
"Current value : "	Text	...the text "Current value: " and...
get responseContent	Variables	웹에서 반환된 값을 가져온다.
set ValueLabel.Text to	ValueLabel	에러 메시지를 표시
"Error getting stock quote"	Text	에러 메시지

만약 responseCode가 웹 요청이 성공했다는 것을 의미하는 200과 같으면 "Current value:" 뒤에 반환받은 데이터(responseContent)를 붙여서 화면의 ValueLabel에 표시하고, responseCode가 200이 아니면 화면의 ValueLabel에는 "Error getting stock quote"라는 에러 메시지가 표시된다.

요약

- API(Application Programmer Interface) 사용하기
- 웹 컴포넌트를 가지고 있는 요청 만들기
- 웹 요청이 성공하였는지 점검하기
- 웹으로부터 반환받은 정보를 표시하기

Chapter
고 급 앱 만 들 기
35 | 우주 침략자들

우주 해적단의 비행접시 하나가 침략하였다. 스크린 위를 이리저리 날아다니며 지구를 위협하고 있는 침략자 비행접시를 로켓에서 총알을 발사하여 맞추는 어플리케이션을 만들어보자.

학습내용

이 강좌는 미래의 게임 개발에 유용한 다음과 같은 기술들을 소개한다.

- 클락 컴포넌트의 사용 방법
- 스프라이트(wprite:주인공)들을 움직일 Clock.Timer의 사용 방법
- 하나의 스프라이트를 움직일 Sprite.Flung의 사용 방법
- collision detection(충돌 감지)의 사용 방법
- 스프라이트들의 보여주기(visibility)의 설정 방법

학습목표

- 클락 컴포넌트와 Timers를 사용하여 일정한 시간 간격으로 이벤트를 발생시킬 수 있다.
- 이미지 스프라이트와 캔버스 같은 애니메이션 컴포넌트를 사용할 수 있다.
- 앱 인벤터에서 보여주기 속성을 설정하고 충돌을 감지하는 연습을 한다.

1. "Space Invaders" 만들기

크롬 브라우저를 열고 앱 인벤터 웹 사이트(http://appinventor.mit.edu)에 접속한 다음 [Create]를 클릭한다.

gmail의 ID와 패스워드를 입력하고
로그인한 다음 [Project]를 클릭하고
[Start new project]를 선택한다.

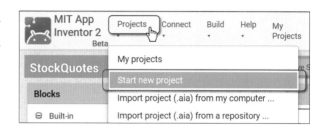

프로젝트 이름 칸에 "SpaceInvader"라고 입력하고 [OK]를 클릭
한다.

이 게임을 만들기 위하여 총을 발사하는 우주선 이미지와 공중을
나는 비행접시 이미지를 준비한다.

준비되었으면 SpaceInvader 게임을 만들어 보자. 앱 인벤터로 앱
을 만드는 과정은 먼저 [Designer] 화면에서 여러분이 만들 게임
앱의 스크린을 디자인하고, [Blocks] 화면에서 각 컴포넌트의 기능을 설정한다.

2. 화면 디자인하기

프로젝트 이름을 입력한 후 처음으로 열린 화면은 [Designer] 화면이다. 맨 먼저
[Screen1]의 [Title] 속성으로 "SpaceInvaders"를 입력한다. 그리고 나서 [Palette] 창
의 [Drawing and Animation] 컴포넌트 모음에서 [Canvas]를 선택하여 [Viewer] 창의
[Screen1] 위로 끌어다 놓는다. [Component] 창의 [Screen1] 아래에 [Canvas1]이 생성
된 것을 확인할 수 있다. [Canvas1]의 너비(Width) 속성은 [Fill Parent]로 선택하고, 높
이(Height)는 300픽셀, 배경색(BackgroundColor)은 검정(Black)으로 설정한다.

[Components] 창 아래의 [Media] 창에서 [Upload File...]을 클릭하여 준비
해 둔 우주선 이미지와 비행접시 이미지 파일을 차례로 불러온다.

[Drawing and Animation] 컴포넌트 모음에서 [ImageSprite] 컴포넌트를 차례대로 두
번 끌어다가 [Canvas1] 컴포넌트 안에다 넣는다. [Components] 창의 [Canvas1] 아래에
[ImageSprite1]과 [ImageSprite2]가 생성된 것을 확인할 수 있다. [ImageSprite1]의 이름
을 "RocketSprite"로 바꾸고, 속성 창에서 [Picture] 속성으로 "rocket.png" 파일을 선택

하고 [Y] 속성값으로 230을 입력한다. [Y] 속성값은 이미지의 세로 위치를 의미하며 캔버스의 맨 아래쪽에 로켓 이미지가 나타난다. [ImageSprite2]의 이름을 "SaucerSprite"로 바꾸고 [Picture] 속성으로 "saucer.png" 파일을 선택한다.

이번에는 [Drawing and Animation] 컴포넌트 모음에서 [Ball] 컴포넌트를 [Canvas1] 안으로 끌어넣고 이름을 "Bullet"으로 바꿔준다. 이 컴포넌트의 [PaintColor]는 "Green"으로 바꾸고 [Radius] 속성은 8로 설정한다. [Layout] 컴포넌트 모음에서 [HorizontalArrangement] 컴포넌트를 끌어와서 캔버스의 아래에 위치시키고 이 컴포넌트의 안에 Label1과 ScoreLabel을 포함시킨다.

[User Interface] 컴포넌트 모음에서 [Label]을 차례대로 두 번 끌어다가 [Horizontal Arrangement] 컴포넌트 안에 넣는다. [Label1]의 [Text] 속성으로 "Score:"를 입력하고 [Label2]는 [ScoreLabel]로 이름을 바꾼 다음 [Text] 속성으로 "0"을 입력한다. [User Interface] 컴포넌트 모음에서 [Button] 컴포넌트를 선택하여 [HorizontalArrangement] 컴포넌트 아래로 끌어놓고 이름을 [ResetButton]으로 바꿔준다. [Text] 속성에는 "Reset"을 입력한다. 이 버튼은 게임의 점수를 0으로 리셋할 때 사용한다.

마지막으로 [User Interface] 컴포넌트 모음에서 [Clock]을 선택하여 [Screen1] 안으로 끌어넣고 [TimerInterval] 속성을 '3000'으로 설정한다. 이 값은 3000 mili second, 즉 3초를 의미하며, Clock 컴포넌트는 3초마다 한 번씩 스크린 상단의 비행접시의 위치를 바꾸기 위하여 사용한다.

지금까지 "SpaceInvaders" 게임 앱의 화면을 디자인하고 각 컴포넌트의 속성을 설정하였다.

컴포넌트 이름	컴포넌트 종류	팔레트	속성값
Canvas1	Canvas	Drawing and Animation	Width: Fill parent Height: 300 BackgroundColor: Black
RocketSprite	ImageSprite	Drawing and Animation	Picture: rocket.png Y: 230
SaucerSprite	ImageSprite	Drawing and Animation	Picture: saucer.png
Bullet	Ball	Drawing and Animation	PaintColor: Green Radius: 8
HorizontalArrangement1	HorizontalArrangement	Layout	
Label1	Label	User Interface	Text: "Score: "
ScoreLabel	Label	User Interface	Text: "0"
ResetButton	Button	User Interface	Text: "Reset"
Clock1	Clock	User Interface	TimerInterval: 3000

3. 기능 설정하기

지금부터 침략자인 비행접시가 스크린 위쪽에서 3초에 한 번씩 임의로 위치를 바꾸면 앱 사용자가 스크린 아래쪽의 로켓을 손가락으로 이리저리 끌거나 터치하면서 총알을 발사하여 비행접시를 맞출 수 있도록 각각의 컴포넌트에 기능을 설정한다. 화면의 오른쪽 상단에서 [Block] 버튼을 클릭하면 블록 에디터로 화면이 변경된다.

로켓 움직이기

맨 먼저 스크린 아래쪽의 로켓의 위치를 이리저리 옮길 수 있도록 설정한다. 로켓은 수평 방향으로만 위치를 옮길 수 있다. 화면 왼쪽의 [Blocks] 창에서 [RocketSprite]를 선택하고 [RocketSprite.Dragged] 이벤트 핸들러를 [Viewer] 창으로 끌어 놓는다.

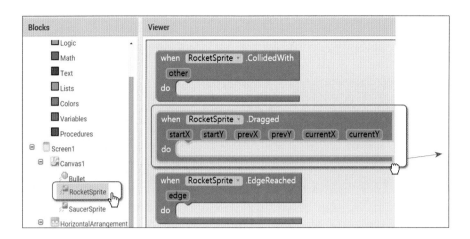

다시 한 번 더 [RocketSprite]를 선택하고 [Set {RocketSprite}.X to]를 끌어서 [When {RocketSprite}.Dragged] 안쪽에 끼워 넣는다.

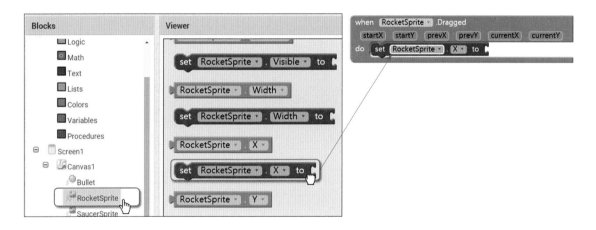

[Built-in]의 [Variables]를 클릭하고 [get { }]을 끌어서 [Set {RocketSprite}.X to]의 오른쪽 에 끼워 맞추고 [currentX]를 선택한다.

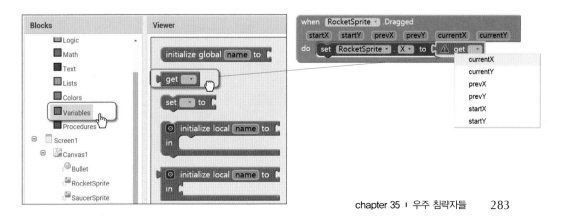

이것은 앱 사용자가 로켓의 위치를 수평 방향으로 이리저리 이동시킬 수 있도록 해준다.

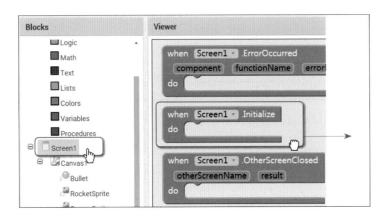

로켓에서 총알 발사하기

총알은 발사되기 전까지는 보이지 않아야 하며, 로켓에서 발사되고 적 우주선에 부딪힌 후에는 사라져야 한다. 지금부터 로켓이 적 우주선을 향하여 총알을 발사하는 프로그램을 작성한다.

화면 왼쪽의 [Blocks] 창에서 [Screen1]을 선택하고 [When {Screen1}.Initialize] 이벤트 핸들러를 [Viewer] 창으로 끌어다 놓는다.

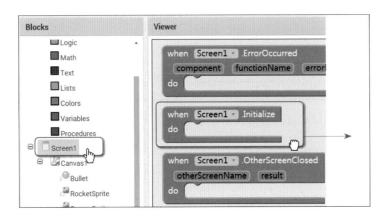

[Blocks] 창에서 [Bullet]을 선택하고 [Set {Bullet}.visible to]를 끌어서 [When {Screen1}.Initialize] 사이에 끼워 맞춘 다음, 총알(Bullet)의 보여주기 속성을 [False]로 설정한다. 이 설정은 총알이 발사되기 전에는 스크린에서 보이지 않도록 한다.

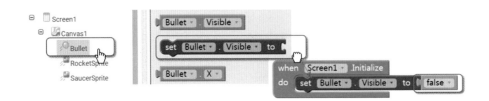

로켓에서 총알을 쏜 후에는 총알이 화면에 나타나야 한다. 게임 사용자가 로켓을 터치할 때 총알이 적 우주선을 향해 날아가도록 만들어 보자.

[Blocks] 창에서 [RocketSprite]를 선택하고 [When {RocketSprite}.Touched] 이벤트 핸들러를 [Viewer] 창으로 끌어놓는다. 손으로 로켓을 터치하면 총알이 보이면서 일정한 속력과 방향으로 날아가게 만들어야 한다. 총알이 날아가는 방향은 0°에서 360°까지 설정할 수 있는데, 0°와 360°는 왼쪽, 90°는 위쪽, 180°는 오른쪽, 270°는 아래쪽으로 날아간다. 총알이 날아가는 속력은 pixels/sec로 측정된다. 총알이 날아가는 방향은 90°, 속력은 초당 5픽셀로 설정하여 보자.

[When {Bullet}.CollidedWith] 이벤트 핸들러를 이용하여 총알이 적 우주선을 명중하였을 때 일어나는 일들을 설정할 수 있다. [When {Bullet}.CollidedWith] 이벤트는 총알이 다른 스프라이트와 충돌할 때마다 호출된다. 그런데, 우리의 로켓 스프라이트는 화면의 맨 아래 바닥에 위치해 있기 때문에 총알은 로켓 스프라이트와 충돌할 수는 없고, 단지 적 우주선에만 충돌할 수 있다. 총알이 우주선에 충돌하면 점수가 증가해야 하고, 총알은 사라져야 한다.

그리고 총알이 적 우주선을 명중시키지 못하고 화면의 상단 경계선에 닿으면 총알은 사라져야 한다.

지금까지 만든 게임을 테스트해 보자. 그런데 총알이 한 번만 발사되고 계속해서 발사되지 않는다. 계속해서 총알을 발사하려면 게임 사용자가 로켓을 터치할 때마다 총알이 로켓의 앞부분으로 다시 되돌아오도록 프로그램을 작성해야 한다.

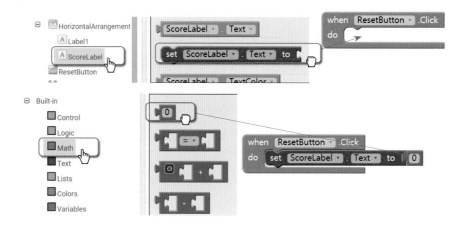

나머지 버튼에 대한 프로그래밍

리셋(Reset) 버튼을 클릭하여 점수를 0점으로 초기화할 수 있도록 만들어 보자.

난이도를 증가시켜서 총알이 적 우주선을 명중시키면 적 우주선의 위치가 바뀌도록 만들어 보자. 적 우주선은 Y축(수직) 방향으로는 위치가 고정되어 있고 단지 X축(수평) 방향으로만 위치를 변화시킬 수 있다. X축 방향으로 적 우주선의 위치를 임의로 변화시키기 위하여 랜덤 블록을 사용한다.

게임을 더 어렵게 만들기 위하여 일정한 시간이 지나면 적 우주선의 위치를 바꿀 수도 있다.

앞에서 게임 화면을 디자인할 때 [TimerInterval] 속성을 '3000'으로 설정하였기 때문에 3초에 한 번씩 타이머가 작동하여 적 우주선의 위치를 이동시킨다.

이제 게임이 완성되었다. 메뉴에서 [Connect]를 누르고 [AI Companion]을 클릭하여 스마트폰에서 이 게임을 실행해 본다.

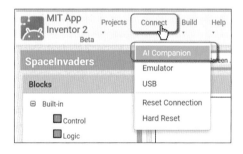

요약

- Clock components와 Timers를 사용하여 일정한 시간 간격으로 이벤트를 발생시킨다.
- Image Sprites와 Canvas와 같은 Animation Components를 사용한다.
- Sprite.Flung의 사용으로 하나의 image sprite의 위치를 이동시킨다.
- image sprite의 보이기(visibility) 속성 설정으로 충돌을 감지하게 한다.

퀴즈

문제 손으로 로켓 이미지를 터치하였을 때 일어나는 일들을 설정할 수 있는 이벤트 핸들러는 무엇인가?

문제 총알이 적 우주선을 명중하였을 때 일어나는 일들을 설정할 수 있는 이벤트 핸들러는 무엇인가?

창의적 문제

- 이미지 스프라이트(image sprite)를 하나 더 추가하고 만약 총알이 이 이미지 스프라이트를 맞추면 점수를 감점시킬 수 있도록 하라.
- [Label] 컴포넌트를 이용하여 화면에 파워 에너지 바를 추가하라. 이 파워 에너지 바의 초기 상태는 100% 에너지로 시작하며 적을 맞추지 못하고 시간이 흐르면 파워 에너지를 잃고 적을 맞추면 에너지가 충전되도록 설계한다. 에너지가 0%가 되면 게임이 끝난다.

36 | 비디오 담장

비디오 플레이어 컴포넌트의 너비(width), 높이(height), 전체 화면(FullScreen) 속성을 이용하여 비디오 재생의 크기를 조절하는 방법을 알아보자.

학습내용

이 앱은 비디오 플레이어의 크기를 조절할 수 있는 다음의 기술들을 소개한다.

• 한 화면 안에 여러 개의 비디오를 재생시키는 방법

• 비디오를 실제 크기만큼 확장하거나 축소시키는 방법

• 선택한 비디오를 전체 화면 크기로 보는 법

학습목표

• 하나의 화면 안에 여러 개의 비디오를 동시에 재생시킬 수 있다.

• 재생되는 비디오 플레이어의 크기를 축소하거나 원래의 크기로 확대할 수 있다.

• 재생 중인 비디오 중 하나를 전체 화면 모드로 확대시킬 수 있다.

• Any Component 블록을 이용하여 하나의 Procedure 블록으로 관련된 모든 컴포넌트를 조절할 수 있다.

1. 비디오 담장[1] (VideoWall) 앱 만들기

크롬 브라우저를 열고 앱 인벤터 웹 사이트(http://appinventor.mit.edu)에 접속한 다음 [Create]를 클릭한다.

---

1. 비디오 담장(Video Wall)이란 서로 연결되어 있는 한 세트의 비디오 화면을 말한다. 각 화면은 전체 그림의 일부를 보여주기도 하고 같은 그림을 모든 화면에서 반복적으로 보여주기도 한다.

gmail의 ID와 패스워드를 입력하고 로그인한 다음 [Project]를 클릭하고 [Start new project]를 선택한다.

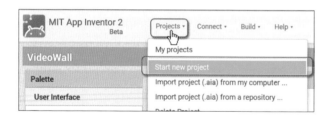

프로젝트 이름 칸에 "VideoWall"이라고 입력하고 [OK]를 클릭한다.

그리고 사이트(http://appinventor.mit.edu/explore/ai2/videowall.html)에서 다음의 비디오 파일들을 다운로드 받는다.

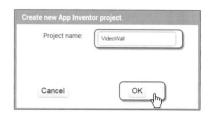

- BigBuckBunny(bigbuckbunny.3gp)
- NASA(nasa.3gp)
- Sintel(sintel.3gp)

2. 화면 디자인하기

[Designer] 화면에서 비디오 담장 앱의 인터페이스를 만들어 보자.

먼저, 사용할 비디오 파일들을 업로드한다. 앞에서 다운로드 받아놓은 세 개의 비디오 파일들을 선택한다.

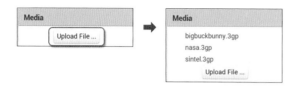

속성 창에서 [Screen1]의 속성 중 [BackgroundColor]를 검정색(Black)으로 설정하고, [Screen Orientation]을 'Landscape'로 설정하여 화면을 가로 방향으로 설정한다. 그리고 [Title] 속성에는 "VideoWall"을 입력한다. 화면 왼쪽의 팔레트(Palette) 창에서 [Layout]

의 [HorizontalArrangement] 컴포넌트를 뷰어(Viewer) 창의 스크린 안으로 끌어놓고 너비(Width) 속성을 [Fill parent]로 설정한다.

[Components] 창에서 [Screen1] 아래에 [HorizontalArrangement1] 컴포넌트가 삽입된 것을 확인할 수 있다. 다시 [HorizontalArrangement1] 컴포넌트 안으로 [VerticalArrangement] 컴포넌트 세 개를 차례로 끌어넣고 너비(Width) 속성을 모두 [Fill parent]로 설정한다.

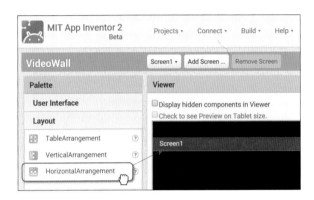

그리고 각각의 [VerticalArrangement] 컴포넌트 안으로 팔레트 창의 미디어(Media) 컴포넌트 모음에 있는 [Video Player]를 한 개씩 끌어넣고 너비(Width)는 [Fill parent]로, 높이(Height)는 36픽셀로 설정한다. 첫 번째 비디오 플레이어에서 보여줄 동영상은 'bigbuckbunny.3gp'이다. [VideoPlayer1] 컴포넌트의 소스(Source) 속성으로 'bigbuckbunny.3gp'를 선택한다. 차례대

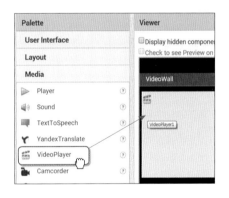

로 [VideoPlayer2] 컴포넌트의 소스(Source) 속성은 'nasa.3gp', [VideoPlayer3] 컴포넌트의 소스(Source) 속성은 'sintel.3gp'를 선택한다.

다시 각각의 [VerticalArrangement] 컴포넌트 안으로 [Button]을 두 개씩을 끌어 넣는다. 각 버튼의 이름은 [ResizeButton1]과 [FullScreenButton1], [ResizeButton2]와 [FullScreenButton2], [ResizeButton3]과 [FullScreenButton3]으로 입력하고 너비(Width) 속성은 모두 [Fill parent]로 설정한다. 모든 [ResizeButton]들의 Text 속성은 "Grow", [FullScreenButton]들의 Text 속성은 "Show Full Screen"으로 입력한다.

아래 그림은 비디오 담장(Video Wall) 앱의 화면 디자인이 완성된 모습이다.

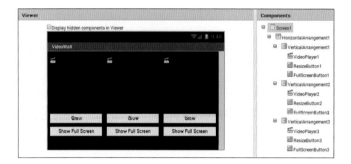

각 컴포넌트의 속성은 다음과 같다.

컴포넌트 이름	컴포넌트 종류	팔레트	속성값
Screen1			Background Color: Black Title: VideoWall Screen Orientation: Landscape
HorizontalArrangement1	HorizontalArrangement	Layout	width: Fill parent
VerticalArrangement2	VerticalArrangement	Layout	width: Fill parent height: 36 pixels
VerticalArrangement3	VerticalArrangement	Layout	width: Fill parent height: 36 pixels
VerticalArrangement1	VerticalArrangement	Layout	width: Fill parent height: 36 pixels
VideoPlayer1	Video Player	Media	
VideoPlayer2	Video Player	Media	
VideoPlayer3	Video Player	Media	
ResizeButton1	Button	User Interface	Text: "Grow" width: Fill parent
ResizeButton2	Button	User Interface	Text: "Grow" width: Fill parent
ResizeButton3	Button	User Interface	Text: "Grow" width: Fill parent
FullScreenButton3	Button	User Interface	Text: "Show Full Screen" width: Fill parent
FullScreenButton3	Button	User Interface	Text: "Show Full Screen" width: Fill parent
FullScreenButton3	Button	User Interface	Text: "Show Full Screen" width: Fill parent

3. 기능 설정하기

전역변수 정의

화면의 인터페이스 디자인이 완성되었지만 아직 비디오의 크기가 조절되지는 않는다. 그럼 지금부터 블록 에디터 화면을 열어서 크기 조절 버튼의 기능을 설정한다. 먼저 전역변수로 vid1_zoomed와 vid2_zoomed, vid3_zoomed를 정의하고 각각의 초기값으로 "false"를 설정한다. 이 변수들은 각 비디오 플레이어의 크기 상태를 나타내는데, 각 비디오 플레이어의 크기가 원래의 크기를 유지하면 "false"의 값을 가지고, 크기가 축소되면 "true"의 값을 갖는다.

화면 왼쪽 [Blocks] 창의 [Variables]를 클릭하고 [initialize global {name} to]를 [Viewer] 창으로 끌어놓고, {name}을 클릭하여 {vid1_zoomed}라고 이름을 수정한다.

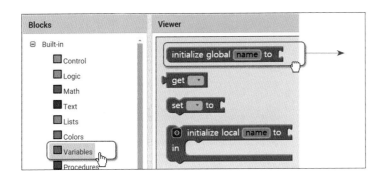

다시 [Blocks] 창에서 [Logic]을 클릭한 다음 [{false}]를 끌어다 [initialize global {vid1_zoomed} to]에 끼워 넣는다.

[initialize global {vid1_zoomed} to {false}] 블록에서 마우스 오른쪽 버튼을 클릭하여 [Duplicate]를 선택하는 방법으로 블록을 두 개 더 복제한다. 복제된 블록의 변수 이름을 차례대로 {vid2_zoomed}와 {vid3_zoomed}로 고친다.

세 개의 비디오 플레이어가 원래의 크기를 유지한 상태로 설정되었다.

비디오 플레이어의 크기 조절 프로시저 만들기

[Block] 창에서 [Procedures]를 클릭하고 [to {procedure} do] 블록을 [Viewer] 창으로 끌어놓고 procedure의 이름을 {resizeVideoPlayer}로 정의한다.

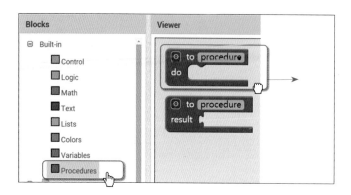

[to {resizeVideoPlayer} do] 블록의 왼쪽 상단에 있는 ▣를 클릭하고 [input {x}] 블록을 [inputs] 안으로 세 번 반복하여 끌어넣으면 x, x2, x3라는 인자가 생성된다. 이 방법을 돌연변이(mutator) 기능이라고 한다.

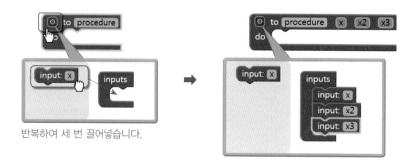

반복하여 세 번 끌어넣습니다.

세 개의 인자 x, x2, x3의 이름을 아래 그림과 같이 VideoPlayer, zoomed, button으로 수정한다.

비디오 플레이어가 축소되었는지 혹은 확대되었는지에 따라 축소 상태이면 확대 상태로, 확대 상태이면 축소 상태로 바꾸어줄 수 있는 기능을 만들어보자. [Blocks] 창에서 [Control]을 클릭한 다음 [if then] 블록을 끌어다 [to {resizeVideoPlayer} do] 블록 안에 끼워 넣는다.

[if then] 블록에서 돌연변이(mutator) 기능을 이용하여 [if then] 블록을 [if then else] 구조로 수정한다.

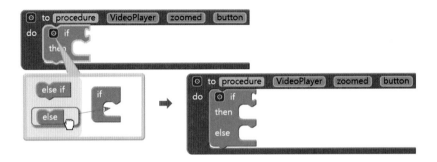

만약 비디오 플레이어의 상태가 축소 상태이면 확대 상태로, 확대 상태이면 축소 상태로 바꿀 수 있도록 세부 사항들을 설정한다. 먼저 [Logic] 블록 모음에서 █▐███▌ 블록을 끌어서 [if] 옆에 끼워 넣는다. [Variables] 블록 모음에서 [get { }] 블록을 끌어서 █▐███▌ 블록의 {=} 왼쪽 빈 곳에 끼워 넣고 변수 zoomed를 선택한다.

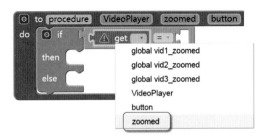

[Logic] 블록 모음에서 [{true}] 블록을 끌어서  블록의 {=} 오른쪽 빈 곳에 끼워 넣는다.

각 비디오 플레이어의 크기 상태는 다음과 같이 설정한다.

- 너비(Width) 속성: 확대/축소 상태 모두 VerticalArrangement에 꽉 찬 상태[2](값으로 −1)
- 높이(Height) 속성: 확대 상태(144픽셀), 축소 상태(36픽셀)
- 각 ResizeButton의 텍스트 속성: 확대 상태("Shrink"), 축소 상태("Grow")

이 앱에는 세 개의 비디오 플레이어가 있지만, 하나의 프로시저를 사용하여 세 개의 비디오 플레이어의 크기를 모두 조절할 수 있도록 한다. 그러기 위해서는 화면 왼쪽의 [Blocks] 창 맨 아래쪽에 있는 [Any component] 모음의 [Any VideoPlayer]를 클릭하면 나타나는 [Set VideoPlayer.{Width}]와 [Set VideoPlayer.{height}] 블록, [Any Button]을 클릭하면 나타나는 [Set Button.{Text}] 블록을 차례대로 끌어다 [if then else] 블록의 {then} 옆에 끼워 넣는다. 그리고 아래 그림과 같이 비디오 플레이어의 너비와 높이, ResizeButton 위에 적힐 텍스트를 설정한다.

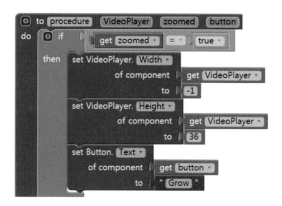

2. VideoPlayer.Width와 VideoPlayer.Height의 값이 양수이면 픽셀 값이 되고, −1이면 꽉 찬 상태(Fill parent), −20이면 자동 크기(Automatic)로 설정된다.

앞의 그림은 각 비디오 플레이어가 축소되도록 설정한 것이다. 같은 방법으로 비디오 플레이어가 원래 상태대로 확대하려면 다음과 같다. 비디오 플레이어가 축소된 각 블록들을 복제(Duplicate)하여 {else} 옆에 끼워 넣고 값만 변경하면 훨씬 쉽게 작업할 수 있다.

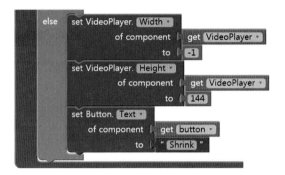

지금까지 비디오 담장 앱 안의 비디오 플레이어의 크기를 확대/축소할 수 있는 한 개의 프로시저를 만들었다. 하지만 지금까지 작업한 것을 테스트해보면 아직 세 개의 비디오 플레이어 중 어느 것도 실제로 그 크기가 확대되거나 축소되지는 않음을 알 수 있다. [ResizeButton1] 버튼을 누를 때마다 [VideoPlayer1]의 화면 크기를 축소 상태에서 확대 상태로, 확대 상태에서 축소 상태로 변환시키고, [ResizeButton2], [ResizeButton3] 버튼 또한 [VideoPlayer2], [VideoPlayer3]의 크기를 각각 이전과 반대 상태가 되도록 각 버튼에 기능을 설정하여야 한다. 그 결과는 아래의 그림과 같다.

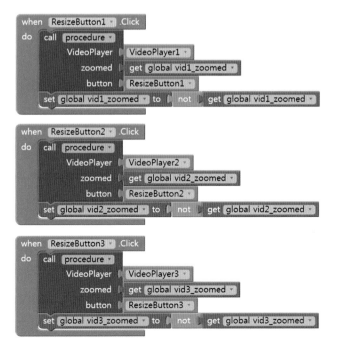

지금까지 작업한 결과를 테스트해 보자. BigBuckBunny 비디오 아래의 Grow 버튼을 클릭하면 비디오의 크기는 확대되고 버튼 위의 문자는 "Shrink"로 변할 것이다. Shrink 버튼을 클릭하면 비디오의 크기는 다시 축소되고 버튼 위의 문자는 "Grow"로 변한다.

전체 화면 모드로 보기 기능 설정

[FullScreenButton1] 버튼을 클릭하면 첫 번째 비디오 플레이어가 전체 화면 모드로 확대되고, [FullScreenButton2]와 [FullScreenButton3] 버튼을 클릭하면 각각 두 번째 비디오 플레이어와 세 번째 비디오 플레이어가 화면 전체로 확대되는 기능을 만들어보자.

먼저 [Blocks] 창에서 [FullScreenButton1]을 선택하고 [When {FullScreenButton1} .Click] 이벤트 핸들러를 [Viewer] 창으로 끌어놓는다.

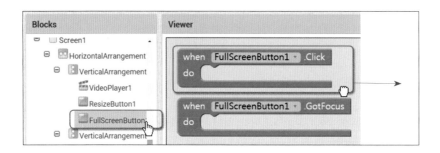

그리고 [Blocks] 창에서 [VideoPlayer1]을 선택하고 [Set {VideoPlayer1}.{FullScreen} to] 블록을 끌어다 [When {FullScreenButton1}.Click] 이벤트 핸들러 안에 끼워 넣는다. 마지막으로 FullScreen 상태가 설정되도록 [Blocks] 창에서 [Logic]을 클릭하여 [{true}] 블록을 [Set {VideoPlayer1}.{FullScreen} to] 블록 옆에 끼워 넣는다.

[When {FullScreenButton1}.Click] 이벤트 핸들러를 차례대로 두 번 복제(Duplicate)한 후 다음과 같이 수정한다.

[VideoPlayer.FullScreen] 블록은 비디오 플레이어의 상태가 화면 전체냐 아니냐에 따라 true나 false 값을 갖는데, [VideoPlayer.FullScreen] 블록이 true 값을 가지면 해당 비디오 플레이어는 전체 화면 모드가 된다.

요약

- 한 화면 안에 담장을 쌓고 여러 개의 비디오를 재생한다.
- 플레이어의 크기를 축소하거나 원래의 크기로 확대한다.
- 재생 중인 비디오 중 하나를 전체 화면 모드로 확대한다.

퀴즈

문제 [if~then] 블록을 [if~then~else] 블록으로 구조를 바꾸는 방법을 설명하 시오.

문제 [AnyVideoplayer] 블록의 기능을 설명하시오.

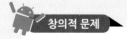
창의적 문제

- 재생되고 있는 비디오를 손으로 터치할 때마다 FullScreen 상태가 true에서 false로, false에서 true로 변하는 기능을 추가하시오.

앱 인벤터로 SMS 프로세싱 앱을 만들어보자. 지금부터 만들 앱의 좋은 점은 이 앱 사용자들의 휴대폰이 안드로이드 폰이 아니어도 된다는 것이다. 물론 이 앱은 안드로이드 장치에서 실행되지만 이 앱 사용자들의 휴대폰은 스마트폰이든 아니든 어떤 폰으로도 SMS를 통하여 인터페이스로 연결할 수 있다. 이 앱의 GUI(Graphical User Interface)는 안드로이드 앱을 통해 활동을 감독하는 관리자를 위한 것이다.

여기 가상의 플래시 몹 댄싱 그룹이 있다고 가정한다. 플래시 몹이란 인터넷을 매개로 만난 사람들끼리 이메일이나 휴대폰을 통해 사전에 공지된 지령에 따라 정해진 시간과 장소에 모여서 주어진 행동을 하고 곧바로 흩어지는 행위를 말한다. 지금부터 이 플래시 몹 댄싱 그룹이 허브로 사용할 앱을 만들어보자. 이 그룹에 가입하고 싶은 사람이 앱 관리자의 휴대폰으로 가입의사를 밝히는 정해진 문자("joinFMDT")를 보내면 앱은 자동으로 그 사람을 그룹에 등록시키고 가입을 축하하는 자동 응답 메시지를 보낸다. 만약 이미 가입한 사람이 앱 관리자의 휴대폰으로 임의의 문자 메시지를 보내면 앱은 받은 문자를 이 그룹에 등록된 모든 사람들의 휴대폰으로 전체 발송한다. 이 앱의 이름을 'BroadcastHub'라고 한다.

학습내용

이 장에서는 다음과 같은 앱 인벤터의 개념들을 배우게 된다.

- Texting 컴포넌트의 사용법
- 리스트 변수 사용법
- 반복적인 수행을 위한 foreach 블록의 사용법
- 데이터를 지속적으로 저장하기 위한 TinyDB의 사용법

학습목표

- Texting 컴포넌트를 사용하여 문자를 보내고, 받은 문자를 처리할 수 있다.
- 리스트 변수를 사용하여 전화번호 리스트를 기록할 수 있다.
- foreach 블록을 사용하여 리스트에 있는 모든 전화번호로 메시지를 보낼 수 있다.
- TinyDB로 데이터를 지속적으로 저장하여 앱을 닫아도 전화번호 목록을 계속해서 보관할 수 있다.

1. BroadcastHub 만들기

이 앱을 만들고 테스트를 해 보려면 SMS 문자를 주고받을 두 개 이상의 휴대폰이 필요하다. 또한 앱을 완전하게 테스트하기 위해서는 앱 관리자가 단체 문자를 보낼 수 있는 몇 사람의 친구(회원)도 필요하다.

크롬 브라우저를 열고 앱 인벤터 웹 사이트(http://appinventor.mit.edu)에 접속한 다음 [Create]를 클릭한다.

gmail의 ID와 패스워드를 입력하고 로그인한 다음 [Project]를 클릭하고 [Start new project]를 선택한다.

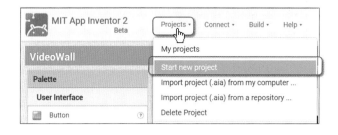

프로젝트 이름 칸에 "BroadcastHub"라고 입력하고 [OK]를 클릭한다.

2. 화면 디자인하기

BroadcastHub 앱은 휴대폰들 사이의 커뮤니케이션을 수월하게 만들어준다. 앱 사용자들의 휴대폰에 이 앱이 설치될 필요도 없고, 그들의 휴대폰이 스마트폰이 아니어도 된다. 따라서 이 앱의 모든 인터페이스는 앱 사용자들을 위한 인터페이스가 아니라 그룹의 관리자를 위한 인터페이스이다.

앱 관리자를 위한 인터페이스는 간단한다. 그룹에 등록된 회원의 전화번호 목록과 회원들로부터 받았거나 전체 회원들에게 공지한 문자 메시지를 표시만 하면 된다.

다음 표에 표시된 컴포넌트를 화면에 추가하여 인터페이스를 만들어보자.

컴포넌트 유형	팔레트	컴포넌트 이름	설명
Label	User Interface	Label1	전화번호 목록 위에 제목으로 표시
Label	User Interface	BroadcastListLabel	등록된 전화번호를 표시
Label	User Interface	Label2	로그 정보 위에 제목으로 표시
Label	User Interface	LogLabel	회원으로부터 수신하거나 회원 전체에게 공지할 문자의 로그를 표시
Texting	Social	Texting1	문자의 처리
TinyDB	Storage	TinyDB1	등록된 전화번호를 저장

그림은 BroadcastHub 앱의 화면 디자인이 완성된 모습이다. 컴포넌트 Texting1과 TinyDB1은 화면에 표시되지 않는 컴포넌트(Non-visible components)로 화면 아래에 따로 표시되어 있다.

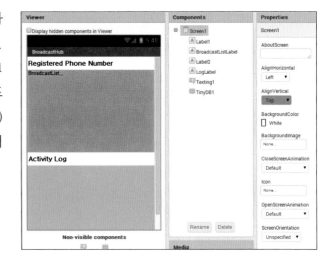

먼저, Screen1의 Title 속성으로 "BroadcastHub"를 입력하여 화면 상단에 앱의 이름이 표시되도록 한다. 모든 Label의 너비(Width) 속성은 "Fill parent"로 설정하고, Label1과 Label2의 FontSize는 18, FontBold 아래의 작은 네모 안에 체크 표시를 해서 굵게 표시를 한다. BroadcastListLabel과 LogLabel의 높이(Height)는 200픽셀로 설정하여 여러 줄이 표시될 수 있도록 하고, Background Color 속성으로 임의의 색깔을 선택하여 시각적으로 영역을 구분해준다. 그리고 BroadcastListLabel의 Text 속성에는 "Broadcast List…"라고 입력한다. LogLabel의 Text 속성은 공백이다.

컴포넌트 이름	속성
Screen1	Title: BroadcastHub
Label1	width: Fill parent, FontSize: 18, FontBold: 체크
BroadcastListLabel	width: Fill parent, height: 200, Text: "Broadcast List…", Background Color: 임의
Label2	width: Fill parent, FontSize: 18, FontBold: 체크
LogLabel	width: Fill parent, height: 200, Text: 공백, Background Color: 임의

3. 기능 설정하기

자동 응답 문자 메시지 발송 기능 만들기

블록 에디터 화면으로 이동하여 BroadcastHub 앱의 기능들을 하나씩 구현해보자. 이 앱은 관리자의 휴대폰이 어떤 문자 메시지를 받으면 Texting1.MessageReceived 이벤트 핸들러가 반응을 시작한다.

예를 들어 BroadcastHub 앱이 실행되고 있는 앱 관리자의 휴대폰이 "안녕하세요."라는 문자를 받으면 [When {Texting1}.MessageReceived] 이벤트 핸들러가 작동하여 자동으로 문자를 보낸 사람에게 "가입을 원하면 'joinFMDT'라는 문자를 보내주세요."라는 문자를 보내게 된다. 그런데 만약 지금까지 작업한 것을 테스트할 때 "IO Error : Unable to create GVhelper"라는 에러 메시지가 출력되고 자동응답 문자 메시지가 상대방에게 전달되지 않는다면 아래와 같이 [Texting1] 컴포넌트의 구글 보이스 기능을 해제해야 한다.

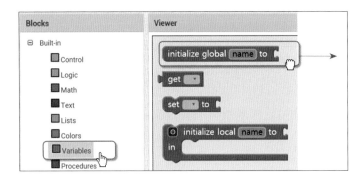

회원 등록하기

만약 "joinFMDT"라는 문자 메시지를 받으면 그 문자를 보낸 사람을 BroadcastList에 등록시키는 블록을 만들어보자. 먼저 회원으로 등록한 사람들의 전화번호를 저장할 BroadcastList라는 전역변수를 정의해야 한다. [Blocks] 창에서 [Variables]를 클릭하고 [initialize global {name} to] 블록을 [Viewer] 창으로 끌어넣는다.

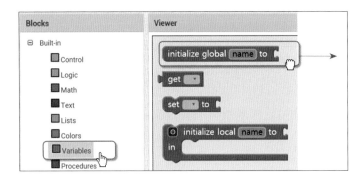

그리고 {name}을 {BroacastList}로 수정한다.

[Blocks] 창에서 [Lists]를 클릭하고 [make a list] 블록을 [initialize global {name} to] 블록 옆에 끼워 넣고, ▣를 클릭하여 {item} 하나를 제거한다.

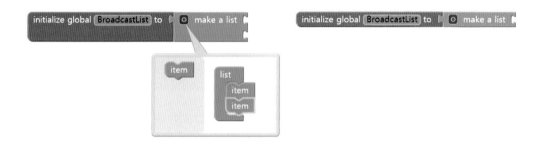

이제 받은 메시지가 "joinFMDT"라면 메시지를 보낸 사람의 전화번호를 BroadcastList 에 추가시킬 수 있도록 [Texting1.MessageReceived] 이벤트 핸들러를 수정해보자. 먼 저 [When {Texting1}.MessageReceived] 이벤트 핸들러에서 구글 보이스의 기능을 해제 하는 블록과 메시지를 보낸 사람의 전화번호를 [Texting1] 컴포넌트로 넘겨주는 블록을 제외하고 나머지를 제거한다. [Blocks] 창에서 [Control]을 선택하고 [if ~ then] 블록을 [When {Texting1}.MessageReceived] 이벤트 핸들러 안으로 끌어 넣는다.

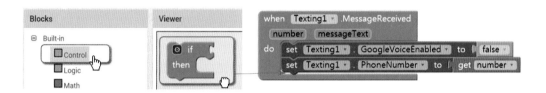

그러고 나서 [if ~ then] 블록의 ▣를 클릭하여 [else] 블록을 [if ~ then] 블록 안으로 끌 어 넣어서 [if ~ then ~ else] 구조로 바꿔준다.

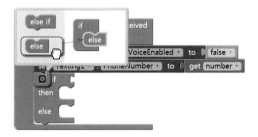

만약 받은 메시지가 "joinFMDT"라면 기존의 BroadcastList에 메시지를 보낸 사람의 전화번호를 추가하고 "FMDT 그룹에 가입한 것을 축하한다."라는 문자 메시지를 보내고, 받은 메시지가 "joinFMDT"가 아니라면 "가입을 원하면 'joinFMDT'라는 문자를 보내주세요."라는 문자 메시지를 보낼 수 있는 블록을 만든다.

지금까지 작업한 것을 테스트해 보자. 먼저 "BroadcastHub" 앱이 설치된 휴대폰으로 "hello"라는 문자 메시지를 보낸다. "가입을 원하면 'joinFMDT'라는 문자를 보내주세요."라는 메시지가 자동으로 발송되는지 확인한다. 그러고 나서 "BroadcastHub" 앱이 설치된 휴대폰으로 "joinFMDT"라는 문자 메시지를 보낸다. "FMDT 그룹에 가입한 것을 축하한다."라는 메시지가 자동으로 발송되는지 확인하라.

전체 회원에게 방송하기

이제 회원으로 등록된 사람으로부터 메시지를 받으면 모든 회원들에게 그 메시지를 방송하는 기능을 만들어보자. 이 작업은 좀 더 복잡해지는데, [if ~ then ~ else] 블록 안에 [foreach] 블록과 또 다른 [if ~ then ~ else] 블록을 포함한다. 새로 추가되는 [if ~ then ~ else] 블록은 문자 메시지를 보낸 전화번호가 리스트에 있는지를 검사하고, [foreach] 블록은 리스트에 있는 각각의 전화번호로 메시지를 보내는 역할을 한다.

위의 중첩된 [if ~ then ~ else] 블록에서 바깥쪽 [if ~ then ~ else] 블록은 문자 메시지를 보낸 전화번호가 기존 리스트에 있는 번호인지 아닌지를 검사해서 리스트에 있는 번호이면 그 메시지를 리스트 내의 모든 전화번호로 단체 방송하고, 리스트에 없으면 중첩된 안쪽의 [if ~ then ~ else] 블록을 수행한다. 안쪽의 [if ~ then ~ else]는 받은 문자 메시지의 내용이 "joinFMDT"인지 아닌지를 검사하여 준비된 두 개의 자동응답 메시지 중의 하나를 선택한다.

지금까지 작업한 것을 테스트해보면 BroadcastListLabel의 BroadcastList가 다음과 같이 출력되는 것을 확인할 수 있다.

010-1111-2222+010-2222-3333+010-3333-4444+010-4444-5555

BroadcastList의 출력 상태 개선

displayBroadcastList procedure를 만들어서 각각의 전화번호마다 줄이 바뀔 수 있도록 BroadcastList의 출력 상태를 개선해보자.

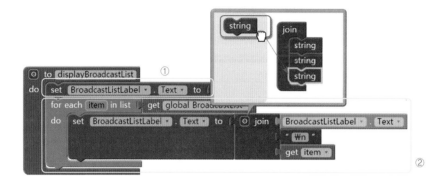

displayBroadcastList procedure가 호출되면 ① BroadcastListLabel을 공백 상태로 지운 다음, ② BroadcastList로부터 저장되어 있는 각각의 전화번호를 item으로 넘겨받아 줄을 바꿔가면서 각 item을 출력한다. "₩n"은 줄을 바꿔주는 줄 바꿈 문자이다.

displayBroadcastList procedure는 호출되지 않은 상태에서는 아무 일도 할 수 없다. 따라서 [Texting1.MessageReceived] 이벤트 핸들러에서 이 procedure를 호출할 수 있도록 수정해야 한다.

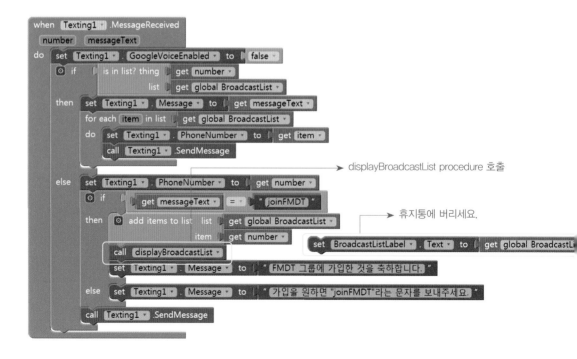

문자 메시지 송수신 정보 기록

관리자가 활동 상태를 관찰할 수 있도록 앱은 문자 메시지를 받거나 다른 전화기로 메시지를 보낸 사항들을 기록해야 한다. 앞에서 화면을 디자인할 때 만들어 둔 LogLabel이 바로 이 용도로 사용될 컴포넌트이다. 이제 새로운 문자 메시지가 수신될 때마다 LogLabel이 반응할 수 있도록 블록을 편집해보자.

예를 들어, 전화번호가 010-1234-8888인 기존 회원으로부터 문자 메시지를 받았고, 이 메시지를 BroadcastList에 있는 모든 전화번호로 방송하였다면 "010-1234-8888로부터 온 문자 메시지 방송"이라고 LogLabel에 출력해야 한다. 여기에서 010-1234-8888은 고정된 문자열이 아니라 MessageReceived 이벤트가 발생할 때 넘겨받은 number 인자이다. 따라서 number의 값과 "로부터 온 문자 메시지 발송₩n"이라는 문자열을 접속시켜서 출력해야 한다. 문자 메시지 방송 기록이 출력되는 순서는 가장 최근에 발생한 활동 기록이 가장 위쪽에 출력되도록 한다.

위 그림에서 ①은 새로 발생한 문자 메시지 방송 정보이고 ②는 기존의 LogLabel에 기록된 내용이다. 새로 발생한 정보를 기존 정보의 앞쪽에 위치시켜서 가장 최근의 방송 기록이 가장 꼭대기에 나타나도록 하였다.

BroadcastList를 데이터베이스에 저장하기

지금까지 작업한 상태로 앱을 운영한다면 BroadcastHub 앱은 심각한 문제에 부딪히게 된다. 만약 앱 관리자가 앱을 종료시켰다가 다시 시작하게 되면 등록되었던 전화번호

(broadcastlist)를 모두 잃어버리고, 모든 사람들은 다시 등록해야 한다. 이 문제를 해결하려면 데이터베이스에 BroadcastList를 저장하고 검색할 수 있는 TinyDB 컴포넌트를 사용해야 한다.

TinyDB는 앱에서 데이터를 지속적으로 저장해주는 저장장치이다. 예를 들어, 게임 앱이 종료되어도 최고 점수는 계속 기억되어 있는데, 점수가 TinyDB 안에 저장되어 있기 때문이다. TinyDB에 자료를 저장할 때에는 태그(tag)를 붙여서 저장하는데, 이 태그는 어떤 자료를 저장할 때 데이터베이스에 저장되어 있는 다른 자료와 구분하기 위하여 사용되고, 해당 자료를 검색할 때에도 사용된다.

먼저, 가입한 회원의 전화번호 리스트를 데이터베이스에 저장하는 블록을 작성해 보자. 이 앱에서는 "broadcastList"라는 태그를 붙여보겠다.

블록 에디터 화면의 [Blocks] 창에서 [TinyDB1] 컴포넌트를 클릭하고 [Call {TinyDB1}.StoreValue] 블록을 끌어다 [Texting1.MessageReceived] 이벤트 핸들러 안의 [add {items} to list] 블록 아래에 놓는다.

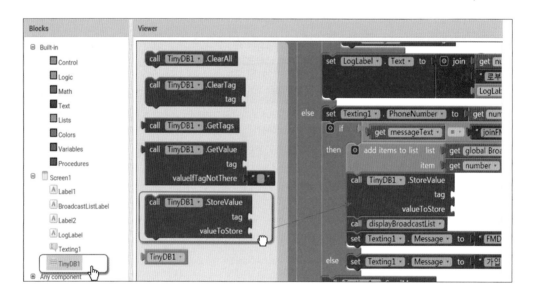

그리고 태그명은 "broadcastList", 저장될 값으로는 가입된 회원의 전화번호 리스트를 가지고 있는 전역변수인 global BroadcastList를 설정한다.

데이터베이스에서 BroadcastList 가져오기

BroadcastHub 앱이 시작되어 [Screen1.Initialize] 이벤트가 시작되면 TinyDB로부터 저장되어 있는 전화번호 리스트를 검색하여 BroadcastList로 넘겨주는 블록을 작성해 보자.

BroadcastHub 앱이 시작되어 [Screen1.Initialize] 이벤트가 시작되면 "broadcastList"라는 태그를 이용하여 데이터베이스인 TinyDB1에서 전화번호를 검색하는 [{TinyDB1}.GetValue]를 호출한다. 만약 아직 한 사람도 회원으로 등록하지 않아서 데이터베이스에 "broadcastList"라는 태그가 없다면 공백을 전역변수인 valueFromDB로 반환하고 [if~then] 블록은 수행하지 않고 넘어갈 것이고, 데이터베이스 안에 "broadcastList"라는 태그가 있다면 데이터베이스에 저장된 전화번호를 읽어서 일단 valueFromDB로 넘겨주고, 다시 [if~then] 블록에서 valueFromDB의 값을 BroadcastList로 넘겨준다. 그리고 화면에 모든 등록회원의 전화번호가 출력되도록 [displayBroadcastList] procedure를 호출한다.

완성된 BroadcastHub 앱을 테스트해 보자. 그런데 [Connect] 메뉴의 [AI Companion]으로 이 앱을 테스트하면 장치에 연결할 때마다 데이터베이스가 모두 텅 비어버려서 상황에 따른 데이터베이스의 변화를 확인할 수가 없다. 따라서 데이터베이스의 저장 상태와 Screen.Initialize 이벤트 핸들러를 테스트해보려면 [Build] 메뉴에서 [App(provide QR code for .apk)]를 클릭하고 QR 코드를 스캔하여 앱을 스마트폰에 설치해야 한다.

일단 스마트폰에 앱을 다운받아 설치하고 두 번째와 세 번째 테스트 폰으로 그룹에 가입하는 문자를 보낸다. 그리고 나서 앱이 설치되어 있는 스마트폰에서 앱을 종료시켰다가 다시 실행시켜 보자. 문자를 보냈던 전화번호가 리스트에 남아 있다면 데이터베이스는 잘 작동되는 것이다.

요약

- 이 앱은 앱 사용자들로부터 문자 메시지를 받으면 반응한다. 앱 사용자들의 전화기는 스마트폰이든 아니든 상관이 없다.

- 복잡한 구조의 프로그램을 작성할 때 중첩된 if~else 문과 foreach 블록을 사용한다.

- join 블록을 사용하여 여러 부분으로 나누어진 문자열을 합성한다.

- TinyDB는 데이터베이스에 데이터를 저장하거나 저장된 데이터를 검색하는 데 사용한다. 일반적인 구조는 데이터가 변화될 때마다 데이터베이스를 갱신하기 위하여 StoreValue를 호출하고, 앱이 시작될 때 데이터베이스에 저장된 데이터를 검색하기 위하여 GetValue를 호출한다.

퀴즈

문제 문자 메시지를 보내는 기능을 가진 프로시저는 무엇입니까?

문제 TinyDB에 데이터를 저장하는 프로시저와 TinyDB에 저장된 데이터를 가져오는 프로시저는 각각 무엇입니까?

창의적 문제

- 기존에 등록된 회원으로부터 메시지를 받았을 때, 메시지를 보낸 회원을 제외한 나머지 회원 전체에게 그 메시지가 방송되도록 수정해보자.

- 버튼을 추가하여 앱 관리자가 BroadcastList에 전화번호를 추가하거나 제거할 수 있도록 하라.

- 특정한 전화번호는 회원으로 가입할 수 없도록 수정하라.

- 가입한 회원이 회원탈퇴를 원할 경우 "회원탈퇴"라는 메시지를 보내어 BroadcastList에서 자신의 전화번호를 제거할 수 있도록 프로그램을 수정하라.

38 | 내 차 찾기 앱

익숙하지 않은 대형 마켓이나 대형 백화점에 주차를 하고 즐겁게 쇼핑을 끝냈다. 무거운 짐을 잔뜩 들고 주차장으로 왔는데, 그만 주차를 해두었던 위치가 기억나지 않는다. 자동차 키의 리모콘을 여러 번 누르고 소리에 귀를 기울여보지만 아무런 소리도 들을 수 없다. 동행했던 일행에게도 물어보았지만 역시 기억을 잘 못한다. 급하게 아래층과 위층으로 뛰어다니며 열심히 자신의 차를 찾아 헤맨다.

운전을 하는 사람이라면 한 두 번씩은 이런 경험이 있을 것이다. 하지만 앱 인벤터를 활용할 줄 아는 사람이라면 이제는 더 이상 이런 걱정을 할 필요가 없다. 스마트폰에 미리 만들어서 설치해 둔 "내 차 찾기 앱(Where is My Car)"이 있기 때문이다.

운전자는 주차를 하고 나서 "내 차 찾기 앱(Where is My Car)"을 실행시켜 현재 자동차의 GPS 좌표와 주소를 기록한다. 쇼핑이 끝나고 다시 이 앱을 실행시켜 [내 차 찾기] 버튼을 누르면 현재 운전자가 있는 매장 위치에서 자동차를 주차해둔 곳까지 앱이 친절하게 안내해줄 것이다. 스마트폰과 앱 인벤터만 잘 활용하면 더 이상 내 차를 찾아서 헤매는 일은 없을 것이다. 이 앱은 반드시 주차된 차를 찾기 위해서만 사용되지는 않는다. 낯설고 복잡한 도시에서 쉽게 현재의 위치로 다시 돌아오기를 원한다면 이 앱은 언제나 당신을 위한 친절한 안내자가 되어 줄 것이다.

학습내용

이 장에서는 다음과 같은 앱 인벤터의 컴포넌트 사용법을 배운다.

- 안드로이드 위치 센서와 통신할 수 있는 LocationSensor 컴포넌트 사용법
- 스마트폰의 데이터베이스에 GPS 정보를 기록하기 위한 TinyDB 컴포넌트 사용법
- 스마트폰에 구글 맵을 실행시키고 미리 기억시켜 둔 장소로 가는 방향을 보여줄 수 있는 ActivityStarter 컴포넌트 사용법

- LocationSensor를 사용하여 현재 앱 사용자가 있는 곳의 거리 주소, 위도, 경도를 읽어낼 수 있다.
- TinyDB를 사용하여 스마트폰의 데이터베이스에 위치 정보를 기억시킬 수 있다.
- ActivityStarter를 사용하여 스마트폰에 설치된 안드로이드 앱(이 장에서는 특히 구글 지도 앱)을 실행 시킬 수 있다.
- 출발지와 목적지의 위도와 경도 정보를 이용하여 지도에서 두 지점 사이의 길을 찾을 수 있도록 URL 을 설정할 수 있다.

1. 새 프로젝트 만들기

크롬 브라우저를 열고 앱 인벤터 사이트(http://appinventor.mit.edu/explore/)에 접속 해서 [Create]를 클릭한다.

gmail의 ID와 패스워드를 입력하고 로그인한 다음 [Project]를 클릭하고 [Start new project]를 선택한다.

프로젝트 이름 칸에 "WhereIsMyCar"라고 입력하고 [OK]를 클릭한다.

2. 앱 화면 디자인하기

"내 차 찾기(Where is my car)" 앱을 만들기 위하여 먼저 화면을 디자인해 보자. 이 앱 의 사용자 인터페이스는 위치 정보를 보여줄 몇 개의 레이블과 명령을 내릴 두 개의 버튼으로 구성된다. "나의 현재 위치" "내 차 찾아가기" "주소 : "나 "GPS : " 같은 레 이블은 단지 정해진 텍스트를 보여주기만 한다. 'CurrentLatLabel'과 같은 다른 레이블 들은 위치 센서가 읽어낸 동적인 정보를 표시할 것이다. 이러한 레이블들은 컴포넌트 디자이너에서 디자인할 때 기본값 0으로 설정되어 있다.

먼저, 다음 그림과 같이 레이블 컴포넌트와 버튼 컴포넌트들을 먼저 디자인해 보자.

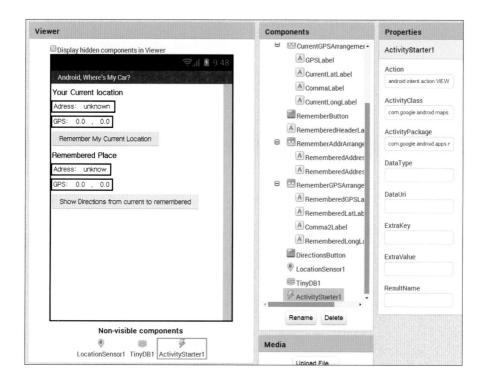

레이블 컴포넌트들과 버튼 컴포넌트들의 속성은 다음 표와 같다.

팔레트	컴포넌트 유형	이름	목적
User Interface	Label	HeaderLabel1	제목 "나의 현재 위치" 표시
Layout	HorizontalArrangement	HorizontalArrangement1	여러 개의 컴포넌트들을 한 줄에 표시
User Interface	Label	AddLabel1	고정 텍스트 "주소: " 표시
User Interface	Label	CurrentAddLabel	기억시킬 현재의 주소 표시
Layout	HorizontalArrangement	HorizontalArrangement2	여러 개의 컴포넌트들을 한 줄에 표시
User Interface	Label	GPSLabel1	고정 텍스트 "GPS: " 표시
User Interface	Label	CurrentLatLabel	기억시킬 현재의 위도 표시
User Interface	Label	CommaLabel1	콤마(,) 표시
User Interface	Label	CurrentLongLabel	기억시킬 현재의 경도 표시
User Interface	Button	RememberButton	현재 위치를 기억시킬 버튼
User Interface	Label	HeaderLabel2	제목 "내 차 찾아가기" 표시

팔레트	컴포넌트 유형	이름	목적
Layout	HorizontalArrangement	HorizontalArrangement1	여러 개의 컴포넌트들을 한 줄에 표시
User Interface	Label	AddLabel2	고정 텍스트 "주소: " 표시
User Interface	Label	RememberedAddLabel	찾아갈 내 차의 주소 표시
Layout	HorizontalArrangement	HorizontalArrangement2	여러 개의 컴포넌트들을 한 줄에 표시
User Interface	Label	GPSLabel2	고정 텍스트 "GPS: " 표시
User Interface	Label	RememberedLatLabel	기억된 내 차의 위도 표시
User Interface	Label	CommaLabel2	콤마(,) 표시
User Interface	Label	RememberedLongLabel	기억된 내 차의 경도 표시
User Interface	Button	DirectionButton	지도 나타내기 위한 클릭 버튼
Sensor	LocationSensor	LocationsSeneor1	GPS 정보 감지
Storage	TinyDB	TinyDB1	기억된 위치 저장
Connectivity	ActivityStarter	ActivityStarter1	지도 실행

각 컴포넌트의 속성을 다음과 같이 설정한다.

컴포넌트	속성
HeaderLabel1	Text: "현재 나의 위치", FontBold 체크, FontSize: 20
HorizontalArrangement1~4	Width: Fill parent... , Height: 30 Pixel, AlignVertical: Center
AddLabel1~2	FontSize: 18, Text: "주소: "
GPSLabel1~2	FontSize: 18, Text: "GPS: "
CurrentAddLabel RememberedAddLabel	FontSize: 18, Text: "Unknown"
CurrentLatLabel CurrentLongLabel RememberedLatLabel RememberedLongLabel	FontSize: 18, Text: "0", Width: 50 pixels
HeaderLabel2	Text: "내 차 찾아가기", FontBold 체크, FontSize: 20
RememberButton	Enabled: 체크 해제, FontSize: 20, Text: "현재 위치 기억", Width: 300 pixels, height: 30 pixels
DirectionButton	Enabled: 체크 해제, FontSize: 20, Text: "내 차 찾아가기", Width: 300 pixels, height: 30 pixels
CommaLabel1~2	FontSize: 18, Text: ","

앱 사용자가 주차해둔 차를 찾아가기 위하여 [내 차 찾기] 버튼을 누르면 지도(Google Map)를 실행시키기 위하여 ActivityStarter1 컴포넌트를 사용한다. ActivityStarter1 컴포넌트의 속성들은 다음과 같다.

속성	값
Action	android.intent.action.VIEW
ActivityClass	com.google.android.maps.MapsActivity
ActivityPackage	com.google.android.apps.maps

참고

ActivityStarter 컴포넌트는 스마트폰에 설치되어 있는 모든 안드로이드 앱을 실행시킬 수 있도록 한다. 표[#]에 표시되어 있는 속성들은 지도를 열기 위해 글자 그대로 사용될 수 있다. 다른 앱을 열기 위해서는 http://appinventor.google.labs.com/learn/referenceother/acitivitystarter.html에 들어가서 App Inventor documentation을 보면 된다.

3. 컴포넌트에 기능 설정하기

지금부터 주차시킨 내 차의 주소와 GPS 정보를 기억시켜 두었다가 다시 내 차의 위치를 쉽게 찾을 수 있는 "내 차 찾기" 앱을 구성하고 있는 각각의 컴포넌트에 기능을 설정해보자. 화면의 오른쪽 상단에서 [Block] 버튼을 클릭하면 블록 에디터로 화면이 변경된다.

현재 위치 기억시키기

가장 먼저 작성할 블록은 [When{LocationSensor1}.LocationChanged]이다. [LocationChanged] 이벤트는 앱이 실행된 후 센서가 위치 정보를 읽어 들이면 처음으로 작동되고, 이후 위치가 변할 때마다 계속해서 작동된다.

```
when  LocationSensor1 · .LocationChanged
 latitude   longitude   altitude
do   set   CurrentAddLabel ·   Text · to   LocationSensor1 ·   CurrentAddress ·
     set   CurrentLatLabel ·   Text · to   get latitude ·
     set   CurrentLongLabel ·   Text · to   get longitude ·
     set   RememberButton ·   Enabled · to   true ·
```

이 블록은 위치가 바뀔 때마다 [CurrentAddLabel] 컴포넌트에 위치 센서가 읽은 현재의 주소 정보를 표시하고, [CurrentLatLabel] 컴포넌트에는 위도, [CurrentLongLabel] 컴포넌트에는 경도를 표시한다. 그리고 [현재 위치 기억] 버튼이 활성화되어 사용할 수 있는 상태가 된다.

[현재 위치 기억] 버튼을 누르면 현재 위치의 주소가 [RememberedAddLabel]에, 현재 위치의 위도와 경도 정보는 각각 [RememberedLatLabel]과 [RememberedLongLabel]에 표시되도록 한다. 그리고 앱을 종료했다가 다시 실행시켰을 때에도 계속 이 정보들을 기억할 수 있도록 데이터베이스에도 저장한다.

내 차 찾아가기

앱이 열릴 때 위치 정보가 미리 기억되었는지를 살펴보라. 만약 그렇다면 기억되어 있는 위치 정보를 [RememberedAddLabel], [RememberedLatLabel]과 [RememberedLongLabel]에 표시되도록 하라.

앞의 그림에서 첫 번째 call {TinyDB}.GetValue 블록은 데이터베이스에 저장된 정보 중 "Address : "라는 태그를 가진 엔트리를 요청하여 그 문자열을 tempAddress라는 전역변수에게 넘겨준다. 만약 데이터베이스에 아무 것도 저장된 것이 없다면 이것은 길이가 0인 빈 문자가 될 것이다. 만약 tempAddress가 넘겨받은 문자열의 길이가 0보다 크다면 주소, 위도, 경도 정보가 저장되어 있다는 뜻이므로 저장되어 있는 주소는 [RememberedAddLabel]에, 저장되어 있는 위도 정보는 [RememberedLatLabel]에 저장되어 있는 경도 정보는 [RememberedLongLabel]에 표시되도록 하고, [내 차 찾기] 버튼을 활성화시키도록 한다.

사용자가 [내 차 찾기] 버튼을 눌러서 내 차가 주차된 곳의 방향을 요구하면 현재 사용자가 있는 곳의 위치 정보와 미리 저장해둔 자동차의 위치 정보를 가지고 구글 지도 사이트에 접속하고, 지도를 실행시키기 위하여 [ActivityStarter]를 호출한다.

join 블록은 여러 개의 문자열을 하나의 문자열 객체로 합쳐준다. 만약 현재 위치의 위도가 0.1, 경도가 0.2이고, 기억시켜 두었던 내 차 위치의 위도가 0.3, 경도가 0.4이면 위의 join 블록의 결과는 다음과 같다.

"http://maps.google.com/maps?saddr=0.1,0.2&daddr=0.3,0.4"

위의 URL에서 saddr은 출발지(현재 위치)의 위도와 경도를 나타내며, daddr은 도착지 (자동차가 있는 곳)의 위도와 경도를 나타낸다. call {ActivityStarter1}.StartActivity 블록은 [ActivityStarter]의 [StartActivity]를 호출하여 구글 지도 앱을 연다.

지금부터 이 앱의 네 개의 서로 다른 이벤트 핸들러를 다시 한 번 더 살펴보자.

LocationSensor1.LocationChanged

이 이벤트는 스마트폰이 처음으로 위치 정보를 읽어 들였거나 스마트폰의 위치가 달라져서 새로운 위치 정보를 읽어 들일 때 발생한다. 이 이벤트 핸들러는 읽어 들인 위도와 경도와 (거리)주소를 각각 CurrentLatLabel, CurrentLongLabel, CurrentAddLabel 컴포넌트에 대응시켜서 그 값들이 전화기에 표시되도록 한다.

아무 것도 읽어 들이기 전에는 비활성화되었던 [현재 위치 기억] 버튼도 이 이벤트 핸들러 안에서 활성화된다.

RememberButton.Click

사용자가 [현재 위치 기억] 버튼을 클릭할 때, location sensor가 방금 읽은 위치 정보들을 "remembered-" 레이블 컴포넌트에 적어주고 또한 데이터베이스에 저장시킨다. 사용자가 폰을 들고 위치를 이동하면 [내 차 찾기] 버튼을 활성화시킨다.

Screen1.Initialize

이 이벤트는 앱을 열 때 항상 시작된다. 사용자가 자동차를 주차해둔 곳의 위치 정보를 기억시키고 앱을 닫았다가 나중에 이 앱을 재실행시킨다고 생각해보자. 이 앱이 재실행될 때 사용자는 미리 기억된 위치 정보가 스마트폰에 표시되기를 기대한다. 사용자의 기대를 만족시키기 위하여 이벤트 핸들러는 TinyDB.GetValue를 호출하여 데이터베이스에 검색을 한다. 만약 데이터베이스에 저장시켜둔 위치 정보가 있다면(저장된 주소의 길이가 0보다 크면) 저장된 위도와 경도, 거리 주소를 대응되는 레이블에 표시한다.

DirectionsButton.Click

사용자가 [내 차 찾기] 버튼을 클릭할 때, 이벤트 핸들러는 지도에서 길을 찾기 위한 URL을 만들고 ActivityStarter를 호출하여 지도 앱을 실행시킨다. join은 지도 앱에 보낼 URL을 만드는 데 사용된다. 만들어진 URL은 구글 지도의 도메인과 출발지와 목적지를 의미하는 두 개의 파라미터 saddr과 daddr로 구성된다. 이 앱에서 saddr은 현재 사용자가 있는 곳의 위도와 경도로 설정하고, daddr은 미리 기억시켜둔 자동차가 있는 곳의 위도와 경도로 설정한다.

- LocationSensor 컴포넌트는 현재 사용자가 있는 곳의 위도, 경도, 그리고 도로 주소를 읽어 들인다.
- LocationChanged 이벤트는 센서가 처음으로 값을 읽을 때와 읽은 값이 바뀔 때(기기가 이동할 때) 작동된다.
- ActivityStarter 컴포넌트는 구글 맵을 포함한 모든 앱을 실행시킬 수 있다.
- 지도를 실행시키기 위해서는 원하는 지도를 나타내기 위한 URL을 DataUrl 속성에 설정한다.
- 예를 들어 위도가 0.1이고 경도가 0.2인 출발지에서 위도가 0.3이고 경도가 0.4인 목적지까지 지도를 이용하여 길을 찾기 위해서는 다음과 같은 URL이 필요하다. (http://maps.google.com/maps/?saddr=0.1,0.2&daddr=0.3,0.4)
- TinyDB는 휴대폰 데이터베이스에 데이터를 지속적으로 저장할 수 있다. 앱이 종료되었을 때 변수나 속성에 있는 데이터는 사라지지만 데이터베이스에 저장되어 있는 데이터는 앱을 실행시킬 때마다 불러올 수 있다.

문제 사용자가 가지고 있는 GPS 정보를 감지하는 컴포넌트의 이름은 무엇인가?

문제 사용자의 폰에 설치된 구글 지도를 실행시켜주는 컴포넌트의 이름은 무엇인가?

문제 사용자의 폰이 처음으로 위치 정보를 읽어 들였거나 스마트폰의 위치가 달라져서 새로운 위치 정보를 읽어 들일 때 발생하는 이벤트 핸들러는 무엇인가?

창의적 문제

- 사람들이 서로 어디쯤 있는지 추적할 수 있는 "친구 찾기" 앱을 만들어 보자. 등산을 하거나 공원에 있을 때, 이 앱은 서로를 찾는 데 소요되는 시간을 절약해 줄 수 있다. 이 앱의 데이터가 공유되려면, 웹 데이터베이스와 TinyWebDB 컴포넌트를 사용해야 한다.

05

앱
확장하기

39 | 스마트폰과 컴퓨터 간에 대화하기

앱 인벤터와 프로세싱 서버 프로그램으로 폰과 컴퓨터 간에 대화를 구현해 보자. 이 실습을 위해서는 프로세싱 언어가 필요한데, http://processing.org에서 무료로 다운받을 수 있다. 쉽고 간단하여 바로 응용할 수 있다. 깊이 학습하려면 부록 2의 프로세싱을 학습하거나, 네이버 카페 "프로세싱 카페(http://cafe.naver.com/processingcafe)"를 활용하자.

1. ON, OFF 버튼으로 서버 화면의 색상 바꾸기

폰에서 버튼을 조작하면 서버 컴퓨터의 도형의 색상을 바꾸는 실습을 한다. 실습단계는 다음과 같다.

> 단계1: 앱 인벤터를 실행한다.
> 단계2: [ON] 버튼은 '1', [OFF] 버튼은 '0'을 Wi-Fi로 전송하는 앱을 만든다.
> 단계3: [AI Companion]을 실행하여 QR 코드 만든다.
> 단계4: 폰에서 [MIT AI2 Companion]으로 어플을 실행한다.
> 단계4: 폰에서 보낸 문자받을 서버를 만든다.(서버 IP주소 찾기)
> 단계5: 서버 프로세싱 스케치를 실행시킨다.
> 단계6: 폰의 버튼으로 신호를 보내서 화면의 색상이 바뀌는지 관찰한다.

앱 인벤터로 [버튼]을 누르면 Wifi를 통해서 문자나 숫자를 서버로 전송하려면 수신받을 컴퓨터 서버의 주소를 알아야 한다.

서버의 주소 찾기

컴퓨터 서버 주소는 윈도우 [실행 창]에서 [cmd]를 입력하여 명령 프롬프트를 실행하고, [ipconfig]를 입력해서 확인한다. IPv4 주소.... 끝에 있는 소수점 3개로 구성된 숫자가 서버 주소이다. 예) 192.168.0.3

포트 번호 정하기

IP 주소 다음에는 포트 번호가 필요하다. 이 번호는 임의로 정할 수 있으며 앱 인벤터와 컴퓨터 서버 프로그램에서 동일한 번호를 사용해야 한다. 포트번호는 전화의 내선 번호와 유사하다. 형식은 다음과 같다.(http://ip_address:port_no)

포트 번호가 12345인 경우,
- 앱 인벤터에서는 Web URL에서 다음과 같이 정해준다: "http://192.168.0.10:12345"
- 컴퓨터 서버에서는 프로세싱에서는 다음과 같이 정해준다: Server(this, 12345);

2. [앱 인벤터] Wifi로 숫자 보내기 앱 만들기

컴포넌트로 [버튼] 두 개와 [Web]을 넣는다.

ON 버튼을 누르면, 지정된 IP와 PORT로 '1'을 보내고, OFF 버튼을 누르면, 지정된 IP와 PORT로 '0'을 보낸다.

3. [프로세싱] 서버 스케치 작성하기

스마트폰에서 버튼을 눌러 '1' 또는 '0' 문자를 Wi-Fi로 보내면 이 값을 받아서 컴퓨터 화면에 출력하고 '1'의 경우 붉은색과 '0'의 경우 검은색의 타원을 그린다.

```
// processing: jeshim: WifiServerOnOff
import processing.net.*;
Server s;
Client c;
voidsetup() {
    textSize(24);
    s = new Server(this, 12345);
}
voiddraw() {
  c = s.available();
  if (c != null) {
    String msg;
    msg = c.readString();
    msg = msg.substring(msg .indexOf("-Len")+14);
    if (msg.equals("1")) fill(255, 0, 0);
    if (msg.equals("0")) fill(0);
    background(127);
    ellipse(50, 70, 80, 50);
    text(msg, 40, 24);
  }
}
```

자가 실습 확인표

항목	확인 내용	확인	
		O	X
1	앱 인벤터로 문자를 보내는 앱을 만들 수 있는가?		
2	프로세싱으로 문자를 받는 서버를 만들 수 있는가?		
3	자신의 컴퓨터의 IP를 찾을 수 있는가?		
4	스마트폰의 앱으로 신호를 보내면 화면의 색상이 바뀌는가?		

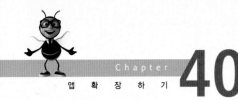

스마트폰으로
아두이노 LED 제어하기

폰에서 신호를 보내면 Wi-Fi로 컴퓨터에 전달한다. 컴퓨터와 USB 케이블로 연결된
아두이노 보드와 시리얼 통신을 적용하여 LED를 켜고 끄기 활용을 소개한다.

학습목표

- [켜기]와 [끄기] 버튼을 누르면 서버로 on, off 중에 하나를 전송한다.
- [음성 인식] 버튼을 누르면 "켜기"와 "끄기"를 인식하여 서버로 on, off 중에 하나를 보낸다.
- 폰을 흔들면 마지막 인식된 작동을 반복한다.

1. 앱 인벤터(스마트폰-앱)

- 크롬에서 앱 인벤터(http://appinventor.mit.edu)에 접속하고 [Create] 선택
- 컴포넌트를 선택

• 컴포넌트의 특성 설정

• 블록의 기능 설정

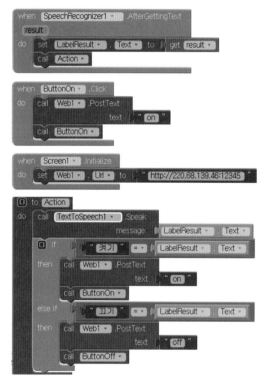

2. 프로세싱(서버)

프로세싱은 인터랙티브 컴퓨터 언어로 쉽게 배울 수 있고, 서버를 간단하게 만들 수 있다. http://processing.org에서 프로그램을 다운받고, 실행하여 편집장에서 다음 코드를 복사해 넣는다.

on 또는 off를 네트워크를 통해서 받는다. 헤더 235문자를 제외하고 on, off가 구별되는 237번째 문자를 비교하여 시리얼 포트로 on이면 1을 off면 0을 보낸다.

```
// processing: jcshim: WifiServer
import processing.serial.*;
import processing.net.*;
Serial p;
Server s;
Client c;
void setup() {
    println(Serial.list());
    textSize(32);
    p = new Serial(this, Serial.list()[2], 9600); // 주의: 포트를 바르게 선택
    s = new Server(this, 12345); // 12345는 포트 번호로 앱에서와 동일
}
String input;
void draw() {
    c = s.available();
    if (c != null) {
        input = c.readString();
        if (input.length()>237) {
            println(input.charAt(237)); // on, off가 구별되는 n f
            background(127);
            if (input.charAt(237)=='n') {
                p.write('1');  fill(255, 0, 0); // 붉은색
                text("켜기 On",20,40);
            }
            if (input.charAt(237)=='f') {
                p.write('0');  fill(0, 0, 0); // 검은색
                text("끄기 Off",20,40 );
            }
            ellipse(50, 70, 80, 50);
        }
    }
}
```

3. 아두이노(시리얼 제어)

아두이노는 명함 크기의 손에 잡히는 컴퓨터이다. 하드웨어가 3만원 정도로 저렴하며, 학습하기에 안성맞춤이다. 통합개발 환경은 아두이노 홈페이지(http://arduino.cc)에서 다운받는다. 그리고 아두이노와 관련한 네이버 카페(http://cafe.naver.com/arduinocafe)를 참고한다.

- 시리얼 포트가 '1'을 받으면 LED를 켠다.
- 시리얼 포트가 '0'을 받으면 LED를 끈다.

아두이노 13번 핀에 LED +를 끼우고 GND 핀에 − 를 끼우자.

```
void setup() {
    Serial.begin(9600);
    pinMode(13, OUTPUT);
}
void loop() {
    if (Serial.available()) {
        byte b = Serial.read();
        if(b=='0') val=0;
        if(b=='1') val=255;
    }
    analogWrite(13, val);
}
```

스마트폰의 버튼에 따라 LED가 켜지고 꺼진다.

41 | 블루투스로 아두이노 로봇 제어하기

폰의 블루투스를 활용하여 아두이노 로봇을 제어해 보자.

- 블루투스의 연결 상태에 따라 "Connected"와 "Unconnected"를 표시한다.
- [Forward]와 [Backward] 버튼을 누르면 블루투스로 "1", "2"를 전송하여 앞, 뒤로 움직이게 한다.
- [Right]나 [Left] 버튼을 누르면 블루투스로 "3"와 "4"를 전송하여 오른쪽, 왼쪽으로 움직이게 한다.

1. 아두이노 로봇-Abot

교육용 Abot은 아두이노 기반으로 무선통신이 지원되는 저렴한 학습용 로봇이다. 이 로봇은 프라이봇(http://fribot.com/)에서 구매할 수 있다.

2. 블루투스 연결하기

다음의 단계에 따라 블루투스를 연결한다.

---

1. 블루투스를 켠다.
2. 검색을 하고 HC-06을 선택한다.
3. 등록을 한다. 비밀번호: 1234
4. 앱 인벤터를 작동한다.
    4-1 제일 윗줄의 Not Connected를 선택한다.
    4-2 00:??:??:HC-06을 선택한다. (블루투스의 깜박이던 LED가 켜진다)

이 장에서 사용한 블루투스 제품은 http://blog.iteadstudio.com/xbee-shield-and-btbee/
에서 확인할 수 있다.

3. [앱 인벤터] 블루투스로 로봇 제어 앱 만들기

- 크롬에서 앱 인벤터(http://appinventor.mit.edu)에 접속하고 [Create] 선택하고, 컴포넌트를 선택한다.

컴포넌트 특성 설정

블루투스 연결표시를 위해 사용한 이미지는 네이버 카페(http:// cafe.naver.com/appinv/1413)에 있는 이미지 자료를 사용한다.

0.2초마다 값을 전달하기 위해서 TimeInterval을 200으로 설정한다.

블록의 기능 설정

블루투스 연결하기

Picker에서 선택하기 전에 블루투스 주소와 이름을 불러온다. 다음과 같이 Picker에서 블루투스를 선택한 후 그 블루투스 주소 값을 가져와 스마트폰에 연결한다.

블루투스의 연결 상태에 따라 "Connected"와 "Unconnected"를 표시하기

0.2초마다 블루투스 통신의 연결 상태를 확인하면서 연결되었을 때 "Connected"를 Label 위치에 나타낸다. 연결이 안 되거나 끊겼을 경우 "Not connected"를 Label 위치에 나타낸다.

버튼으로 아두이노 로봇 제어하기

원하는 버튼을 눌렀을 때 블루투스로 지정한 숫자 값을 전송한다.

전체 블록은 다음과 같다.

4. 아두이노(시리얼 제어)

스마트폰에서 [ButtonForward] 버튼을 누르면 숫자 '0'이 스마트폰 블루투스를 통해서 아두이노 로봇으로 전달된다. 다른 버튼에 대해서도 동일한 원리가 적용된다.

```
#include <Servo.h>      // Include servo library
Servo sr, sl;           // 오른쪽, 왼쪽 서보 선언
void setup() {
    Serial.begin(9600); // 전송속도 초당 9600bit
    sr.attach(13);      // 오른쪽 서보를 13 핀에 연결
    sl.attach(12);      // 왼쪽 서보를 12번 핀에 연결
}
void stop() {
    sr.write(1500);     // 1500은 정지신호
    sl.write(1500);     // 1500은 정지신호
    delay(1);           // 1/1000초 기다리기
}
void abot_move(int r, int l, int t) {
    sr.write(r);        // r은 오른쪽 회전 값
    sl.write(l);        // l은 왼쪽 회전 값
    delay(t);           // t는 정지 값
    stop();             // stop함수 호출
}
void loop() {
    if (Serial.available()) { // 블루투스 시리얼로 데이터 도착확인
        byte cmd = Serial.read(); // 값 읽기
        if (cmd == '0') abot_move(1700, 1300, 500); // '0'이면 전진
        if (cmd == '1') abot_move(1300, 1700, 500); // '1'이면 후진
        if (cmd == '2') abot_move(1300, 1300, 500); // '2'면 좌회전
        if (cmd == '3') abot_move(1700, 1700, 500); // '3'이면 우회전
    }
}
```

자가 실습 확인표

항목	확인 내용	확인 O	확인 X
1	앱 인벤터로 숫자를 보내는 앱을 만들 수 있는가?		
2	아두이노로 숫자를 제어하는 서버를 만들 수 있는가?		
3	스마트폰과 아두이노 로봇의 블루투스를 연결시킬 수 있는가?		
4	스마트폰의 앱으로 신호를 받고 아두이노 로봇이 움직이는가?		

42 | 스마트폰 센서로 아두이노 로봇 제어하기

스마트폰의 센서를 활용하여 아두이노 로봇을 제어해 보자.

학습목표

• 블루투스의 연결 상태에 따라 "연결됨"과 "끊어짐"을 표시한다.
• 스마트폰의 기울임에 따라 아두이노 로봇을 앞뒤 옆으로 움직이게 한다.

1. 스마트폰 방향 센서

스마트폰의 방향 센서는 좌우로 흔들면 변경되는 Roll과 전후의 방향을 바꾸면 변경되는 Pitch 그리고 북극성을 향하는 Azimuth로 나눌 수 있다.

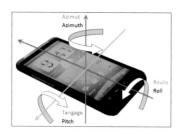

스마트폰의 롤(Roll)과 피치(Pitch) 값이 변경되면 블루투스 통신으로 로봇에게 이 값을 보내고 로봇은 이 값에 따라 주행을 한다.

2. 블루투스 연결하기

(HC-06 블루투스의 비밀번호 1234)
1. 블루투스를 켠다.
2. 검색을 하고 HC-06을 선택한다.
3. 등록을 한다. 비밀번호: 1234
4. 앱 인벤터를 작동한다.
    4-1 제일 윗줄의 Not Connected를 선택한다.
    4-2 00:??:??:HC-06을 선택한다.(블루투스의 깜박이던 LED가 켜진다)

이 장에서 사용한 블루투스 제품은 http://blog.iteadstudio.com/xbee-shield-and-btbee/ 에서 확인할 수 있다.

3. [앱 인벤터] 스마트폰 센서로 로봇 제어 앱 만들기

크롬에서 앱 인벤터(http://appinventor.mit.edu)에 접속하고 [Create] 선택하고, 컴포넌트를 선택한다.

컴포넌트의 특성 설정

블루투스 연결표시를 위해 사용한 이미지는 네이버 카페(http://cafe.naver.com/appinv/1413)에 있는 이미지 자료를 사용한다.

0.2초마다 값을 전달하기 위해서 TimeInterval을 200으로 설정한다.

블록의 기능 설정

블루투스 연결하기

Picker에서 선택하기 전에 블루투스 주소와 이름을 불러온다. 다음과 같이 Picker에서 블루투스를 선택한 후 그 블루투스 주소 값을 가져와 스마트폰에 연결시킨다.

로봇 제어하기

전역변수 p와 r을 선언 후 Orientation 센서에 변화가 있을 때 pitch와 roll 값을 각 전역변수 p와 r에 보낸다. 이때, pitch와 roll 값을 10으로 나눈 후 반올림을 하는데 이는 읽어온 pitch와 roll 숫자범위가 −9에서 +9가 되도록 한다. 처리한 값들을 Screen Title에 나타낸다.

블루투스가 연결 상태표시와 스마트폰 roll 값과 pitch 값 전송하기

0.2초마다 블루투스 통신의 연결 상태를 확인하면서 연결되었을 때 "연결됨"을 녹색으로 Label 위치에 나타낸다. 전역변수 r값과 p값을 블루투스로 로봇에 전송한다. 연결이 안 되거나 끊겼을 경우 "끊어짐"을 붉은색으로 Label 위치에 나타낸다.

4. 아두이노(시리얼 제어)

스마트폰을 앞으로 기울이면 변화된 roll 값이 스마트폰 블루투스를 통해서 아두이노 로봇으로 전달된다. 스마트폰을 좌우로 기울이면 변화된 pitch 값이 스마트폰 블루투스를 통해서 아두이노 로봇으로 전달된다. 변화된 값에 따라 로봇이 움직인다.

```
#include <Servo.h>              // Include servo library
Servo sr, sl;                   // 오른쪽 왼쪽 서보 선언
void setup() {
    Serial.begin(9600);         // 전송속도 초 당 9600bit
    sr.attach(13);              // 오른쪽 서보를 13 핀에 연결
    sl.attach(12);              // 왼쪽 서보를 12 핀에 연결
]
void loop() {
    if (Serial.available()) {   // 블루투스 시리얼로 데이터 도착 확인
        char buf[2];            // 배열 선언
        int p, r;               // 정수 선언
        Serial.readBytes(buf, 2);  // 값 2개 읽기
        p = buf[0] * 25;
        r = buf[1] * 12;
        sr.write(1500 + p – r); // 오른쪽 서보 속도 조절 및 우회전
        sl.write(1500 - p – r); // 왼쪽 서보 속도 조절 및 좌회전
    }
}
```

완성된 모습은 다음 링크 및 QR 코드로 확인할 수 있다.
(https://youtu.be/OgOq7MYBMd8)

자가 실습 확인표

항목	확인 내용	확인	
		O	X
1	앱 인벤터로 스마트폰 센서를 보내는 앱을 만들 수 있는가?		
2	아두이노로 센서를 제어하는 서버를 만들 수 있는가?		
3	스마트폰과 아두이노 로봇의 블루투스를 연결시킬 수 있는가?		
4	스마트폰의 앱으로 신호를 받고 아두이노 로봇이 움직이는가?		

부록

(앱 인벤터 확장 활용을 위한) 아두이노

부록 1

1. 아두이노 보드와 통합개발환경(IDE)

아두이노는 하드웨어와 통합개발환경으로 구성된다. 손에 잡히는 작은 하드웨어 보드와 소프트웨어를 작성하고 아두이노 보드에 업로드하는 통합개발환경은 쉽게 조작할 수 있고 재미있다. 보드는 http://fribot.com에서 구입할 수 있다. 그림은 아두이노 보드의 각 부분의 명칭이다.

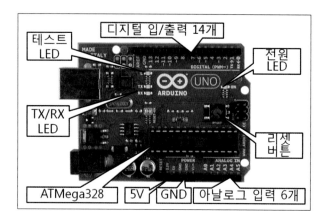

아두이노 보드의 특징은 다음 표와 같다.

마이크로 컨트롤러	ATmega328
사용하는 전압	5V
12V	7~12V
최대 입력 전압	6~20V
디지털 입력/출력 핀 수	14(이 중에 6개는 PWM 출력)
아날로그 입력 핀 수	6

DC I/O 핀 당 전류	40 mA
DC 3.3V 핀을 위한 전류	50 mA
프레시 메모리	32 KB(0.5 KB가 부트로더로 사용)
SRAM	2 KB
EEPROM	1 KB
클록 속도	16 MHz

개발 단계는 다음과 같다.

- 아두이노 소프트웨어를 http://arduino.cc에서 다운받는다.
- 보드를 USB 케이블로 컴퓨터와 연결한다. 이때 디바이스 드라이버가 자동으로 설치된다. 포트(COM & LPT) 〉 Arduino Uno(COM#)를 확인하자. #은 컴퓨터에 따라 번호가 달라질 수 있다. 만약 드라이버가 바르게 설치되지 않으면 업로드할 수 없다. 이 경우 장치관리자에서 오류가 표시된 부분(노란 느낌표)을 찾고 드라이버를 수동으로 설치한다.

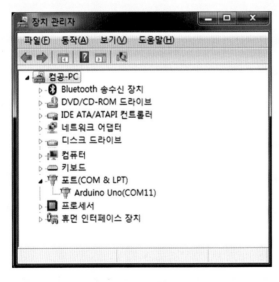
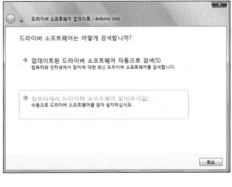

- 스케치(소스 코드)를 작성한다.
- 컴파일하여 오류가 없는지 확인한다.
- 아두이노 보드에 업로드한다.

아두이노 프로그램 작성 툴은 편집과 컴파일 및 업로드를 모두 할 수 있는 통합개발환경이다. 통합개발환경을 영어로 Integrated Development Environment라고 하며 약칭하여 IDE라고 한다. 아두이노 IDE는 편집 영역에 스케치를 입력하고 툴바의 체크 표시로 컴파일한다. 툴바에서 두 번째 보이는 오른쪽으로 향하는 화살표를 누르면 스케치가 아두이노 보드에 업로드된다.

아래 검은 창 부분인 상태영역에 붉은색으로 된 글자가 보이면, ① 포트 설정이 잘못되었거나 ② 보드 설정이 잘못 된 경우 및 ③ 아두이노 드라이버가 잘못 설정된 경우이다. 네이버 카페(http://cafe.naver.com/arduinocafe)에서 [오류]로 검색하여 도움을 받자.

주의
+, − 극성이 바뀌면 LED가 타버리므로 주의한다.

2. LED 깜박이기

LED는 발광 다이오드(light emitting diode)이다. LED는 +와 − 극성이 있어 주의해야 한다. 5V를 긴 선인 +에 연결하고 짧은 선인 − 극을 GND(접지)에 연결하면 켜진다.

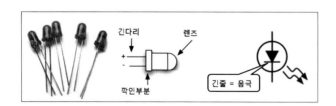

아두이노 보드 내부에도 테스트를 위한 LED가 포함되어 있는데, 13번 핀에 연결되어 있다. 이번 실습에서는 붉은색의 LED 1개를 아두이노 보드의 9번 핀에 +를 연결하고 −는 GND에 연결하여 스케치를 작성하고 업로드하면 LED가 깜박인다.

- LED의 + 는 9번 핀
- LED의 − 는 GND 핀(5V 옆 또는 13번 옆)

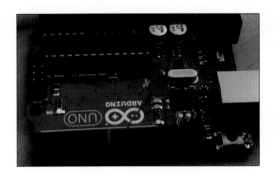

LED를 아두이노 보드의 9번 핀과 GND에 끼우고 1초에 한 번씩 깜박이는 아두이노 스케치를 작성하자.

아두이노 스케치

```
// arduino: jcshim: LED_Blinking
void setup() {
    pinMode(9, OUTPUT);        // 9번 핀을 출력으로 설정
}
void loop() {
    digitalWrite(9, HIGH);     // LED 켬
    delay(1000);               // 1초 기다림
    digitalWrite(9, LOW);      // LED 끔
    delay(1000);               // 1초 기다림
}
```

pinMode( )는 입력과 출력을 설정한다. OUTPUT은 출력으로 설정하고 INPUT은 입력으로 설정한다. digitalWrite( )는 디지털 값을 포트로 출력한다. HIGH는 5V, LOW

는 0V를 출력해 준다. delay( )는 동작을 유지시켜 준다. 숫자의 단위는 ms이다. 따라서 1000은 1초를 나타내며 100은 0.1초이다. 아두이노 IDE의 실행 버튼(오른쪽 화살표)을 눌러서 보드에 프로그램을 업로드하면 1초에 한 번씩 LED가 깜박인다.

전자 부품으로 회로를 구성하려면 부품을 끼울 수 있는 구멍이 포함된 보드가 필요한데, 이 보드를 '브레드 보드'라고 한다. 가운데를 중심으로 2개로 나뉘고, 양쪽에 5개의 구멍이 이웃하는데, 서로 연결되어 있다. 양쪽 끝에 있는 2개의 구멍이 각각 5개씩으로 연속되어 두 줄로 처음부터 끝까지 연결되어 있다.

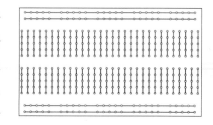

저항은 전류 흐름의 조절 기능을 한다. LED 밝기 조절에 적합한 저항은 220옴으로 색띠가 '빨강/빨강/갈색'이다. 직접 +를 9번 핀과 −를 GND로 연결해도 되지만, LED의 +와 9번 핀 사이에 저항을 연결하면 배터리의 수명이 더 오래 지속된다. 밝기는 조금 어두워진다.

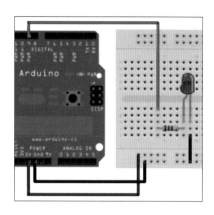

3. 아날로그 입력과 시리얼 모니터

아두이노 보드에는 6개의 10비트 아날로그 입력핀이 있다. 보드의 A0, A1, A2, A3, A4, A5로 표시된 부분이다. 동시에 6개의 아날로그 신호를 입력할 수 있다. 아날로그 입력은 0에서 5V 사이의 값을 읽어 숫자 0에서 1023까지로 바꾸어 준다. 빛 센서나 저항 온도계 회로를 만들고 아날로그 입력을 받을 수 있다.

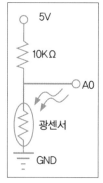

A0 핀을 통해 아날로그 신호를 읽어 시리얼 모니터로 출력하는 아두이노 스케치

```
// arduino: jcshim: AnalogRead
void setup() {
    Serial.begin(9600);              // 시리얼 모니터 속도를 9600으로
}
void loop() {
    int sensorValue = analogRead(A0);   // 아날로그 값 읽기
    Serial.println(sensorValue);        // 시리얼 포트로 출력
    delay(200);                         // 0.2초 동안 기다림
}
```

툴바의 오른쪽에 있는 [시리얼 모니터]를 마우스로 열면, 1초에 5회씩 빛의 밝기를 읽어 1024(0~1023)개의 값을 출력한다. [시리얼 모니터]는 USB 케이블로 아두이노와 컴퓨터가 대화하는 창이다. 아두이노로 값을 보낼 수도 있고, 아두이노에서 값을 받을 수도 있다.

밝은 상태와 어두운 상태(손으로 빛 센서를 가려서)의 값을 조사해 보자. 환경에 따라 값이 다르게 측정 될 수 있는데, 사무실의 경우 밝은 상태는 값이 100 정도가 되며, 손으로 가리면 값이 500 정도가 된다.

• 여러분의 실험에서 밝은 상태 5개의 정도의 평균값은 얼마인가?(   )
• 손으로 가렸을 때 5개 정도의 평균값은 얼마가 나오는가? (   )

예를 들어 밝은 상태와 손을 가린 상태의 평균이 (100+500)/2=300인 경우 또는 300 미만의 경우 시리얼 포트로 값 '0'을 보내고 300 이상인 경우 '1'을 보내자.

```
int sv = analogRead(A0);
if(sv < 300) Serial.println(0);
else  Serial.println(1);
```

'int sv;'는 정수를 저장하기 위한 변수 선언이다. if( )는 상태를 점검하는 데 사용한다. 시리얼 포트를 통해서 읽은 아날로그 값이 300보다 적으면 '0'을 내보내고, 크면 '1'을 내보낸다. Serial.println( )은 시리얼 포트로 값을 보낸다.

아두이노 스케치

```
// aruino: jcshim: AnalogReadDigitalSerialWrite
void setup() {
    Serial.begin(9600);
}
void loop() {
    int sv = analogRead(A0);          // 아날로그 값을 읽음
    if(sv < 300) Serial.println(0);   // 시리얼 포트로 '0'을 보냄
    else          Serial.println(1);  // 시리얼 포트로 '1'을 보냄
    delay(200);                       // 0.2초간 기다림
}
```

4. 빛 센서 밝기에 따라 LED 제어

부품: 10K 저항, 포토레지스터, 점퍼선 3개, LED 1개
옵션: 밝기에 따라 LED 제어
단계1: 빛 센서 회로를 만들고, 아날로그 신호를 읽어 시리얼로 출력한다.
단계2: 밝은 상태의 값을 조사한다.
단계3: 어두운 상태의 값을 조사한다.
단계4: 두 상태를 구분할 수 있는 값을 선정하고, if 문으로 판단한다.

빛 센서 값을 아날로그로 읽는 회로를 만들고, 빛의 밝기에 따라 LED가 제어되도록 해보자. 빛 센서를 손으로 가려 어둡게 하면 LED가 켜지고, 손을 치우면 꺼지도록 다음과 같이 스케치를 작성하자.

아두이노 스케치

```
// jcshim: Analog Read
void setup() {
    Serial.begin(9600);
    pinMode(9, OUTPUT);
}
void loop() {
    int sv = analogRead(A0);            // 빛 센서에서 값 읽기
    if(sv > 300) digitalWrite(9, HIGH); // 어두우면 LED를 켬
    else         digitalWrite(9, LOW);  // 밝으면 LED를 끔
    delay(200);                         // 0.2초간 기다림
}
```

자가 실습 확인표

항목	확인 내용	확인		비고
		O	X	
1	포토 레지스터를 부품에서 찾을 수 있는가?			
2	10K옴 저항의 색띠는 갈색, 검정, 주황이 맞는가?			
3	빛 센서 측정을 위한 저항을 포함한 회로를 만들 수 있는가?			
4	analogRead() 함수는 아날로그 입출력을 하는가?			
5	아두이노 스케치의 구조는 setup()과 loop()로 구성되는가?			
6	if() 함수가 언제 작동하는지 이해하는가?			
7	시리얼 모니터를 열고 아두이노에서 보내는 값을 읽을 수 있는가?			

5. 릴레이를 이용한 220V 전등 제어

부품: 릴레이 1개, 전등 1개, 멀티탭 1개

릴레이는 0V와 5V로 220V를 켜고 끄는 역할을 한다. (http://www.vctec.co.kr/web/product/medium/vctmall_1351.jpg)

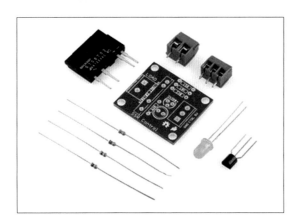

릴레이를 조립하여 다음의 단계에 따라 릴레이로 220V 전등 제어 시스템을 만들어 보자.

아두이노의 디지털 출력을 릴레이의 입력에 연결한다. 릴레이 출력은 220V의 한쪽 선의 스위치 역할을 한다.

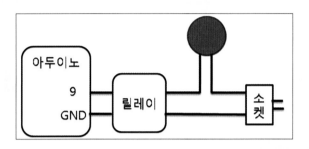

자가 실습 확인표

항목	확인 내용	확인 O	확인 X	비고
1	릴레이의 용도를 설명할 수 있는가?			
2	전선을 연결하기 전에 반드시 전원을 껐는가?			
3	아두이노와 릴레이를 이용한 회로를 만들 수 있는가?			
4	analogRead() 함수는 아날로그 입력 값을 읽는가?			
5	아두이노 GND는 릴레이의 −에 연결하는가?			

6. 전등이 1초마다 깜박이도록 하기

9번 핀에 연결된 LED를 1초마다 한 번씩 깜박이는 스케치를 작성한다. 컴파일하고 업로드하여, 1초마다 깜박이는지를 확인한다.

LED를 빼내고 대신 릴레이를 연결하다. 9번 핀에는 릴레이 입력의 +를 GND는 릴레이의 −를 연결한다. 전등이 1초마다 깜박인다.

아두이노 스케치

```
// arduino: jcshim: LedBlinking 1000
int pin=9;
void setup() {
    pinMode(pin, OUTPUT);          // 출력으로 설정
}
void loop() {
    digitalWrite(pin, HIGH);       // LED 켜기
    delay(1000);                   // 2초 대기
    digitalWrite(pin, LOW);        // LED 끄기
    delay(1000);                   // 2초 대기
}
```

자가 실습 확인표

항목	확인 내용	확인 O	확인 X	비고
1	LED를 빼내고 릴레이를 바르게 연결하였는가?			
2	9번 핀은 릴레이의 +에 연결되었는가?			
3	delay(1000)는 1초간 대기를 의미하는가?			
4	전등이 1초마다 깜박이는가?			

7. 빛의 밝기에 따라 220V 전등을 제어하기

빛 센서를 손으로 가리면 전등이 켜지고, 손을 치우면 전등이 꺼지도록 해보자.

단계1: 빛 감지 회로를 만든다. 포토레지스터와 저항으로 회로를 만든다. A0에 아날로그 입력을 연결한다.
단계2: 빛의 밝기 값을 시리얼 모니터로 관찰한다. 밝은 값과 어두운 값의 중간을 문턱 값(threshold)으로 정한다.
단계3: 릴레이 회로를 만든다.
단계4: 작동을 확인한다.

아두이노 스케치

```
// arduino: jcshim: LedBlinkingByPhotoregistor
void setup()
Serial.begin(9600);
pinMode(9, OUTPUT);

void loop()
int sv = analogRead(A0);
Serial.println(sv);
if(sv > 300) digitalWrite(9, HIGH);
else digitalWrite(9, LOW);
delay(200);                    // 0.2초 대기
```

자가 실습 확인표

항목	확인 내용	확인 O	확인 X	비고
1	시리얼 모니터에서 입력 값을 읽을 수 있는가?			
2	밝기에 따라 시리얼 모니터 입력 값이 변하는가?			
3	문턱 값을 정할 수 있는가?			
4	릴레이 회로를 만들 수 있는가?			
5	밝기에 따라 전등이 제어되는가?			

8. 키보드 0과 1에 따라 릴레이를 끄고 켜기

프로세싱으로 스케치를 작성하고 키보드 0을 입력하면 전등이 꺼지고, 1을 입력하면
전등이 켜지도록 하자.

단계1: 아두이노-릴레이-전등 시스템을 만든다.
단계2: 0과 1을 시리얼로 받으면 릴레이가 꺼지고 켜지는 아두이노 스케치를 작성하고 업로드한다.
단계3: 키보드에서 숫자 0 또는 1을 입력하면 시리얼 통신으로 아두이노 보드로 전달하는 프로세
　　　 싱 스케치를 작성하고 테스트한다.
단계4: 프로세싱을 실행하고, 숫자 0과 1을 반복 입력하면서 전등이 꺼지고 켜지는지 관찰한다.

아두이노 스케치

```
// arduino: jcshim: SerialInDigitalOut
const int relayPin = 9;                 // 릴레이 부착
void setup()
Serial.begin(9600);
pinMode(relayPin, OUTPUT);

void loop()
byte b;
if (Serial.available())
b = Serial.read();
Serial.write(b);
if(b=='0') val=0;
if(b=='1') val=255;

analogWrite(relayPin, val);
delay(100);
```

프로세싱 스케치

```
// processing: jcshim: SerialKey
import processing.serial.*;
Serial p;                       // 시리얼 클래스에서 객체 생성
void setup()

println(Serial.list());
p = new Serial(this, "COM?", 9600);     // 포트 연결, COM0, COM1...

void draw()                     // 비워 둠

void keyPressed()
p.write(key);
```

항목	확인 내용	확인 O	확인 X	비고
1	아두이노-릴레이-전등 시스템을 만들 수 있는가?			
2	아두이노 스케치로 0을 입력하면 전등이 꺼지게 만들 수 있는가?			
3	1을 입력하면 전등이 켜지게 만들 수 있는가?			
4	프로세싱을 실행시키고 0과 1을 반복 입력하면 전등이 꺼지고 켜지게 할 수 있는가?			

9. 온도를 읽고 시리얼 모니터로 출력하기

부품: 10K 저항, 저항형 온도 센서, 점퍼선 3개, LED 1개
옵션: 온도에 따라 LED 제어
단계1: 저항과 온도 센서로 회로를 만든다.
단계2: A0에서 아날로그 값을 읽는 스케치를 작성하고 업로드한다.
단계3: 시리얼 모니터를 열고 빛 센서를 가리면서 값을 관찰한다.

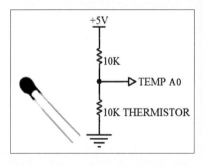
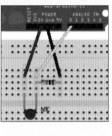

저항형 온도 센서는 온도에 따라 저항이 변하는 특성을 가지고 있으며, 이를 이용하여 센서에 전류의 흐름을 주고 온도를 계산한다. 저항형 온도 센서에서 온도를 계산하는 함수는 다음과 같다. 이 계산식은 온도 센서 제작회사에서 제공한다.

```
double Thermister(int v)
double t; // http://en.wikipedia.org/wiki/Thermistor
t = log(((10240000/v) - 10000));
t = 1 /(0.001129148 + (0.000234125*t) + (0.0000000876741*t*t*t));
t = t - 273.15;                 // 화씨를 섭씨로 바꾸어 줌
return t;
```

아두이노 스케치

```
// jcshim: Temp
void setup()
Serial.begin(9600);

void loop()
int a = analogRead(A0)                      // 센서에서 아날로그 값 읽기
double t = Thermister(a);                   // 온도를 계산함
Serial.println(t);                          // 시리얼로 출력함
delay(500);                                 // 0.5초 기다림

double Thermister(int v)
double t;                                   // http://en.wikipedia.org/wiki/Thermistor
t = log(((10240000/v) - 10000));
t = 1 /(0.001129148 + (0.000234125*t) + (0.0000000876741*t*t*t));
t = t - 273.15;                             // 화씨를 섭씨로 바꾸어줌
return t;
```

자가 실습 확인표

항목	확인 내용	확인 O	X
1	온도 센서를 부품 중에서 구별할 수 있는가?		
2	10K옴 저항의 색띠는 갈색, 검정, 주황이 맞는가?		
3	온도 센서와 저항으로 아날로그 입력 회로를 만들 수 있는가?		
4	analogRead() 함수는 아날로그 입력 값을 읽는가?		
5	시리얼 모니터를 열고 온도 값을 읽을 수 있는가?		
6	화씨로 측정된 온도를 섭씨로 표시할 수 있는가?		

(앱 인벤터 확장 활용을 위한)
프로세싱 언어

프로세싱 언어를 이용하여 간단하게 서버 프로그램을 작성할 수 있다. 시리얼 포트인 COM 포트로 입력과 출력을 쉽게 할 수 있다. 스마트폰 앱에서 보낸 신호를 받아 처리하는 컴퓨터 서버프로그램을 작성해 보자.

프로세싱 언어는 http://processing.org에서 다운로드 받아 설치한다.

1. 프로세싱 언어 소개

프로세싱 언어의 특징

프로세싱은 무료 프로그램으로, 프로그래밍 언어와 개발환경 및 온라인 커뮤니티를 의미한다. 비주얼 아트나 비주얼 기술의 소프트웨어 활용능력을 촉진하기 위해 2001년부터 시작되었다.

처음에 소프트웨어 스케치북 역할로 시각적 프로그래밍의 기초를 가르칠 목적이었으나 현재 전문가를 위한 개발 도구로 진화하여 널리 활용되고 있다. 전문가, 학생, 예술가, 디자이너, 연구원 등이 학습이나 프로토타입 제작 및 생산 등의 프로그래밍에 활용할 수 있다.

프로세싱 언어는 다음과 같은 특징을 갖는다.

- 2D, 3D 또는 PDF 출력과 상호 작용하는 프로그램
- OpenGL 및 OpenCV 지원
- 다양한 OS지원: GNU/리눅스, 맥 OS X, Windows 용

프로세싱 언어 맛보기

① 타원 그리기

```
//processing: jcshim: ellipse
ellipse(50,50,80,80);
```

프로세싱으로 타원을 그리는 스케치는 ellipse() 함수를 활용한다. 윈도우 창의 크기는 100, 100 픽셀이다. 매개변수인 50, 50은 중심 좌표이며 80, 80은 가로 세로 지름의 크기이다. 원을 크게 하려면, 윈도우 창도 크게 그려야 한다.

② 초록색의 원 그리기

```
//processing: jcshim: ellipse

fill(0,255,0);
ellipse(50,50,80,80);
```

③ 파란색의 사각형 그리기

```
//processing: jcshim: fill

fill(0,0,255);
rect(20,20,60,60);
```

④ 창의 크기를 400,400으로 하고 중심에 300,300 크기의 원 그리기

```
// processing: jcshim: size

size(400,400);
ellipse(200,200, 300,300);
```

프로세싱의 구조와 마우스 활용

```
//processing: jcshim: mouse

void setup() // 한 번 실행
size(400,400);

void draw() // 반복 실행
ellipse(mouseX, mouseY, 80, 80);
```

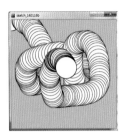

프로세싱의 구조는 setup() 함수와 draw() 함수로 구성된다. void setup()은 한 번 실행되는 프로그램을 넣는 초기화 함수이다. void draw() 함수는 연속해서 반복된다.

키보드 입력

r키를 누르면 붉은색, g키를 누르면 초록색, b키를 누르면 파란색 원이 된다.

```
//processing: jcshim: key
void setup()
size(400,400);

void draw()
ellipse(mouseX, mouseY, 80, 80);

void keyPressed()
if(key=='r') fill(255,0,0);
if(key=='g') fill(0,255,0);
if(key=='b') fill(0,0,255);
```

2. 0～9키로 LED 밝기 조절하기

단계 1: 아두이노 스케치 작성
단계 2: 시리얼 모니터로 테스트하기
단계 3: 프로세싱으로 프로그램을 작성하여 LED 밝기 조절 테스트하기

단계 1: 아두이노는 0,1,....,8,9 숫자를 시리얼 포트로 받으면 LED 밝기가 변경되도록 스케치를 작성한다.

```
//arduino: jcshim: Leddimming
const int ledPin = 9; // the pin that the LED is attached to
void setup()
Serial.begin(9600);
pinMode(ledPin, OUTPUT);

int val;
void loop()
byte b;
if (Serial.available())
b = Serial.read();
Serial.write(b);
val = b-'0';
val = val * 28;

analogWrite(ledPin, val);
delay(100);
```

시리얼 통신에서 키보드 '0'을 누르면, 숫자 0이 전달되지 않고 ASCII라는 코드 값 '0'이 전달된다. 이 값을 숫자로 바꾸려면 val = b – '0';으로 계산한다. 이제 b 값이 '0'인 경우 val 값이 '0'이 된다.

Dec	Hex	Char
48	30	0
49	31	1
50	32	2
51	33	3
52	34	4
53	35	5
54	36	6
55	37	7
56	38	8
57	39	9

단계 2: 시리얼 모니터로 테스트하기
단계 3: 프로세싱 프로그램 작성하여 테스트하기

프로세싱

키보드를 누르면 키보드의 값을 시리얼 포트로 보내는 스케치

```
// processing: jcshim: SerialKey
import processing.serial.*;
Serial p;                           // 시리얼 클래스에서 객체 생성
void setup()

println(Serial.list());
p = new Serial(this, "COM?", 9600);  // 포트 연결, COM0, COM1...

void draw()                         // 비워 둠

void keyPressed()
p.write(key);
```

키보드 내용을 시리얼로 출력하면서 입력된 글자를 화면에 나타내기

```
// processing: jcshim: SerialKeyDispOut
import processing.serial.*;
Serial p;
void setup()
println(Serial.list());
textSize(64);
p = new Serial(this, Serial.list()[2], 9600); // 포트를 잘 선택해야 함

void draw()
void keyPressed()
p.write(key);
background(127);
text(key,20,80);
```

자가 실습 확인표

항목	확인 내용	확인		비고
		O	X	
1	아두이노 스케치를 키보드에서 누르는 값이 입력되게 만들 수 있는가?			
2	입력 값이 시리얼 모니터에 나타나는가?			
3	프로세싱을 작농시킬 수 있는가?			
4	프로세싱으로 LED 밝기를 조절할 수 있는가?			

창의 앱 기획서

아이디어를 앱으로 만들 때 간단한 기획을 거쳐 진행하기를 권한다. 기획서 샘플은 http://cafe.naver.com/appinv/650에서 다운받을 수 있다.

작성자		작성일자	20 년 월 일
앱 제목			
앱 요약			

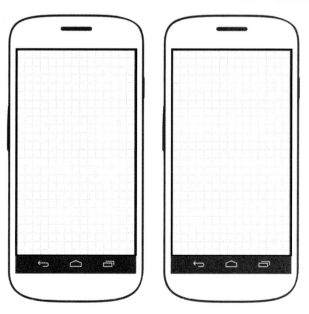

앱 시나리오: 자세한 설명

참 고 자 료

[1] 심재창 외, "재미삼아 아두이노", 한티미디어

[2] 심주은 외, "야금야금 프로세싱", 카오스북

[3] 아두이노 카페, http://cafe.naver.com/arduinocafe

[4] 프로세싱 카페, http://cafe.naver.com/processingcafe

[5] 앱 인벤터 카페, http://cafe.naver.com/appinvent

[6] 하드웨어 추천 구매처 프라이봇, http://fribot.com